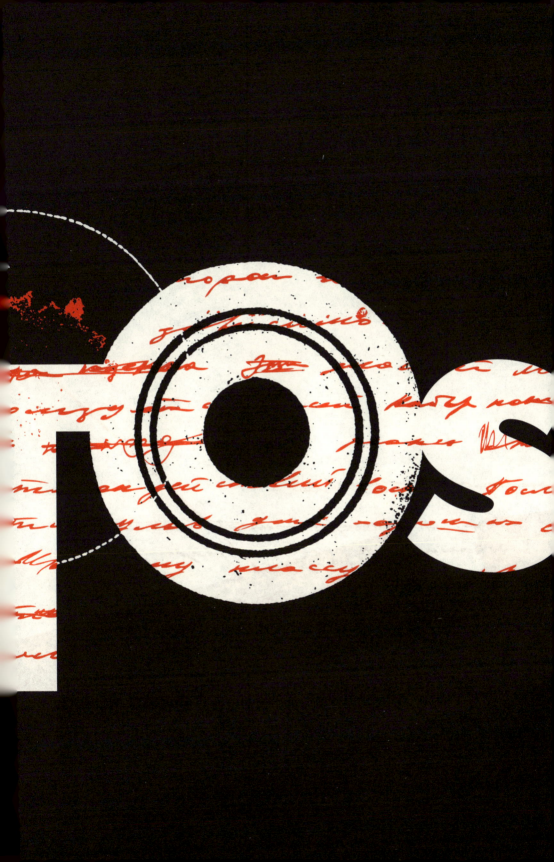

DADOS INTERNACIONAIS DE
CATALOGAÇÃO NA PUBLICAÇÃO (CIP)
Jéssica de Oliveira Molinari CRB-8/9852

Montell, Amanda
Cultos : a linguagem secreta do fanatismo / Amanda
Montell ; ilustrações de Carol Nazatto ; tradução de
Verena Cavalcante. — Rio de Janeiro : DarkSide Books,
2023. 288 p. : il. ; color.

Bibliografia
ISBN: 978-65-5598-267-1
Título original: Cultish: The Language of Fanaticism

1. Cultos – Linguagem – Aspectos psicológicos
2. Fanatismo religioso 3. Sugestão (Psicologia)
I. Título II. Nazatto, Carol III. Cavalcante, Verena

23-1940   CDD 306.4

Índices para catálogo sistemático:
1. Cultos – Linguagem – Aspectos psicológicos

Impressão: Ipsis Gráfica

CULTISH: THE LANGUAGE OF FANATICISM
Copyright © 2021 by Amanda Montell
Todos os direitos reservados

Tradução para a língua portuguesa
© Verena Cavalcante, 2023
As colagens foram criadas por Carol Nazatto

Este culto é uma expressão mágica para celebrar a liberdade de contar nossas histórias e vivências; para comemorar as amizades e tudo o que nasce de bom delas. Que estes relatos encontrem o melhor lugar dentro de cada leitor para cultivar compreensão, debate e apoio.

Acervo de Imagens © Shutterstock, Getty Images, Alamy e Coleção DarkSide/Macabra.

Fazenda Macabra
Reverendo Menezes
Pastora Moritz
Coveiro Assis
Caseiro Moraes

Leitura Sagrada
Isadora Torres
Luciana Kühl
Maximo Ribera
Tinhoso e Ventura

Direção de Arte
Macabra

Coord. de Diagramação
Sergio Chaves

Colaboradores
Carol Nazatto
Jefferson Cortinove
Jéssica Reinaldo
A toda Família DarkSide

MACABRA
DARKSIDE

Todos os direitos desta edição reservados à
DarkSide® Entretenimento Ltda. • darksidebooks.com
Macabra Filmes Ltda. • macabra.tv

© 2023 MACABRA/ DARKSIDE

AMANDA MONTELL

CULTOS

A Linguagem Secreta do Fanatismo

Tradução
Verena Cavalcante

Para papai — o otimista.

SUMÁRIO

Parte I: Repita comigo...
1. É tudo linguagem 17
2. Inglês, francês... cultês 23
3. Cultistas por natureza 32
4. Definições da palavra 38
5. Desejo de pertencimento 46

Parte II: Os escolhidos
6. A linguagem letal de Jim Jones 57
7. Juízo final de Heaven's Gate 71
8. Mecanismos da conversão 77
9. Poder da oratória branca 85
10. Novofalar cultista 90

Parte III: As línguas divinas
11. Cientologia pop 101
12. Não vá até a próxima sala 106
13. Em nome de Deus 113
14. Mensagens exclusivas 117
15. Glossolalia religiosa 127
16. Palavras de (in)segurança 133

Parte IV: Multinível

17. Inspirações falsas 141
18. Ética protestante 151
19. Política em multinível 160
20. Intuição versus Reflexão 167
21. Discursos corporativos 170
22. A principal pista 174

Parte V: Culto Fitness

23. Academia: um espaço sagrado 181
24. Vulnerabilidade que nos une 191
25. O novo clero 198
26. Modo monstro 203
27. Gurus da Yoga 210
28. Poder para as pessoas 215

Parte VI: Siga para seguir

29. Seguidores de Massaro 221
30. Feeds personalizados e QAnon 226
31. Ninguém é uma ilha 240

Notas 247
Cine Cultês 258
Bibliografia 280
Agradecimentos 282
Sobre a Autora 285

NOTA DA AUTORA

Alguns nomes e detalhes específicos foram alterados a fim de proteger a privacidade de nossas fontes.

é tudo
LINGUAGEM
01.

Começou com uma prece.

Tasha Samar tinha só 13 anos quando escutou pela primeira vez o zumbido encantador daquelas vozes. O que primeiro despertou sua curiosidade foram os turbantes brancos, as vestes alvas que cobriam o grupo da cabeça aos pés e os *japamalas* usados para meditação. Porém, o que realmente a impeliu a entrar pela porta foi o som de suas preces. Ela os ouviu pela janela aberta de um estúdio de Kundalini Yoga, em Cambridge, Massachusetts.

"Eram orações muito estranhas, entoadas em uma outra língua", diz Tasha, agora aos 29 anos de idade, enquanto toma seu *latte* preparado com leite de macadâmia em um café ao ar livre localizado em West Hollywood. Estamos a apenas alguns quilômetros de distância do epicentro onde ela viveu uma vida sinistra até três anos atrás. Se você a julgasse pela camisa desabotoada cor de creme e pelas luzes acetinadas no cabelo, jamais imaginaria que, no passado, ela costumava amarrar um turbante em volta da cabeça com tanta naturalidade quanto uma jovem nesse pátio faria um coque. "Ah, sim, tenho certeza de que eu conseguiria fazer de novo, se precisasse", garante Tasha, as impecáveis unhas de acrílico tilintando na caneca de porcelana.

Tasha, uma das primeiras judias russo-americanas da família que, durante toda a sua infância, viveu um senso agoniante de não pertencimento, foi imediatamente arrebatada pela sensação de proximidade com esse grupo de yoga. Por isso, enfiou a cabeça no salão e perguntou à recepcionista quem eles eram. "A recepcionista começou me contando o básico; a frase 'ciência da mente' foi muito usada", ela reflete. "Eu não sabia o que aquilo significava, mas me lembro de ter pensado: 'Uau, eu quero muito experimentar isso'." Então, Tasha descobriu quando seria a próxima aula de yoga e seus pais deram permissão para que participasse. Você não precisava ser um membro permanente do grupo para participar de uma aula — a única exigência era ter o "coração aberto". Aprender a recitar esses mantras em uma língua estrangeira, direcionados para um homem com uma longa barba grisalha cuja foto estava colada por todos os lados do estúdio, enfeitiçou totalmente a jovem Tasha. "Parecia ancestral", ela disse, "me senti como se eu fizesse parte de algo sagrado".

Afinal, quem era esse grupo todo vestido de branco? A Organização Saudável, Feliz e Sagrada (Healthy, Happy and Holy Organization), ou 3HO — uma "religião alternativa", derivada do sikhismo, e fundada na década de 1970, que ministra aulas de Kundalini Yoga por todo o território estadunidense. O cara da barba grisalha? O cativante e bem-relacionado líder Harbhajan Singh Khalsa (ou só Yogi Bhajan), que clamava — sob muitos protestos — ser o líder religioso oficial e administrativo de todos os sikhs do Ocidente.[1] O mesmo homem que, após a sua morte, em 1993, deixou uma fortuna de centenas de milhões de dólares. A língua? O gurmukhi, um sistema moderno de escrita punjabi e sikh. A ideologia? Obedecer aos ensinamentos esotéricos especialmente rígidos de Yogi Bhajan, que incluíam a abstenção do consumo de carne e álcool,* subjugar-se a casamentos arranjados, acordar às 4h30 todas as manhãs para ler as escrituras e participar das aulas de yoga, e, principalmente, não se associar com quem não seguisse — ou não tivesse a intenção de seguir em breve — as ideias do grupo.

Assim, tão logo Tasha completou 18 anos, ela se mudou para Los Angeles, uma das sedes do 3HO e, por oito anos, dedicou toda a sua vida — todo o seu tempo e todo o seu dinheiro — ao grupo. Depois de uma série de treinamentos exaustivos, ela se tornou instrutora de Yoga Kundalini e, dentro de poucos meses, passou a atrair grandes nomes para as suas aulas em Malibu, como algumas celebridades "espiritualmente curiosas": Demi Moore, Russell Brand, Owen Wilson e Adrien Brody. Mesmo que não tivessem se tornado seguidores, o fato de terem participado dos encontros era ótimo para as relações públicas do 3HO. Os *swamis* (seus professores) de Tasha a elogiavam por acumular dólares e juras de lealdade dos ricos, dos famosos e daqueles que viviam em constante busca.

---

* A bebida era considerada uma forma de heresia para o 3HO, então, em vez de saírem para um happy hour, seus membros se entupiam de chá. Especificamente o Tea Yogi (chá yogi), uma marca multimilionária que você consegue encontrar em qualquer mercearia estadunidense. Isso não é por acaso: o Tea Yogi foi um produto criado pelo próprio Yogi Bhajan. Contudo, essa não é a única empreitada corporativa do 3HO — entre as muitas iniciativas do grupo há a empresa bilionária Akal Security, que tem contratos com todo tipo de negócio que se possa imaginar, desde a NASA até centros de detenção de imigrantes. (Como será que se diz "capitalismo tardio" em gurmukhi?) [As notas são da Autora, exceto quando sinalizadas.]

No café, Tasha retira seu celular de uma capinha preta e me mostra fotos antigas dela e de Demi Moore, ambas vestidas em shorts curtos e turbantes brancos como fantasmas, girando em um retiro no deserto, com árvores de Josué como pano de fundo. Tasha pisca com suas extensões de cílios lentamente, enquanto um sorriso perplexo surge em seu rosto, quase como se dissesse: *É, também não consigo acreditar que participei dessa merda*.

A obediência cega, como a de Tasha, prometia grandes recompensas. Bastava saber as palavras certas, e elas seriam suas: "Havia mantras para atrair sua alma gêmea, para conseguir muita grana, para ficar lindo de morrer, e até para dar luz a uma geração de crianças com vibrações mais altas e, por isso, mais evoluídas", Tasha revela. E se você desobedecesse? Bom, então reencarnaria, na próxima vida, com uma vibração mais baixa.

Ao se tornar uma especialista nos mantras secretos e nas palavras codificadas do 3HO, Tasha começou a se sentir distante de todos aqueles que conhecia. Ela era a escolhida. Estava em uma *vibração mais alta*. Sentimento este que se potencializou quando todos no grupo receberam um novo nome. Uma pessoa, escolhida pelo próprio Yogi Bhajan, foi designada com o propósito de conceder um "apelido" aos seguidores especiais do 3HO — a ser recebido apenas após o pagamento de uma taxa. Para isso, ela fez uso da "numerologia tântrica" como se essa fosse um algoritmo. Todas as mulheres, por exemplo, receberam o mesmo nome do meio, Kaur, enquanto todos os homens foram batizados como Singh. Além disso, todos partilhavam do mesmo sobrenome, Khalsa. Como uma grande família. "Receber um novo nome era a melhor coisa de todas", Tasha diz. "A maioria das pessoas mudava, inclusive, a identificação da própria carteira de motorista." Aliás, até o ano passado, na carteira de identidade de Tasha Samar, encontrava-se o nome "Daya Kaur Khalsa".

Embora não tenha ocorrido de maneira aberta e aparente, em contraste com as pacíficas aulas de yoga e os apoiadores supercompetentes, havia também uma corrente muito perigosa dentro do 3HO: abuso psicológico e sexual cometido pelo Yogi Bhajan, jejum forçado e privação de sono, ameaças de violência contra todos aqueles que considerassem deixar o grupo, suicídios e, até mesmo, um assassinato nunca solucionado. Uma vez que os seguidores adotassem o jargão do grupo por completo, seus superiores estavam livres para utilizá-lo como arma. As ameaças eram estruturadas em frases como: "Você tem a percepção de um pisciano", "Sua mente é muito negativa", "Que cérebro de lagarto!". Se você desse uma mordida no hambúrguer de um amigo ou se esquecesse de comparecer a uma aula de yoga, a expressão *cérebro de lagarto, cérebro de lagarto, cérebro de lagarto* tocaria repetidamente dentro da sua mente. Com frequência, alguns termos que antes tinham uma acepção positiva eram ressignificados para simbolizar algo ameaçador. "A expressão 'alma antiga', por exemplo", Tasha conta. Para qualquer pessoa, o termo "alma antiga" significa alguém muito sábio. É um elogio. No entanto, dentro do 3HO, ela inspirava temor. "Significava alguém que vivia reencarnando, de novo e de novo, vivendo várias vidas e, mesmo assim, sendo incapaz de fazer as coisas direito", ela explica. Mesmo tendo passado três anos desde que abandonou o 3HO, Tasha ainda sente arrepios sempre que ouve essa expressão.

> **"A frase 'ciência da mente' foi muito usada. Eu não sabia o que aquilo significava, mas me lembro de ter pensado: 'Uau, eu quero muito experimentar isso'. [...] Parecia ancestral, me senti como se eu fizesse parte de algo sagrado."**

Em 2009, logo depois de Tasha ter chegado ao sul da Califórnia para devotar a própria vida ao 3HO, outra moça de 18 anos se mudou para Los Angeles com o propósito de começar uma nova vida. O nome dela era Alyssa Clarke e tinha vindo da costa do Oregon para iniciar seus estudos na universidade. Com medo de ganhar peso no primeiro ano de faculdade,* Alyssa decidiu se matricular na academia. Ela sempre sofreu com a autoimagem corporal, por isso se sentiu bastante intimidada com a excepcional cena fitness de Los Angeles. Então, em um feriado, quando se reuniu com um membro da família que tinha começado recentemente um novo programa de dieta e exercícios combinados, perdido um monte de peso e estava radiante, aproveitando a lua de mel com todo aquele tônus muscular, Alyssa pensou: *Caramba, eu tenho que tentar isso aí*.

O tal novo treino se chamava CrossFit, e Alyssa logo descobriu que havia um lugar perto de seu dormitório onde poderia praticá-lo. Assim que voltou às aulas, ela e seu namorado decidiram se matricular em um workshop para iniciantes. Os instrutores suados e esculturais, exsudando a entusiasmo masculino, apresentavam a Alyssa um novo mundo de terminologias que ela nunca tinha escutado antes: a academia não se chamava "academia", mas sim, "box".

---

* Nos Estados Unidos, há uma crença bastante difundida, "The Freshman Fifteen", que afirma que os calouros costumam ganhar cerca de sete quilos (15 pounds) durante o primeiro ano de faculdade. [As Notas da Tradutora serão identificadas com NT]

Os instrutores não eram "professores" ou "treinadores", mas sim "coaches". Os "exercícios" eram, na verdade, "movimentos funcionais". Você tinha o seu WOD (*Workout of the Day*, ou Treino do Dia), que podia ser, inclusive, levantamento olímpico em barra. Além disso, havia os *BPS* (supinos), os *BSS* (agachamento com barra), os *C2BS* (toque do peito na barra) e os inevitáveis *DOMS* (dores musculares tardias). Vamos lá, quem é que não ama um bom acrônimo, não é? Desde o começo, Alyssa se sentiu cativada pela forma como todos esses crossfiteiros pareciam unidos — eles tinham uma cultura própria — e se sentiu empenhada em dominar essa linguagem tão particular.

Um retrato do fundador do CrossFit, Greg Glassman (conhecido por seus devotos como o *"Wodfather"*,* ou apenas "Coach"), estava sempre pendurado na parede do box de Alyssa, próximo a muitas de suas citações famosas e provérbios fitness que, rapidamente, ficariam gravados em brasa dentro de seu cérebro: "Coma carne e vegetais, sementes e nozes, algumas frutas, pouco amido e nada de açúcar. Mantenha a ingestão em níveis que ajudem o exercício, mas não a gordura corporal. Pratique e treine todo tipo levantamentos... Domine as noções básicas da ginástica... Ande de bicicleta, corra, nade, reme... de forma rápida e vigorosa... cinco ou seis dias por semana". Alyssa estava impressionada com a forma como o CrossFit era capaz de moldar as mentes de seus membros não só dentro do box, mas em todos os lugares. Quando estimulavam os alunos a se esforçarem mais, os coaches gritavam: "Modo Monstro!" (uma frase motivacional que reverberava nos pensamentos de Alyssa não só dentro da academia, mas também na faculdade e no trabalho). Para ajudar na internalização da filosofia do CrossFit, os praticantes repetiam "EIE" (*Everything is Everything*, o que significava "Tudo é Tudo").

Quando Alyssa se deu conta de que todo mundo do box estava usando a marca Lululemon, ela saiu e gastou mais de 400 dólares em roupas descoladas de ginástica. (E até mesmo a Lululemon tinha seu próprio e distinto vernáculo. Estava estampado em todas as sacolas de compras da marca.[2] Os clientes saíam andando pela loja carregando consigo mantras como "Entre viciados e atletas fanáticos há apenas uma pequena diferença", "Visualize a sua partida deste mundo" e "Amigos valem mais do que dinheiro" — todos cunhados pelo líder da "tribo", o fundador da Lululemon, Chip Wilson, um tipo meio G.I. Joe envelhecido cujos acólitos, tais quais os de Greg Glassman, formavam um grupo extremamente devoto. Quem diria que o estilo de vida fitness pudesse inspirar tamanha religiosidade?)

---

* Um trocadilho com a palavra "Godfather", que significa padrinho, e o acrônimo WOD — Treino do Dia. Seria, então, um padrinho de treinamento. [NT]

Assim que Alyssa descobriu que a maioria dos crossfiteiros seguia uma dieta paleolítica, ela cortou totalmente o consumo de glúten e açúcar. Se fizesse planos de sair da cidade e soubesse que não conseguiria treinar naquele dia, ela imediatamente contatava alguém da academia, caso contrário, seria publicamente humilhada no grupo de Facebook do box por não comparecer. Os coaches e os membros da academia viviam saindo uns com os outros, por isso, depois que Alyssa e o namorado terminaram, ela começou a ficar com um treinador chamado Flex (o nome dele, na verdade, era Andy; mas decidiu mudar de identidade depois de se juntar ao box).

Bom, então aqui vai a grande pergunta: o que é que as histórias de Tasha e Alyssa têm em comum?

A resposta: ambas estavam sob a influência de cultos. Se você for uma pessoa cética, que não concorda em botar o 3HO e o CrossFit no mesmo balaio, especialmente ao rotulá-los com esse termo pesado — "culto" ou "seita" —, tudo bem, você está no seu direito. Contudo, neste momento, podemos concordar em uma coisa: mesmo que uma das nossas protagonistas tenha acabado falida, sem amigos, e sofra de Transtorno de Estresse Pós-Traumático até hoje, e a outra tenha rompido um tendão, vivido uma amizade colorida, e talvez possua muitos pares de leggings caras demais, o que Tasha Samar e Alyssa Clarke compartilham, irrefutavelmente, é que, em determinado dia, ambas acordaram em lugares diferentes de Los Angeles e perceberam que estavam envolvidas tão profundamente nesses cultos que sequer conseguiam falar uma língua que fosse compreendida por todas as pessoas. Embora os riscos e as consequências de suas respectivas afiliações fossem consideravelmente diferentes, os métodos usados para afirmar o poder — criar uma comunidade unida, estabelecer um "nós versus eles", alinhar valores coletivos, justificar comportamento questionável, incutir ideologia e inspirar medo — eram estranhamente similares aos de uma seita. O mais interessante é que a maioria das técnicas tinha muito pouco a ver com drogas, sexo, cabeças raspadas, comunidades remotas ou cafetãs drapeados, ou "Kool-Aid"... Em vez disso, elas tinham absolutamente tudo a ver com a linguagem.

inglês, francês... cultês 02.

Grupos "cultistas" são uma obsessão nos Estados Unidos. Um bom exemplo disso é um dos romances de estreia mais elogiados de 2010, o livro de Emma Cline, *As Garotas*, que narra, no final da década de 1960, o envolvimento veranil de uma adolescente com uma seita parecida com a de Charles Manson. Logo depois, em 2015, o documentário sobre Cientologia produzido pela HBO, *Going Clear*, foi definido pelos críticos como "impossível de ser ignorado". Em 2018, a série documental *Wild Wild Country*, na qual é contada a história de Osho (Bhagwan Shree Rajneesh), um controverso guru, e sua comunidade Rajneeshpuram, foi igualmente devorada pelos espectadores da Netflix. A série, ornamentada com uma playlist irresistível e gravações vintage dos apóstolos de Osho, cobertos da cabeça aos pés em vermelho, ganhou um Emmy e milhões de visualizações on-line. Um ano depois, em 2019, na semana em que comecei a escrever este livro, meus amigos só conseguiam falar de uma coisa: o filme de horror folk *Midsommar*, uma narrativa sobre um culto dionisíaco homicida (ficcional), localizado na Suécia, caracterizado por rituais sexuais psicodélicos e sacrifícios humanos. No início dos anos 2020, o assunto do momento é *The Vow* e *Seduced*, duas séries documentais concorrentes que falam sobre o NXIVM, um esquema de autoajuda que era, na realidade, uma seita de tráfico sexual. O poço de arte inspirado em cultos e intrigas é tão profundo que não dá nem para enxergar o fim. Sempre que alguém decide falar dos gurus e seus fanáticos seguidores, nós não conseguimos desviar nossa atenção.

Certa vez, ouvi um psicólogo explicar que o costume de pararmos tudo o que estamos fazendo para observar uma tragédia ("rubbernecking",[3] em inglês) é o resultado de uma resposta fisiológica: sempre que presenciamos um acidente de automóvel ou outro desastre — pode ser apenas a notícia dele, como uma manchete de jornal —, nossa amígdala cerebral, responsável pelo controle das emoções, da memória e dos instintos de sobrevivência, envia uma torrente de sinais ao nosso córtex frontal, responsável pela solução de problemas, para tentar descobrir se o evento ocorrido representa uma ameaça direta à nossa integridade física. Nesse momento, mesmo que você esteja apenas sentado, você automaticamente entra no modo "lutar ou fugir". A razão pela qual milhões de nós consomem compulsivamente documentários sobre seitas ou mergulham a fundo em pesquisas sobre Jonestown ou QAnon não é porque existe um voyeur perturbado, inexplicavelmente atraído às sombras, dentro de cada um de nós. Já vimos um número gigantesco de acidentes automobilísticos e lemos muitos relatos sobre cultos; se tudo o que quiséssemos fosse sentir um medinho, já estaríamos entediadíssimos. Mas não estamos, e isso acontece porque seguimos buscando uma resposta satisfatória para o porquê de pessoas aparentemente "normais" entrarem — e, o mais importante de tudo, *permanecerem* — em grupos fanáticos, à margem da sociedade, seguindo ideologias extremistas. O que realmente estamos fazendo é procurar por ameaças diretas, questionando, em algum nível: *Será que todo mundo é suscetível a influências cultistas?* Será que isso poderia acontecer com você? Será que poderia acontecer comigo? E se sim, como?

Nossa cultura tende a dar respostas bastante frágeis a perguntas sobre as influências cultistas. A maioria delas envolve o vago termo "lavagem cerebral". Por que é que todas aquelas pessoas morreram em Jonestown? "Ah, elas escolheram beber suco envenenado!" Por que é que duas irmãs, esposas polígamas abusadas, não fugiram de Dodge o mais rápido possível? "Porque suas mentes estavam sendo controladas!" Simples assim.

Porém, na verdade, não é nem um pouco simples. O termo "lavagem cerebral", aliás, é um conceito pseudocientífico que a maioria dos psicólogos que entrevistei condena (darei mais detalhes sobre isso logo mais). Só é possível conseguir respostas mais verdadeiras sobre a influência cultista quando fazemos as perguntas certas: que técnicas esses líderes carismáticos usam para explorar as necessidades fundamentais de um indivíduo relacionadas ao seu senso de comunidade e sentido da vida? Como eles alimentam esse poder?

A resposta, como vocês imaginam, não envolve um feitiço bizarro capaz de controlar mentes, lançado em um lugar remoto, impelindo todo mundo a dançar sob o sol com coroas de flores. (Isso é o Coachella, na verdade. O que, de certa forma, também é um tipo de culto.) A verdadeira resposta envolve palavras. Entrega. Desde a redefinição habilidosa de palavras já existentes (ou a invenção de novas palavras) até eufemismos poderosos, códigos secretos, renomeações, palavras de ordem, cânticos e mantras, "falar em línguas", silêncio forçado ou hashtags. Ou seja, a língua é a chave e o meio pelo qual, em diversos níveis, a influência cultista pode ocorrer. Os gurus espirituais abusivos sabem disso, mas as pessoas que trabalham com esquemas de pirâmide, os políticos, os CEOs de empresas, os conspiracionistas de internet, os instrutores de exercícios e, até mesmo, os influenciadores das redes sociais também conhecem muito bem essa tática. Tanto no lado positivo quanto no negativo, "a seita da linguagem", na verdade, é algo que escutamos e que nos controla todos os dias. Nossos discursos no dia a dia — seja no trabalho, na aula de spinning ou no Instagram — são uma evidência do nosso nível de afiliação cultista. Você só precisa prestar atenção. De fato, enquanto nos distraímos com as vestes peculiares da família Manson[*] ou outras iconografias chamativas, acabamos deixando passar que um dos maiores fatores estratégicos para levar as pessoas ao extremo da devoção e, principalmente, mantê-las naquele lugar, é algo que não conseguimos enxergar.

> **Desde a redefinição habilidosa de palavras já existentes (ou a invenção de novas palavras) até eufemismos poderosos, códigos secretos [...] a língua é a chave e o meio pelo qual, em diversos níveis, a influência cultista pode ocorrer.**

Embora a linguagem cultista aconteça de diferentes maneiras, todos os líderes carismáticos — desde Jim Jones, passando por Jeff Bezos e até os instrutores da SoulCycle — usam as mesmas ferramentas linguísticas básicas. Sendo assim, este é um livro sobre a linguagem do fanatismo em suas múltiplas formas: uma linguagem que decidi nomear de *cultês* (como o inglês, o português ou o francês).

---

[*] A paixão das pessoas pelos trajes cultistas é antiga: em 1997, 39 membros do Heaven's Gate, uma religião OVNI estadunidense sobre a qual nos aprofundaremos na parte II deste livro, cometeram um suicídio em massa, enquanto usavam pares de tênis Nike Decade 93 preto e branco. Dois sobreviventes contam que o líder escolheu esse calçado por nenhuma razão específica. O grupo apenas tinha conseguido um bom desconto. A Nike rapidamente descontinuou as vendas deste produto após a tragédia (nada como um suicídio cultista para arruinar o nome de sua marca), mas, em vez de causar uma má fama, isso transformou o modelo em item de colecionador. No momento em que escrevo esta nota de rodapé, passados 22 anos do suicídio coletivo do Heaven's Gate, um par de Nike Decade 93, tamanho 44, está à venda no eBay por 6.600 dólares.

Na parte I deste livro, investigaremos a linguagem que usamos para falarmos sobre grupos cultistas, rompendo com alguns mitos amplamente difundidos, inclusive o significado da palavra "culto". Depois, da parte II até a V, revelaremos os elementos-chave na linguagem cultista; como ela foi importante para seduzir seguidores de grupos tão destrutivos como o Heaven's Gate e a Cientologia, e como ela permeia o nosso vocabulário no dia a dia. Nessas páginas, descobriremos o que motiva as pessoas, ao longo da história até os dias de hoje, a se tornarem fanáticas, seja para o bem ou para o mal. Uma vez que você tome conhecimento de como funciona o cultês, você nunca mais conseguirá deixar de percebê-lo.

A linguagem faz parte do carisma do líder. É o que o empodera e o que ajuda a criar esse miniuniverso — um sistema de crenças e valores — a fim de coagir os devotos a seguirem as regras. Em 1945, o filósofo francês Maurice Merleau-Ponty escreveu que a linguagem é o elemento dos seres humanos assim como a "água é o elemento dos peixes". Então, não é como se os mantras de Tasha e os acrônimos de Alyssa tivessem apenas um pequeno papel no "molde" de suas experiências cultistas. É justamente o contrário, porque as palavras são o meio pelo qual os sistemas de crenças são manufaturados, cultivados e reforçados, o próprio fanatismo seria inexistente sem elas. "Sem a linguagem, não existiriam crenças, ideologia ou religião", me escreveu John E. Joseph, professor de Linguística Aplicada da Universidade de Edimburgo, na Escócia. "Esses conceitos precisam da linguagem como uma condição para a própria existência." Sem linguagem, não há "seitas".

Certamente, é possível manter crenças sem articulá-las de maneira explícita, e também é verdade que, se Tasha ou Alyssa não quisessem abraçar as mensagens de seus líderes, nada que tivessem dito poderia tê-las forçado a isso. Porém, com um pinguinho de disposição, a linguagem é capaz de esmagar o pensamento próprio, obscurecer a verdade, encorajar o viés de confirmação,* e jogar uma carga emocional em determinadas experiências, fazendo com que o indivíduo envolvido tenha a impressão de que nenhum outro tipo de vida é possível. A forma como uma pessoa escolhe se comunicar pode dizer muito sobre os grupos com os quais ela tem se associado, por quem tem sido influenciada e até onde vai a sua lealdade.

---

* O "viés de confirmação", ou "viés confirmatório", é um termo psicológico que se refere ao ato de alguém pesquisar informações ou interpretar informações apenas com a intenção de justificar suas próprias crenças e ideologias. [NT]

Os motivos por trás da linguagem cultista nem sempre são sórdidos. Às vezes podem ser saudáveis, podem envolver o aumento da solidariedade ou estimular um grupo de pessoas a participarem de uma missão humanitária. Uma das minhas melhores amigas trabalha para uma organização sem fins lucrativos de combate ao câncer, e sempre divide conosco histórias muito interessantes sobre jargões que soam como bombardeios de amor ou mantras quase religiosos que são repetidos, infindavelmente, para manter os doadores animados: "'Um dia' é hoje", "Esta é a nossa semana da vitória!", "Vamos voar alto e além", "Você faz parte da maior geração de guerreiros e heróis que já existiu na nossa jornada contra o câncer". "Sempre que leio essas frases penso na forma como as pessoas que trabalham com marketing de rede falam", ela diz (referindo-se a empresas de venda direta, como a Mary Kay e a Amway — das quais falarei mais a seguir). "É parecido com uma seita, mas por uma boa causa. E além do mais, adivinha só? Funciona."

Na parte v deste livro, aprenderemos sobre todo tipo de cânticos e hinos usados nos "cultos fitness" que podem até soar extremistas para algumas pessoas, mas que não são tão destrutivos assim se prestarmos a devida atenção.

De qualquer forma, seja ela perversa ou bem-intencionada, a linguagem é uma forma de fazer com que os membros de uma comunidade partilhem da mesma ideologia. Isso os ajuda a sentir que pertencem a algo maior. "A linguagem fornece uma cultura de entendimento compartilhado", afirma Eileen Barker, uma socióloga que estuda novos movimentos religiosos na London School of Economics. No entanto, onde há líderes sendo fanaticamente idolatrados e grupos unidos por suas crenças, um certo nível de pressão psicológica certamente está em andamento. Pode ser algo tão cotidiano quanto a Síndrome de FOMO (o "medo de ficar de fora") ou algo tão perigoso quanto ser coagido a cometer crimes violentos. "Francamente, a linguagem é tudo", um ex-cientologista sussurrou para mim durante uma entrevista. "É o que te isola. É o que faz com que você se sinta especial, como se você soubesse a Verdade, apenas por ter essa outra língua que você usa para se comunicar."

Antes de mergulharmos de cabeça no uso do cultês, contudo, devemos nos focar em uma questão-chave: O que a palavra "culto" significa, afinal de contas? Como esperado, é impossível bater o martelo e encontrar uma definição conclusiva. Durante minhas pesquisas e a escrita deste livro, meu entendimento da palavra foi se tornando cada vez mais fluido e difuso. Contudo, acredite, não sou a única pessoa obcecada com uma definição acurada do termo. Recentemente, conduzi uma pequena pesquisa de rua perto de casa, em Los Angeles. Nela, perguntei a duas dúzias de estranhos o que eles achavam que a palavra significava; as respostas variaram de "Um pequeno grupo de crentes liderados por uma figura mentirosa e cheia de poder", passando por "Qualquer grupo de pessoas que realmente amam alguma coisa", até "Bom, acho que um culto pode ser qualquer coisa, não é? Você pode ter um culto de gente que bebe café ou até um culto do surfe." Apesar de todas essas respostas, nenhuma delas foi dita com certeza ou segurança.

Há uma razão para essa obscuridade semântica. Ela está conectada ao fato da fascinante etimologia da palavra "culto" (da qual falarei melhor em breve) corresponder precisamente à forma como a sociedade se relaciona, em constante mudança, com a espiritualidade, a comunidade, a razão de viver e a identidade — um relacionamento que acabou ficando cada vez mais *estranho*. A mudança linguística é sempre um reflexo da mudança social, por isso, ao longo das décadas, porque nossas fontes de conexão e propósito existencial se transformaram devido a fenômenos como as redes sociais, a globalização e o abandono das religiões tradicionais, temos visto o nascer de muitos subgrupos alternativos — alguns perigosos e outros nem tanto. Então, a palavra "culto" evoluiu e hoje é capaz de descrever todos eles.

> **Há uma razão para essa obscuridade semântica. Ela está conectada ao fato da fascinante etimologia da palavra "culto" corresponder precisamente à forma como a sociedade se relaciona [...] com a espiritualidade, a comunidade, a razão de viver e a identidade.**

Atualmente, "culto" se tornou um daqueles termos que pode significar algo totalmente diferente dependendo do contexto da conversa ou das atitudes do falante: é uma palavra que pode ser invocada como uma acusação condenatória, implicando em morte e destruição; uma metáfora atrevida para sugerir nada além de muito entusiasmo e pessoas que andam por aí com roupas combinando; ou, basicamente, tudo que se encontra no meio do caminho entre essas duas coisas.

Na modernidade, é possível usar a palavra "seita/culto" para se referir a uma nova religião, um grupo de radicais on-line, uma start-up, ou até mesmo uma marca de maquiagem — simultaneamente. Alguns anos atrás, enquanto eu trabalhava em uma revista de beleza, notei prontamente o quanto era comum que as marcas de cosméticos invocassem a palavra como um termo de marketing, a fim de gerar empolgação com os novos lançamentos. Uma busca simples na minha antiga caixa de e-mails mostrou milhares de resultados. "Dê uma espiadinha no *culto* do momento", dizia um release sobre uma marca de maquiagem bastante popular, que jurava que seu novo pó facial da linha Cult Lab colocaria "as fanáticas por maquiagem e produtos de beleza em estado de frenesi". Outro anúncio de uma empresa de cuidados com a pele jurava que seus produtos de mais de 150 dólares, elixires contendo canabidiol, da linha Cult Favorites Set, eram "mais que *skincare*, mas um presente inestimável, que te dá a oportunidade de relaxar e se amar, sentindo-se capaz de lidar com qualquer atribulação da vida". Uma oportunidade inestimável? De lidar com *qualquer coisa*? Os benefícios prometidos em troca do uso de um mero creme para os olhos não parecem muito diferentes das coisas que um vigarista espiritual pregaria.

Embora essa maçaroca de definições acerca do termo "seita/culto" soe confusa, por incrível que pareça, até que estamos nos saindo bem. Alguns sociolinguistas descobriram que, no geral, as pessoas são suficientemente inteligentes para inferirem sobre o significado de um termo sempre que uma palavra familiar é utilizada em uma conversa. Geralmente, somos capazes de entender que, quando falamos sobre o culto de Jonestown, queremos que essa palavra signifique algo diferente do "culto" à beleza, pregado pela *skincare* com canabidiol, ou da forma como agem os fãs da Taylor Swift. Claro que sempre há espaço para interpretações equivocadas, como é comum ao se tratar de uma língua. Contudo, normalmente, a maioria das pessoas boas de papo entendem que, quando dizemos que alguns viciados em academia são como "seguidores de uma seita", nós estamos fazendo referência à devoção intensa, quase religiosa, com que seguem esse estilo de vida, mas isso não quer dizer que estamos preocupados com a possibilidade de eles chegarem à falência ou pararem de falar com as próprias famílias (pelo menos não como decorrência da afiliação ao fitness).

No que diz respeito aos Swifties (como se autodenominam os fãs da Taylor Swift) ou aos SoulCyclers (aficionados por praticar ciclismo em bicicletas ergométricas), a palavra "culto" é utilizada como uma metáfora, assim como alguém compararia o trabalho ou a escola com uma "prisão" para descrever um ambiente opressor ou um lugar onde há muitas diferenças hierárquicas, mas sem fazer com que seu ouvinte ficasse preocupado com a possibilidade de encontrar verdadeiras celas naquele espaço.

Quando enviei meu primeiro pedido de entrevista para Tanya Luhrmann, uma psicóloga e antropóloga de Stanford, muito bem conhecida no meio acadêmico, principalmente no que diz respeito a religiões à margem da sociedade, ela respondeu com a seguinte frase: "Querida Amanda, eu adoraria conversar com você. Aliás, eu realmente acho que a SoulCycle é uma seita. :)". Porém, durante nossa conversa, ela esclareceu que a afirmação era mais um gracejo, algo que jamais declararia formalmente. O que, claro, eu já sabia. Saberemos mais sobre Tanya ao longo da leitura do livro.

Com grupos como a SoulCycle, a palavra "culto" funciona para descrever o fanatismo e a lealdade de alguns membros que se direcionam para essa associação cultural de uma forma que nos faz pensar em alguns dos aspectos bastante perigosos do grupo de Charles Manson — como toda a dedicação de tempo, o compromisso financeiro, o conformismo e um líder em uma posição elevada (elementos com o potencial de se tornarem tóxicos) —, mas sem o isolamento do mundo exterior, as ameaças à integridade física, as mentiras e o abuso. Por mais que usemos o termo "culto", sabemos, e nem precisamos nos expressar sobre isso explicitamente, que a possibilidade de morte ou a incapacidade física de deixar aquele grupo não faz parte desse esquema.

No entanto, como tudo na vida, não existe um sistema binário que diferencie uma seita boa de uma seita ruim; tudo está dentro do mesmo espectro. Steven Hassan, um conselheiro de saúde mental, autor do livro *The Cult of Trump* [O Culto de Trump] e um dos maiores especialistas do país em seitas, descreveu algumas características recorrentes a fim de melhor diferenciar grupos cultistas saudáveis e construtivos daqueles tóxicos e destrutivos. Hassan diz que os grupos que pendem para comportamentos destrutivos usam três tipos de artifícios: omissão de informações que os membros deveriam saber, distorção de tudo o que dizem — a fim de tornar as coisas mais aceitáveis — e mentiras. Uma das maiores diferenças entre os cultos que podem ser chamados de *éticos* (Hassan menciona os praticantes de esportes e os fãs de músicos) e os cultos *nocivos* é que um grupo ético será bastante direto sobre tudo o que acredita, aquilo que espera de seus membros, e o que os membros podem esperar de sua afiliação. Ao deixarem o grupo, por exemplo, dificilmente enfrentarão graves consequências. "Se você disser 'Encontrei uma banda mais legal' ou 'Não gosto mais tanto assim de basquete', as outras pessoas presentes no grupo não farão ameaças a você", esclarece Hassan. "Você não sofrerá nenhum medo irracional de que possa ficar louco ou de que será possuído por demônios."[*]

---

[*] Apesar de que a "cultura stan" — multidões de superfãs on-line que idolatram e defendem religiosamente artistas como Taylor Swift, Lady Gaga e Beyoncé — tem ficado mais imprevisível e perigosa em comparação com o culto às celebridades das gerações passadas. Em 2014, um estudo psiquiátrico descobriu que esses novos fãs tendem a lutar com questões psicológicas, como dismorfia corporal, obsessão por cirurgias cosméticas, falta de julgamento no que tange aos limites das relações interpessoais e muitas condições envolvendo a saúde mental, como ansiedade e disfunção social. Esse mesmo estudo descobriu que esses fãs também costumam exibir traços de narcisismo, comportamento *stalker* e dissociação. Falaremos mais sobre os altos e baixos dos cultos dedicados à cultura pop na parte VI deste livro.

Ou então, como no caso da nossa antiga seguidora do 3HO, Tasha, a possibilidade de virar uma barata. "Do fundo do meu coração", Tasha respondeu quando perguntei se ela realmente acreditava na promessa do grupo de que, caso cometesse uma ofensa séria, como dormir com o guru ou cometer suicídio, ela voltaria ao mundo na forma de um dos insetos mais repulsivos do planeta. Tasha também acreditava que, se você morresse na presença de alguém santo, você reencarnaria em uma vibração mais alta. Uma vez, ela viu uma barata em um banheiro público e teve certeza de que se trava de um *swami* que havia feito algo terrível na vida anterior e estava tentando voltar para a Terra em uma vibração elevada. "Eu pensei: 'Ai, meu Deus, ele está tentando morrer perto de mim porque sou uma professora evoluída'", Tasha disse, estremecendo. Quando a barata afundou na pia cheia de água, Tasha abriu o ralo para que ela não tivesse a honra de se afogar na presença dela. "Eu surtei e saí correndo do banheiro", ela contou. "Esse foi, provavelmente, o ápice da minha insanidade."

Uma das maiores diferenças entre os cultos que podem ser chamados de éticos e os cultos nocivos é que um grupo ético será bastante direto sobre tudo o que acredita, aquilo que espera de seus membros, e o que os membros podem esperar de sua afiliação.

Por outro lado, nossa crossfiteira, Alyssa Clarke, me contou que o resultado mais assustador de sua participação na seita era ser chamada de preguiçosa no Facebook caso não aparecesse em algum treino. Ou então, se decidisse desistir de frequentar o box e começasse a praticar spinning (Deusolivre!), ter a certeza de que seus antigos amigos e rolos provavelmente sumiriam, aos poucos, de sua vida.

É para classificar esse amplo leque de comunidades cultistas que decidi optar por alguns termos coloquiais como "seguidor de culto/seita", "cultista" e (claro) "cultês".

CULTISTAS
por natureza
03.

As seitas não estão em alta por mera coincidência. O século XXI trouxe consigo um clima de inquietação sociopolítica e de desconfiança nas antigas instituições, como a Igreja, o governo, a indústria farmacêutica e o grande capital. Esta é a receita perfeita da sociedade para a criação de novos grupos, principalmente os não convencionais — o que abrange desde os incels do Reddit até os influenciadores de práticas alternativas e bem-estar —, pois prometem dar certas respostas que grupos convencionais não costumam fornecer, o que torna tudo novo e atraente. A isso, acrescente o fenômeno das redes sociais, o declínio das taxas de casamento e a forma como sentimentos de isolamento são comuns em quase todas as culturas neste momento. O engajamento cívico está tão baixo[4] que quebrou recordes. Em 2019, a revista *Forbes* rotulou o sentimento generalizado de solidão como "epidêmico".[5]

Acontece que os seres humanos não se dão bem com a solidão. Não fomos criados para isso. As pessoas têm escolhido fazer parte de tribos compostas por indivíduos que partilham do mesmo pensamento desde a origem da humanidade,[6] quando grupos se uniam para garantir a sobrevivência. Mas além da vantagem evolutiva, fazer parte de uma comunidade também nos faz sentir uma coisa muito misteriosa: a felicidade. Alguns neurocientistas descobriram que nosso cérebro libera substâncias químicas que nos fazem sentir prazer,[7] como a dopamina e a ocitocina, sempre que participamos de rituais transcendentais que nos conectam a outras pessoas, como entoar cânticos ou cantar em grupo.[8] Nossos ancestrais nômades, caçadores e coletores, costumavam participar de danças ritualísticas,[9] na companhia de todos os membros da tribo, embora não houvesse nenhuma razão prática para fazê-las. Hoje em dia, cidadãos de países como a Dinamarca e o Canadá, cujos governos priorizam a conexão comunitária — por meio da garantia da alta qualidade dos meios de transporte, cooperativas etc. —, dizem ter alcançado altos níveis de satisfação e realização. Todo tipo de pesquisa aponta para a ideia de que os humanos são seres sociais e espirituais em essência. Nosso comportamento é impulsionado por um desejo de pertencimento e propósito.[10] Somos cultistas por natureza.

Essa ânsia humana por conexão é emocionante, porém, se for levada para a direção errada, pode fazer com que uma pessoa, outrora sensata, se comporte de maneira totalmente irracional. Considere este clássico estudo: em 1951, o psicólogo Solomon Asch, da Universidade Swarthmore, reuniu meia dúzia de estudantes para conduzir um simples "teste de vista". Asch mostrou quatro linhas verticais para todos os participantes. Cinco deles sabiam do experimento e sempre concordariam em suas respostas, enquanto um deles não sabia de nada. Em certo momento, ele pediu que apontassem as duas linhas que tinham o mesmo tamanho. A resposta correta era óbvia, não sendo necessária nenhuma outra habilidade além da própria visão para descobri-la, mas o cientista descobriu que, se os primeiros cinco estudantes apontassem para uma resposta errada, em 75% das vezes o participante incauto ignorava o próprio julgamento e concordava com a maioria. Esse medo arraigado de alienação, essa compulsão ao conformismo, é parte do que nos faz sentir verdadeiramente membros de um grupo. E isso é o que os líderes carismáticos, como Yogi Bhajan, do 3HO, e Greg Glassman, do CrossFit, aprenderam a canalizar e explorar.

No passado, quando as pessoas necessitavam de respostas e senso de comunidade, elas se voltavam às religiões organizadas, mas atualmente isso tem acontecido cada vez menos. Diariamente, mais e mais estadunidenses têm abandonado suas relações com as igrejas convencionais e se espalhado por aí. O rótulo "espiritualizado, mas não religioso" é algo que a maioria dos meus amigos, entre 20 e 30 anos, gosta de dizer. Dados do Pew Research, colhidos em 2019, afirmam que quatro em cada dez millennials[11] não se identificam com nenhuma religião; um aumento de 20%[12] nos últimos sete anos. Em 2015, um estudo realizado pela Harvard Divinity School[13] revelou que os jovens estão em busca de "uma experiência que seja profundamente espiritual e, ao mesmo tempo, comunitária" para encher suas vidas de significado —, mas estão usando a fé convencional menos do que nunca para satisfazer esses desejos.

Para classificar demograficamente esse abandono disparado das religiões tradicionais, alguns acadêmicos encontraram termos como *"Nones"* ("Nenhuns") e *"Remixed"* ("Remixados").[14] Este termo foi cunhado por Tara Isabella Burton, uma teóloga, repórter e autora do livro *Strange Rites: New Religions for a Godless World* [Ritos Estranhos: novas religiões para um mundo sem Deus].

O termo "Remixados" diz respeito à tendência contemporânea de misturar e combinar crenças e rituais provenientes de círculos diferentes (religiosos e seculares) para inventar uma rotina espiritual personalizada. Por exemplo, uma aula de meditação pela manhã, leitura de horóscopos à tarde e então, na sexta à noite, um sabá judaico-reformista com os amigos.

Hoje em dia, para se encontrar um sentido espiritual na vida, Deus não precisa estar envolvido. Um estudo da Harvard Divinity School, aliás, declarou que a SoulCycle e o CrossFit estão entre os grupos responsáveis por dar à juventude estadunidense uma nova identidade religiosa. "Com certeza nos dá o que a religião dá — o sentimento de que a vida importa", Chani Green, moradora de Los Angeles, uma atriz de 26 anos, obstinada e aficionada por SoulCycle, me contou um pouco sobre a obsessão por exercícios. "Hoje, o cinismo presente em todas as pessoas chega a ser quase anti-humano. Precisamos nos sentir conectados a algo, como se estivéssemos na Terra por uma razão que não seja simplesmente a morte. Quando participo da SoulCycle, nesses 45 minutos, eu sinto que tenho um propósito."

Para aqueles que resistem à ideia de comparar a prática de exercícios com religião, saibam que, por mais que seja supercomplicado definir o conceito de "culto", há séculos que estudiosos debatem sobre o real significado da palavra "religião". Provavelmente, você acredita que o cristianismo seja uma religião, diferente do estilo de vida fitness, mas até mesmo especialistas na área têm dificuldade de explicar exatamente o porquê. Gosto da visão de Burton sobre isso, cujo foco é menos sobre o que é a religião, mas mais sobre o que ela faz, algo que pode ser resumido em quatro coisas: sentido, propósito, senso de comunidade e prática ritualística. O problema quanto a isso é que a maioria das pessoas está encontrando tudo isso fora das igrejas.

Grupos cultistas modernos também parecem acolhedores porque, em parte, eles ajudam a aliviar a ansiedade e o caos de viver em um mundo que apresenta possibilidades demais (ou passa essa ilusão) do que ser ou se tornar. Certa vez, um de meus terapeutas disse que flexibilidade sem estrutura não é flexibilidade — é apenas caos. E é assim que muitas pessoas se sentem com relação às próprias vidas. No passado, havia poucas opções no que dizia respeito à escolha de carreira, hobbies, lugares nos quais viver, modelos de relacionamentos românticos, dietas, estética — praticamente tudo —, por isso era mais fácil de se tomar uma decisão. Agora, o século XXI nos propõe (aos privilegiados, claro) uma lista de escolhas tão gigantesca e diversa quanto o menu da Cheesecake Factory — a franquia conta com mais de 250 pratos em seus cardápios. A quantidade de opções pode ser paralisante, especialmente nesta era de autocriação extrema, quando há tanta pressão para se criar uma "marca pessoal" ao mesmo tempo em que o ânimo e a sobrevivência básica dos jovens nunca estiveram tão precários. No que diz respeito às crenças geracionais, a maior parte dos pais de millenials criaram seus filhos com a ideia de que eles podiam ser o que quisessem quando crescessem, mas, quando isso aconteceu, eles se depararam com uma quantidade esmagadora de opções e questionamentos de "e se...?" ou "o que posso ser...?", que tudo o que queriam, naquele momento, era um guru que lhes desse todas as respostas.

Grupos cultistas modernos também parecem acolhedores porque, em parte, eles ajudam a aliviar a ansiedade e o caos de viver em um mundo que apresenta possibilidades demais (ou passa essa ilusão) do que ser ou se tornar.

"Quero alguém que me diga o que vestir todas as manhãs. Quero alguém que me diga o que comer", a personagem de Phoebe Waller-Bridge, 33 anos, confessa ao padre (o gostoso), na segunda temporada da série vencedora do Emmy, *Fleabag*. "(...) O que odiar, do que sentir raiva, o que escutar, de qual banda gostar, que ingressos comprar, sobre o que fazer piada, sobre o que não fazer piada. Eu quero alguém que me diga no que acreditar, em quem votar, quem amar, e como revelar isso a essa pessoa. Acho que quero alguém que me diga como devo viver a minha vida."

Seguir um guru que forneça um modelo de identidade — abrangendo de posição política a cortes de cabelo — ajuda a aliviar esse paradoxo das escolhas. Esse conceito, aliás, pode ser aplicado a extremistas espiritualistas como os cientologistas e os membros da 3HO, mas também aos seguidores de celebridades das redes sociais ou de marcas como Lululemon ou Glossier. Apenas por poder dizer "Eu sou uma *Glossier*" ou "Eu sigo o dr. Joe Dispenza" (uma estrela duvidosa da autoajuda sobre a qual nos aprofundaremos na parte VI), o fardo e a responsabilidade de precisar fazer tantas escolhas independentes, sobre o que você pensa e quem você é, parece até se suavizar. Isso corta o número exagerado de respostas de que você precisa para apenas algumas que você acredite ser capaz de manejar. Só é preciso se perguntar, "O que uma *Glossier* faria?" e basear todas as decisões do seu dia — o perfume, a fonte onde buscar suas notícias — nesse esquema.

Essa maré de mudança que renega a instituição tradicional e se volta para grupos não convencionais não é uma completa novidade. É algo que já observamos em diversas conjunturas na história da humanidade. A atração irresistível da sociedade às "seitas" — tanto a propensão de se unir a elas quanto a fascinação antropológica que permeia essa relação — tende a prosperar durante períodos de amplo questionamento existencial. A maioria dos líderes religiosos alternativos não chega ao poder com a intenção consciente de explorar seus seguidores, mas sim de guiá-los pelas turbulências políticas e sociais. Jesus de Nazaré (você já deve ter ouvido falar dele), por exemplo, surgiu durante um dos piores momentos da história do Oriente Médio (um fato que fala por si só). A violenta invasão do Império Romano[15] deixou as pessoas perdidas, procurando por um guia — fora do establishment — que pudesse inspirá-los e protegê-los. Passados 1500 anos, durante a tempestuosa Renascença Europeia, dúzias de cultos surgiram como uma maneira de se rebelar contra a Igreja católica. Na Índia, no século XVII, grupos à margem da sociedade surgiram de uma discórdia social, resultado de uma mudança dentro da agricultura de subsistência e, depois, como reação ao Imperialismo Britânico.

Em comparação com outras nações bem-desenvolvidas, os Estados Unidos da América ostentam uma relação particularmente consistente com todo tipo de seitas, pois elas dialogam com o nosso tumulto distintamente estadunidense. Ao redor do mundo, os níveis de religiosidade costumam ser menores nos países com os melhores padrões de vida — bons níveis educacionais, longa expectativa de vida —, mas, nos Estados Unidos, eles se mantêm altos,[16] sendo uma nação bem desenvolvida e cheia de crentes (mesmo com os nossos "Nenhuns" e "Remixados"). Essa inconsistência pode ser explicada, em parte, porque, enquanto cidadãos de outras nações bem-desenvolvidas, como o Japão ou a Suécia, desfrutam de uma ampla variedade de recursos top de linha, incluindo sistema público de saúde, e todos os tipos de rede de segurança social, nos Estados Unidos as coisas são meio "cada um por si e salve-se quem puder". "Os japoneses e europeus[17] sabem que seus governos os ajudarão sempre que precisarem", escreveu o dr. David Ludden, um psicolinguista da Faculdade Georgia Gwinnett, para a revista *Psychology Today*. Porém, a atmosfera liberalista dos Estados Unidos faz com que as pessoas sintam que devem se virar por conta própria. Geração após geração, essa falta de apoio institucional pavimentou o caminho para que os grupos alternativos e sobrenaturais surgissem.

Esse padrão de inquietude nacional também foi responsável pela aparição dos movimentos cultistas ao longo das décadas de 1960 e 1970, quando a Guerra do Vietnã, os movimentos pelos direitos civis e os assassinatos dos Kennedy deixaram os cidadãos estadunidenses totalmente inseguros. Naquela época, a prática espiritual estava crescendo, mas o reinado do protestantismo estava em declínio, então novos movimentos surgiram para aplacar essa sede cultural. Isso incluía tudo: desde ramificações do cristianismo, como o Jews for Jesus [Judeus por Jesus] e o Meninos de Deus; irmandades derivadas do Oriente, como o 3HO e o budismo Shambhala; grupos pagãos como o Covenant of the Goddess [A Aliança da Deusa] e The Church of Aphrodite [A Igreja de Afrodite]; até seitas que pareciam ter saído de filmes de ficção científica, como a Cientologia e o Heaven's Gate. Alguns estudiosos se referem a essa era como o Quarto Grande Despertar. (Os três primeiros teriam sido uma série de zelosos reavivamentos evangélicos que causaram polvorosa no nordeste dos Estados Unidos durante os séculos XVIII e XIX.)

Diferente de outros despertares protestantes, o quarto se destacaria pelo grande número de pessoas voltadas para o Oriente e o Oculto a fim de inspirar buscas individualistas para alcançar a iluminação. Assim como os seguidores cultistas do século XXI, essas pessoas eram, em grande maioria, jovens da contracultura, tipos politicamente divergentes que sentiam que todos aqueles no poder vigente tinham falhado com eles de alguma forma. Se você está inscrito em algum aplicativo de astrologia ou já participou de algum festival de música, é muito provável que, se vivesse na década de 1970, você fizesse parte de alguma seita.

Finalmente, a necessidade de descobrir a própria identidade, o próprio propósito e experienciar um senso de pertencimento são questões que existem há muito tempo, por isso, grupos cultistas sempre aparecem durante limbos culturais quando essas exigências se encontram dolorosamente insatisfeitas. A única novidade nisso tudo é que, por vivermos na Era da Internet, (onde um guru pode ser ateu, conseguimos participar de uma nova seita dando apenas um clique-duplo, e todo mundo que partilha de crenças alternativas é capaz de se encontrar mais facilmente do que nunca), faz muito sentido que seitas seculares — abrangendo desde academias de ginástica até start-ups que transformam em verdadeiro culto a "cultura da empresa" — comecem a brotar por toda parte, que nem chuchu. Para o bem ou para o mal, agora existe um culto para cada um de nós.

definições da
PALAVRA

04.

Alguns anos atrás, no meio de uma conversa sobre a minha decisão de largar o supercompetitivo (e meio cultista) curso de teatro na faculdade em troca de um mestrado em linguística, minha mãe disse que minha mudança de opinião não era nem um pouco surpreendente, uma vez que ela sempre tinha me considerado uma pessoa profundamente "anticultista". Escolhi tomar isso como um elogio, uma vez que eu definitivamente não gostaria de ser classificada do oposto, mas também achei meio difícil de digerir. Isso, percebi, é porque, em justaposição aos elementos obscuros, há uma certa sensualidade que se entremeia nos cultos — os aspectos não convencionais, o misticismo, a intimidade comunal... Vendo dessa forma, quase voltamos ao ponto de partida.

A palavra "culto" nem sempre carregou consigo um significado ameaçador e sombrio. A versão mais antiga do termo, por exemplo, pode ser encontrada em escritos do século XVII, quando sua definição era muito mais inocente. Naquela época, o termo "culto" significava apenas "pagar homenagem a uma divindade" ou fazer oferendas aos deuses. As palavras "cultura" e "cultivo", por sua vez, derivadas do mesmo verbo do latim, *cultus*, são primas morfológicas da palavra "culto".

A palavra evoluiu no início do século XIX, um tempo de experimentalismo religioso que causou muito estardalhaço nos Estados Unidos. As colônias americanas, que tinham sido fundadas sob a liberdade de novas práticas religiosas, ganharam a reputação de serem um porto seguro onde crentes excêntricos se sentiam à vontade para fazer todo tipo de loucura que quisessem. Essa liberdade espiritual abriu portas para uma debandada de grupos alternativos sociais e políticos. No meio do século XIX, mais de cem pequenos círculos ideológicos se formaram e, logo em seguida, entraram em colapso. Quando o cientista político francês Alexis de Tocqueville veio visitar os Estados Unidos em 1830, ele ficou abismado ao perceber que "americanos de todas as idades, todas as fases da vida, e todos os tipos de caráter [estavam] sempre formando associações".[18] As seitas do momento[19] incluíam grupos como a Oneida Community, um grupo de comunistas poliamorosos do norte de Nova York (confesso que parece divertido); a Harmony Society, uma sociedade igualitária de amantes da ciência em Indiana (que gracinha!); e (meu favorito) algo que durou pouquíssimo tempo, um culto de agricultura vegana em Massachusetts chamado Fruitlands, fundado pelo filósofo Amos Bronson Alcott, um abolicionista, ativista dos direitos das mulheres e pai de Louisa May Alcott, autora do clássico da literatura *Mulherzinhas.* Então, a palavra "culto" servia meramente como classificação religiosa, como as palavras "religião" e "seita". A palavra denotava algo novo ou pouco ortodoxo, mas não necessariamente nefasto.

O termo só passou a ganhar uma reputação sombria com o início do Quarto Grande Despertar. Foi aí que o surgimento de tantos grupos espirituais não conformistas começou a assustar os conservadores e os cristãos. A palavra "culto", então, passou a ser associada à figura de charlatões, impostores e hereges excêntricos. Mas, ainda assim, os cultos não eram considerados uma ameaça à sociedade ou uma prioridade criminal... Não até os assassinatos da Família Manson, em 1969, seguidos pelo massacre de Jonestown, em 1978 (que investigaremos mais a fundo na parte II). Depois disso, a palavra "culto" se tornou símbolo de medo.

A morte terrível de mais de novecentas pessoas em Jonestown, o maior número de mortes de civis estadunidenses até o dia 11 de setembro de 2001, jogou todo o país em uma espécie de delírio cultista. Alguns leitores talvez se lembrem do subsequente "Pânico Satânico", um período dos anos 1980 que pode ser definido por uma paranoia generalizada na qual se acreditava que abusadores-de-crianças-adoradores-de-Satã aterrorizavam a maior parte dos bairros do país. Como o sociólogo Ron Enroth escreveu em seu trabalho de 1979, *The Lure of the Cults* [A Sedução dos Cultos]: "A forma sem precedentes por meio da qual a mídia expôs o massacre de Jonestown... alertou os americanos para o fato de que grupos religiosos aparentemente benévolos podem, na verdade, mascarar uma podridão infernal".

Então, como sempre costuma ser, ao mesmo tempo em que os cultos se tornaram assustadores, eles também se tornaram extremamente badalados. A cultura pop dos anos 1970 não precisou esperar muito tempo para lançar termos como "filme cult" ou "clássico cult",[20] que descreviam um gênero promissor de filmes indie e underground como *The Rocky Horror Picture Show*. Além disso, bandas como Phish e The Grateful Dead se tornaram conhecidas por seus exagerados "seguidores".

Uma geração ou duas após o Quarto Grande Despertar, a Nova Era passou a assumir um tom nostálgico, um fator atraente para a juventude "culto-curiosa". Alguns grupos à margem da sociedade nos anos 1970 atualmente fomentam um tipo de marca, um estilo vintage perverso. Hoje em dia, ser obcecado pela Família Manson é como ter uma extensa coleção de vinis e camisetas da era hippie. Eu estava em um cabeleireiro de Los Angeles semana passada, quando escutei sem querer uma mulher dizendo para a cabeleireira que queria deixar o cabelo como das "garotas de Manson": escuro, sem corte e repartido no meio. Uma conhecida minha, uma moça de vinte e poucos anos, fez recentemente uma festa de aniversário temática no New York Hudson Valley — palco de diversos cultos históricos (como A Família,* NXIVM, e inúmeros covens) e do festival de música de Woodstock. O traje? Só vestes brancas. Várias fotos cheias de filtros das convidadas exibindo vestidos esvoaçantes cor de marfim, com olhares vítreos e expressões de "acho que estou sendo assombrada", invadiram o feed do meu Instagram.

Ao longo das décadas, a palavra "culto" se tornou tão sensacionalista, tão romantizada, que a maior parte dos especialistas com os quais conversei decidiram não fazer mais uso dela. A tese deles é a de que o significado da palavra é tão amplo e subjetivo que não tem utilidade, ao menos na literatura acadêmica. Até recentemente, na década de 1990, os acadêmicos não viam problema em usar o termo para qualificar qualquer grupo "que pudesse ser visto como divergente". Mas não é preciso sermos cientistas sociais para enxergarmos a construção de todo um preconceito dentro dessa categorização.

Alguns estudiosos tentaram ser mais precisos e identificar critérios específicos dentro do que consideramos uma seita: líderes carismáticos, comportamentos que refletem alteração da mente, exploração sexual e financeira, mentalidade "nós versus eles" direcionada a todos os que não fazem parte do grupo, e uma filosofia voltada para a crença de que "os fins justificam os meios". Stephen Kent, um professor de sociologia da Universidade de Alberta, acrescenta que a palavra "culto" é geralmente utilizada para descrever grupos que tenham algum grau de crenças sobrenaturais, embora esse não seja sempre o caso. (Anjos e demônios não costumam ser usados como argumento para convencer as pessoas a participarem de esquemas de pirâmides. Exceto quando são. Mais detalhes sobre isso na parte IV deste livro.) Mas Kent afirma que o

---

* Muitos grupos cultistas se escondem sob essa vaga alcunha. Esta "família" era uma seita esotérica do Juízo Final, criada nos anos 1960 e liderada por uma sádica instrutora australiana de yoga, Anne Hamilton-Byrne. Byrne (que novidade!) assumiu para si o status de messias e foi presa no fim dos anos 1980 por ter sequestrado mais de uma dúzia de crianças, das quais abusou de formas monstruosas, como ao forçá-las a consumir altas doses de LSD em atos ritualísticos.

resultado de todas essas instituições é sempre o mesmo: um desequilíbrio de poder construído sobre a devoção dos membros, idolatria e confiança absoluta, o que, frequentemente, facilita muito o abuso por parte dos líderes. A cola que mantém essa confiança intacta é a crença do indivíduo de que seus líderes são pessoas possuidoras de um raro acesso à sabedoria transcendente, algo que permite a eles exercer controle em um sistema de punição e recompensa, tanto aqui, na Terra, quanto no além-vida. Tendo como base todas essas conversas, concluo que tais qualidades parecem englobar o que a maioria das pessoas enxerga como um "culto de verdade" ou a "definição acadêmica de um culto".

Entretanto, a palavra "culto" não tem uma definição acadêmica oficial. "É por ter uma conotação inerentemente pejorativa", Rebecca Moore, uma professora de religião da Universidade Estadual de San Diego, justificou durante uma entrevista por telefone. "Nós a utilizamos para descrever grupos dos quais não gostamos." Moore tem lugar de fala sobre o assunto: suas duas irmãs estavam entre as vítimas do massacre de Jonestown. Na verdade, Jim Jones as encarregou de ajudar no evento. Ainda assim, Moore diz que não costuma usar a palavra "culto" porque ela se tornou algo indiscutivelmente carregado de preconceito. "Tão logo alguém enuncia essa palavra, nós, como leitores, ouvintes e indivíduos, sabemos exatamente o que devemos pensar sobre aquele grupo específico", Rebecca explica.

Da mesma forma, "lavagem cerebral" é um termo usado incessantemente pela mídia, mas que quase todos os especialistas que consultei para a escrita deste livro evitam ou rechaçam. "Nós não dizemos que soldados sofreram lavagem cerebral para matar outras pessoas; faz parte do seu treinamento básico", Moore argumenta. "Não dizemos que veteranos de faculdade sofreram lavagem cerebral para cometer trotes violentos com os calouros; isso faz parte da pressão vinda dos colegas."[*][21] A maioria de nós pensa no termo "lavagem cerebral" de forma literal, imaginando que reconexões neurológicas ocorrem durante doutrinações cultistas. Mas a lavagem cerebral é apenas metafórica. Não há nada de objetivo nesse conceito.

---

* Eis uma história curiosa. Em 1959, um culto do sul da Califórnia conduziu uma cerimônia de iniciação bastante inusitada; os homens que desejassem fazer parte do clã deviam provar sua devoção ao ingerir uma refeição de pesadelos: cabeça de porco, cérebro fresco e fígado cru. Ao tentar completar o desafio, um jovem recruta chamado Richard não conseguia parar de vomitar aquela mistura nojenta, mas foi capaz de engolir tudo. Na mesma hora, uma enorme massa de fígado se alojou em sua traqueia e ele sufocou com o bolo de carne; Richard morreu tão logo chegou ao hospital. No entanto, nenhuma acusação criminal foi feita, porque, na realidade, não se tratava de um "culto", mas sim de uma casa de fraternidade da USC, Universidade do Sul do Califórnia, realizando apenas um de seus incontáveis trotes. "Brincadeiras" assim são muitas vezes muito mais repulsivas, bizarras e mortais, envolvendo mais vômito (e outros fluidos corporais) que qualquer coisa que você vá encontrar nas religiões alternativas.

Moore seria a candidata perfeita para acreditar em lavagem cerebral, levando em consideração o papel que suas irmãs tiveram na tragédia de Jonestown. Entretanto, ela refuta o conceito porque, primeiro, ele desconsidera a capacidade que as pessoas têm de pensar por si mesmas. Além disso, os seres humanos não são criaturas indefesas com habilidades tão frágeis de tomar decisões que basta um movimento para transformar seus cérebros em uma tela em branco. Se a lavagem cerebral realmente existisse, insiste Moore, "veríamos muito mais pessoas perigosas por aí engendrando esquemas ameaçadores". Basicamente, não é possível forçar alguém a acreditar em algo que essa pessoa, em algum nível, não queira acreditar. Muito menos por meio de técnicas "diabólicas" que sejam capazes de "lavar" as crenças pessoais do cérebro de alguém até deixá-lo completamente "limpo".

[...] os seres humanos não são criaturas indefesas com habilidades tão frágeis de tomar decisões que basta um movimento para transformar seus cérebros em uma tela em branco.

Em segundo lugar, Moore continua, a lavagem cerebral é uma hipótese impossível de ser testada.[22] Para que uma teoria corresponda ao critério padrão do método científico, ela precisa ser incontestável; ou seja, deve ser possível provar que aquilo é falso. (Por exemplo, uma vez que objetos passem a viajar mais rápido que a velocidade da luz, poderemos dizer que Einstein errou a Teoria da Relatividade Restrita.) Mas não é possível provar que a lavagem cerebral não existe. No exato minuto em que você afirma que alguém sofreu "lavagem cerebral", aquela conversa acaba. Não há mais espaço para explorar a motivação do comportamento daquela pessoa — o que, na realidade, é algo muito mais interessante de se questionar.

Uma vez que os termos "culto" e "lavagem cerebral" são jogados de um lado para o outro para descrever absolutamente tudo — desde os apoiadores de um determinado candidato político até os militantes do veganismo —, quem os usa assume o tom superior de um analista. Todos amamos ter a oportunidade de nos sentirmos psicologicamente superiores a outras pessoas sem precisarmos pensar no porquê disso, e chamar todos os seguidores de cultos de "gente que sofreu lavagem cerebral" nos satisfaz nesse quesito.

Esse preconceito é bastante prejudicial porque nem todas as seitas são depravadas ou perigosas.[23] Estatisticamente, na verdade, pouquíssimas o são. Barker (a socióloga da Escola Londrina de Economia) diz que, dos milhares de grupos alternativos que estudou e podem ser classificados como "cultos", a vasta maioria deles nunca esteve envolvida com qualquer tipo de atividade criminal. Tanto Moore quanto Barker acrescentam que comunidades à margem só ganham publicidade ao fazer algo horrível, como no caso do Heaven's Gate e de Jonestown. (E mesmo esses grupos não foram criados com o propósito de espalhar caos e assassinato pelo mundo.[24] Afinal de contas, a seita de Jonestown surgiu como uma igreja integracionista. As coisas mudaram de figura conforme Jim Jones foi se tornando mais e mais ávido por poder, mas a maioria dos cultos não costuma dar essa reviravolta catastrófica, como foi o caso do dele.) Mesmo assim, um loop de escândalo é criado: apenas as seitas mais destrutivas recebem atenção, então tendemos a pensar que todas elas são destrutivas e, por isso, só reconhecemos a presença destas, de forma que elas ganham ainda mais atenção, reforçando uma reputação negativa, e assim por diante, *ad infinitum*.

Algo igualmente problemático é o fato de a palavra "culto" ser quase sempre usada como permissão para inferiorizar religiões que a sociedade não aprova. Vale lembrar, inclusive, que muitas das religiões mais antigas do nosso tempo (católicos, batistas, mórmons, quakers, judeus, e a maioria das religiões nativo-americanas, só para mencionar algumas) já foram consideradas blasfemas e profanas nos Estados Unidos — uma nação que, supostamente, foi fundada com liberdade religiosa. Hoje, as religiões alternativas estadunidenses (sejam elas opressivas ou não), dos testemunhas de Jeová até os wiccanos, são amplamente tratadas como cultos. O governo chinês, por sua vez, desacredita e reprime a nova religião Falun Gong, apesar de sua doutrina pacífica, que inclui paciência, compaixão e a prática da meditação. Barker também menciona que, na Bélgica, um país predominantemente católico, relatórios oficiais condenam os quakers[25] (uma das religiões mais "deboístas" que existem) como membros de uma seita (*secte*, especificamente, pois a palavra *culte*, em francês, mantém suas conotações neutras).

No mundo todo, a normatividade cultural ainda tem muito a ver com a legitimidade de grupos religiosos e a forma como eles são vistos. E não importa se seus ensinamentos sejam bizarros ou causem mais danos que os de outro grupo mais bem estabelecido. Afinal de contas, que grande líder espiritual não carrega sangue em suas mãos? Como o estudioso de religiões, Reza Aslan, certa vez disse: "A maior piada dentro dos estudos religiosos é que as religiões só podem surgir após essa fórmula: culto + tempo = religião".[26]

Nos Estados Unidos, o mormonismo e o catolicismo existem na sociedade há tanto tempo que já receberam um selo de aprovação. Tendo recebido o status de religião, eles gozam de uma certa quantidade de respeito e, o que é mais importante, proteção sob a Primeira Emenda da Constituição. Por conta dessa questão da proteção, rotular algo de "culto" ou "seita" pode se tornar não só um julgamento de valor, mas algo arbitrário que leve a consequências reais de vida ou morte. Citando Megan Goodwin,[27] uma pesquisadora de religiões americanas alternativas da Universidade de Northeastern: "As ramificações políticas que envolvem denominar um grupo de 'culto' são reais e muitas vezes violentas".

E como isso acontece? Não é preciso ir além do que houve com Jonestown. Uma vez que a imprensa identificou as vítimas do massacre como seguidoras de uma seita, elas instantaneamente foram rebaixadas a uma subclasse de seres humanos. "Isso levou ao distanciamento do público da tragédia e de suas vítimas, que passaram a ser vistas como fracas, ingênuas, inadequadas para a vida e, portanto, indignas de respeito depois da morte",[28] escreveu Laura Elizabeth Woollett, autora do romance inspirado em Jonestown, *Beautiful Revolutionary* [Belo Revolucionário]. "Os cadáveres não passaram por autópsia. Às famílias foi negado o retorno dos corpos de seus familiares."

Talvez o maior fiasco de todos envolvendo a demonização dos seguidores de seitas foi o caso do Ramo Davidiano — vítimas do notório Cerco de Waco, em 1993. Fundado em 1959, o Ramo Davidiano foi um movimento religioso descendente da Igreja Adventista do Sétimo Dia. No início da década de 1990, o grupo atingiu seu ápice, tendo cerca de cem membros, que viviam juntos em um povoado em Waco, Texas, preparando-se para a Segunda Vinda de Jesus Cristo sob a governança abusiva de David Koresh, que clamava ser um profeta (como faz a maior parte dos líderes solipsistas). Incomodadas e buscando por ajuda, as famílias de alguns dos seguidores contataram o FBI, que em fevereiro de 1993 invadiu o Ramo Davidiano. Dúzias de agentes federais chegaram armados com rifles, tanques e gás lacrimogêneo para "salvar" toda "essa gente que sofreu lavagem cerebral". Mas a invasão não funcionou conforme planejado. Em vez disso, levou a 51 dias de impasse, que só terminou após outra centena de agentes do FBI aparecer e usar gás lacrimogêneo para obrigar as pessoas a saírem de seus abrigos. No meio do caos, um incêndio começou, o que resultou na morte de quase oitenta membros do Ramo Davidiano.

Koresh estava longe de ser inocente. Ele era um maníaco violento (de fato, pode ter, inclusive, sido responsável por acender a chama fatal) e sua teimosia foi culpada, em parte, pela quantidade de mortes. Mas a outra parte foi o medo que permeia a palavra "culto". Se o FBI tivesse sido tão excessivamente violento com uma religião socialmente mais bem aceita, uma que se beneficiasse da proteção da Primeira Emenda, teria havido muito mais alvoroço. O ataque deles à base do Ramo Davidiano não só foi legalmente sancionado como também socialmente tolerado. "A religião é uma categoria protegida pela Constituição... e a identificação do Ramo Davidiano de Waco como uma seita colocava o grupo fora da proteção estatal", explica Catherine Wessinger, uma estudiosa de religião americana na Universidade Loyola de New Orleans. O FBI pode ter decidido "salvar" os membros do Ramo Davidiano, mas quando, em vez disso, acabou matando a maior parte deles, quase nenhum estadunidense se importou, porque, afinal de contas, eles não eram uma igreja — eles eram um culto. Infelizmente, eis então a semântica da hipocrisia.

Em um clássico estudo de 1999, o famoso psicólogo de Stanford, Albert Bandura, revelou que quando os humanos eram tratados com linguagem desumanizadora, como "animais", os participantes se sentiam mais à vontade para machucá-los, administrando choques elétricos. É possível que a palavra "culto" tenha uma função semelhante. Claro que, ao fazer tal declaração, não pretendo dizer que não existam grupos perigosos sob essa nomenclatura. Certamente, muitos deles são perigosos sim, mas como a palavra "culto" ou "seita" é tão emocionalmente carregada e tem tantas interpretações e possibilidades, ela, por si própria, não fornece informações suficientes que determinem se um grupo é perigoso ou não. Precisamos observar mais atentamente e precisamos ser mais específicos.

A fim de encontrar uma forma menos preconceituosa de discutir comunidades espirituais fora da curva, muitos estudiosos têm optado por expressões mais neutras, como "novos movimentos religiosos", "religiões emergentes" ou "religiões marginalizadas". Porém, enquanto essas frases funcionam bem em um contexto acadêmico, acredito que elas não consigam definir de forma acurada os praticantes de CrossFit, as empresas de marketing multinível, alguns cursos de teatro universitário, e tantos outros pontos difíceis de categorizar dentro desse *continuum* de influências. Precisamos de uma palavra mais versátil para falarmos de comunidades com comportamentos parecidos com os de seitas, mas que não se conectam necessariamente com o sobrenatural. É por isso que gosto tanto da expressão *cultista*.

DESEJO
de pertencimento
05.

Eu cresci fascinada por tudo o que é cultista, principalmente por causa do meu pai: quando jovem, ele foi forçado a participar de uma seita. Em 1969, quando papai — Craig Montell — tinha 14 anos de idade, seu pai ausente e sua madrasta descobriram que queriam participar de um movimento emergente de contracultura. Então, decidiram se mudar com o jovem Craig e suas duas meias-irmãs, ainda na segunda infância, para uma remota comunidade socialista, fora de São Francisco, conhecida como Synanon. No fim da década de 1950, Synanon funcionou como um centro de reabilitação para usuários de drogas pesadas, mas depois se ampliou para acomodar pessoas que buscavam um "novo estilo de vida". Em Synanon, as crianças viviam em barracas a quilômetros de distância dos próprios pais e a ninguém era permitido trabalhar ou estudar fora da comunidade. Alguns membros foram forçados a raspar as cabeças; muitos casais foram separados e designados a outras pessoas. Mas, além disso, todos os que vivessem em Synanon, sem exceções, eram obrigados a jogar "O Jogo".

O Jogo era uma atividade ritualística em que, todas as noites, os membros eram divididos em pequenos círculos e submetidos a horas de críticas perversas por seus pares. Essa prática era a peça central de Synanon; na verdade, a vida lá se dividia em duas categorias semânticas: *dentro do Jogo* ou *fora do Jogo*. Esse tipo de confronto era apresentado aos membros como uma espécie de terapia em grupo, mas, na verdade, era apenas uma forma de controle social. Não havia nada de divertido nesse Jogo, que podia ser hostil ou humilhante, e mesmo assim referiam-se a ele como algo que se "jogava".

Acontece que esse tipo de atividade extrema na qual se "conta a verdade" é muito comum em grupos cultistas; Jim Jones sediava eventos chamados de Reunião de Família ou Reunião Catártica, nos quais os seguidores de sua seita deveriam se reunir no templo nas noites de quarta-feira. Durante esses encontros, qualquer pessoa que tivesse ofendido o grupo — independentemente da maneira — era convocada ao pátio a fim de que seus amigos e família pudessem aviltá-la para que, dessa forma, provasse sua lealdade à Causa (mais detalhes na parte II deste livro).

A criação de uma língua própria para influenciar o comportamento e as crenças de outras pessoas só é tão eficiente porque nosso discurso é a primeira coisa que estamos dispostos a mudar em nós mesmos... E também a última coisa que abandonamos.

Comecei a me interessar por cultos por causa das histórias que papai contava sobre Synanon, de onde escapou aos 17 anos, tornando-se depois um prolífico neurocientista. Agora, o trabalho dele é fazer perguntas incômodas e procurar fatos em todos os lugares. Papai sempre foi muito generoso ao contar suas histórias, alimentando minha curiosidade escancarada ao repetir incessantemente as mesmas narrativas sobre os alojamentos sombrios de Synanon, todo aquele meio conformista, ou o biólogo que lhe incumbiu a tarefa de cuidar do laboratório médico da comunidade quando tinha apenas 15 anos de idade. Enquanto seus amigos fora de Synanon estavam preocupados com o vestibular e os namoricos, papai estava fazendo exames de cultura de garganta usando cotonetes e testando os responsáveis pela comida da comunidade à procura de micróbios transmissores de tuberculose. O laboratório era um santuário para papai, um dos raros espaços nos terrenos de Synanon onde as regras da lógica empírica se aplicavam. Paradoxalmente, foi ali que ele descobriu seu amor pela ciência. Ávido por uma formação que ocorresse fora daquele sistema fechado — e desesperado por um diploma legítimo que permitisse sua entrada na faculdade —, papai ou estava usando um jaleco branco (ou jogando o Jogo) ou escapando sorrateiramente da comunidade para frequentar as aulas em uma escola credenciada de ensino médio em São Francisco, o único jovem de Synanon que fazia isso. Ele se manteve discreto, tentou passar despercebido e, ainda que só para si mesmo, questionava absolutamente tudo.

Mesmo quando eu era uma menininha, o que mais me atraía nas histórias de papai sobre Synanon era a linguagem especial adotada pelo grupo — termos como "dentro do Jogo" ou "fora do Jogo", *"love match"* (algo como "união de amor", uma referência aos casamentos realizados dentro de Synanon), "aja como se" (um imperativo que significava nunca questionar os protocolos de Synanon, mas apenas "agir como se" você concordasse até que esse se tornasse o caso), "demonstradores", "PES" ("pais em serviço", um esquema rotativo de adultos selecionados aleatoriamente para supervisionar a "escola" das crianças e os alojamentos), e muitos outros. Esse dialeto curioso era uma janela para aquele mundo estranho.

Como filha de cientistas, acredito que uma combinação de temperamento, criação e todas as histórias ouvidas sobre Synanon me transformaram em uma pessoa bastante incrédula. Assim, desde muito cedo na infância, sempre fui muito sensível à retórica cultista — ainda que igualmente enfeitiçada por seu poder. No ensino fundamental, a mãe da minha melhor amiga se tornou evangélica, então às vezes, em segredo, eu faltava nas aulas de hebreu aos domingos para acompanhar a família dela ao templo. Nada me encantava mais do que o jeito como os frequentadores daquela igreja falavam — como, tão logo botavam os pés naquele ambiente, todos giravam uma chave e passavam a se comunicar no dialeto do "crentês". Não era um idioma bíblico arcaico; não, era algo moderno e muito elegante. Passei a usar seu glossário de jargões sempre que aparecia nos serviços, só para ver como isso afetaria a forma como os congregados me tratavam. Eu escolhia frases como "no meu coração" (um sinônimo de "você está nos meus pensamentos"), "amar a alguém" (mostrar amor a uma determinada pessoa), "está na palavra" (na leitura da Bíblia), "Pai das Mentiras" (Satã, o demônio que "governa o mundo") e "vou determinar" (sentir-se divinamente capaz de fazer algo). Era como a senha para se entrar em uma boate muito exclusiva. Embora esses termos especiais não comunicassem nada além daquilo que poderia ser dito normalmente, usá-los do jeito certo na hora certa eram a chave para conseguir a aceitação do grupo. Tão logo comecei a utilizá-los, imediatamente fui reconhecida como uma integrante. Aquela linguagem era uma senha, um disfarce, um soro da verdade. Era tão poderosa!

A criação de uma língua própria para influenciar o comportamento e as crenças de outras pessoas só é tão eficiente porque nosso discurso é a primeira coisa que estamos dispostos a mudar em nós mesmos... E também a última coisa que abandonamos. Diferentemente de raspar a cabeça, mudar-se para uma comunidade ou aceitar uma nova indumentária, adotar uma nova terminologia é algo instantâneo e (aparentemente) sem compromisso.

Digamos que você decida comparecer a um encontro espiritual por mera curiosidade e o anfitrião peça ao grupo que entoe um cântico. Há uma alta probabilidade de que você decida cantar também. Talvez possa parecer estranho e você se sinta meio pressionado no início, mas eles não estão pedindo que você entregue todas as suas economias ou mate alguém, né? Então, que mal isso pode fazer? A linguagem do cultês funciona tão bem (e de forma invisível) que, uma vez que tenha moldado sua visão de mundo de acordo com a do guru que a depositou em você, ela simplesmente *gruda*. Mesmo depois que seu cabelo tenha crescido, você tenha voltado pra casa, deletado aquele aplicativo, o que seja, aquele vocabulário específico continua ali. Na parte II deste livro, conheceremos um homem chamado Frank Lyford, um sobrevivente do mais famoso "culto suicida" da década de 1990, o Heaven's Gate, que, vinte e cinco anos depois de ter desertado e renegado esse sistema de crenças, ainda chama seus dois fundadores por seus nomes monásticos, Ti e Do. Além disso, Lyford ainda se refere ao grupo como "a sala de aula", e descreve o destino amaldiçoado de seus membros com o eufemismo "deixar a Terra", exatamente como foi ensinado a fazer quase três décadas atrás.

A ideia de escrever este livro me ocorreu após minha melhor amiga da faculdade decidir parar de beber e começar a frequentar os Alcoólicos Anônimos. Ela vivia a quase 5 mil quilômetros de distância de mim naquela época, então eu só a encontrava algumas vezes por ano. De longe, eu não era capaz de saber quão comprometida ela estava com sua abstenção do álcool, ou mesmo o que esperar disso. Isso até a primeira vez que a visitei depois de ela ter decidido se manter sóbria. Naquela noite, estávamos tendo dificuldade para decidir onde deveríamos jantar, quando a seguinte frase saiu da boca dela: "Meu Deus, eu estive *fanesocando** o dia todo! *Peguei um super-ressentimento* no trabalho, mas tô tentando não *fazer uma viagem até o futuro*. Ai, vamos nos focar no jantar, *as coisas mais importantes vêm em primeiro lugar*, como dizem!".

---

* Rapidamente aprendi que "fanesocando" (ou "HALTing", em inglês) era uma palavra só que englobava os seguintes sentimentos: Faminta, Nervosa, Sozinha e Cansada; "fazer uma viagem até o futuro" era se estressar com eventos que não podem ser controlados; "pegar um super-ressentimento" significava estar cheio de desprezo por outra pessoa; e "as coisas mais importantes em primeiro lugar" é um autoproclamado clichê do AA que significa exatamente o que parece. Esses são lemas bastante reconhecidos (como a maior parte das gírias usadas dentro do incrível léxico do AA).

Eu devo ter olhado para ela como se tivesse visto três cabeças. "Fanesocando"? "Fazer uma viagem até o futuro"? "Pegar um super-ressentimento?" Do que é que ela estava falando? Em três meses frequentando o AA, esta pessoa que era tão próxima de mim, da qual eu conseguiria distinguir os diferentes significados de cada suspiro com muita precisão, de repente estava falando uma língua estranha. Instantaneamente, fui acometida por uma reação heurística — o mesmo instinto que senti quando vi as velhas fotos de Tasha Samar no deserto; a mesma reação que meu pai teve no dia em que pisou pela primeira vez em Synanon. Certa vez, um sobrevivente de Jonestown disse a mim: "Dizem que seitas são como pornografia. Basta uma olhadinha pra saber exatamente do que se trata". Ou, se você for como eu, basta uma "escutadinha". A maior pista é sempre a linguagem exclusiva. O AA, claro, não era como Synanon; estava mudando a vida da minha amiga para melhor. Mas a forma como ele se apoderou do seu vocabulário era algo impossível de ser ignorado.

> **Certa vez, um sobrevivente de Jonestown disse a mim: "Dizem que seitas são como pornografia. Basta uma olhadinha pra saber exatamente do que se trata". Ou, se você for como eu, basta uma "escutadinha". A maior pista é sempre a linguagem exclusiva.**

Contudo, os instintos não podem ser considerados parte da ciência social, por isso, na realidade, eu não "sabia" que o AA era uma espécie de culto. Apenas tive um forte pressentimento de que havia algo poderoso e misterioso rolando ali. Eu precisava investigar a fundo. Queria entender: como é que essa linguagem de grupo tinha se apossado tão rapidamente da minha amiga? Como essa língua funciona, para o bem e para o mal, para fazer com que as pessoas mergulhem de cabeça nesses grupos com ideologias fervorosas e líderes incontidos? Como ela consegue mantê-las presas a esse redemoinho?

Comecei este projeto com aquela ânsia perversa — que a maioria de nós possui — de descobrir novas histórias assustadoras sobre seitas. Entretanto, rapidamente, tornou-se muito claro para mim que aprender sobre as conexões entre linguagem, poder, comunidade e crença era o que poderia, legitimamente, ajudar-nos a compreender o que motiva o comportamento fanático durante esta era incansável. Uma época na qual convivemos com diversos golpes de marketing multinível disfarçados de start-ups feministas, xamãs falsos dando conselhos prejudiciais à saúde, grupos radicais com discurso de ódio on-line agregando cada vez mais membros, e adolescentes ameaçando uns aos outros de morte, literalmente, em defesa de suas marcas favoritas. Chani, uma mulher de 26 anos adepta da SoulCycle, disse uma vez ter visto um adolescente amea-çar outro adolescente com uma arma porque ambos queriam levar o último par de tênis da Hypebeast em uma liquidação em Los Angeles. "As próximas Cru-zadas não serão religiosas, mas sim consumistas", ela sugeriu. Uber versus 99 Táxi. Amazon versus Boicotadores-da-Amazon. TikTok versus Instagram. Tara Isabella Burton foi cirúrgica quando disse: "Se as fronteiras entre culto e reli-gião[29] são incertas, aquelas entre a religião e a cultura são ainda mais tênues".

Então, lá vai: a verdade horripilante, bela, de virar o estômago, é que não importa o quão "cultofóbico" você se considere, é nossa participação nas coisas que nos define enquanto humanos. Tenha você nascido em uma família de pentecostais que falam em línguas, fugido de casa aos 18 anos para se juntar aos yogis Kundalini, sido arrastado para abrir uma start-up-sugadora-de-almas tão logo saiu da faculdade, virado membro do AA ano passado, ou clicado em um anúncio cinco segundos atrás que promovia não só um produto de cui-dados com a pele, mas uma "oportunidade incrível" de se tornar "parte de um movimento", afiliações a grupos — que podem, inclusive, ter uma importân-cia profunda, até mesmo eterna — são a estrutura na qual construímos nossas próprias vidas. Não é preciso ser alguém destruído ou perturbado para desejar isso — lembre-se, é algo que faz parte da nossa natureza. E o que esquecemos com frequência é que o material com que essa estrutura é construída, a maté-ria-prima que fabrica nossa realidade, é a linguagem. "Nós sempre usamos a linguagem para explicar o que já sabemos", escreveu o acadêmico inglês Gary Eberle em seu livro de 2007, *Dangerous Words* [Palavras Perigosas], "mas, mais importante que isso, também a utilizamos para acessar coisas que ainda não sabemos ou compreendemos".[30] Com ajuda das palavras, transformamos so-pro em realidade.

Um conceito linguístico chamado Teoria da Performatividade aborda a no-ção de que a linguagem não só descreve ou reflete quem somos, mas sim nos cria. Isso porque o próprio discurso tem a capacidade de consumar ações, exi-bindo um nível intrínseco de poder. (Os exemplos mais simples de linguagem performativa seriam fazer uma promessa, repetir votos de casamento ou emitir uma sentença legal.) Quando dito repetidamente, o discurso tem um poder sig-nificativo e consequencial de construir e restringir nossa realidade. Idealmen-te, a compreensão de realidade da maioria das pessoas é algo compartilhado e calcado na lógica. Mas se enredar com uma comunidade que faz uso de rituais linguísticos — cânticos, rezas, jargões — para rearranjar essa "compreensão compartilhada da cultura", segundo Eileen Barker, pode nos afastar do mundo real. Sem que percebamos, nosso próprio entendimento de nós mesmos e daquilo que acreditamos ser verdade se torna inteiramente associado com o grupo e com o líder. Tudo por causa da linguagem.

Este livro explorará o amplo espectro dos cultos e seus léxicos sinistros, começando pelas mais famosas — e terríveis — e terminando em comunidades aparentemente inofensivas, que talvez nunca tenhamos percebido o quanto são cultistas. A fim de manter o escopo dessas histórias possível de manejar (porque Deus sabe que eu podia passar a vida inteira entrevistando pessoas sobre todo tipo de seitas), vamos nos focar principalmente em grupos estadunidenses. Cada parte do livro está focada em uma categoria específica de culto, sempre explorando o cultês que invade nosso cotidiano.

A parte ii é dedicada aos notórios "cultos suicidas", como Jonestown e Heaven's Gate; a parte iii explora religiões controversas, como a Cientologia e os Meninos de Deus; a parte iv é sobre as empresas de marketing multinível; a parte v cobre todo tipo de culto fitness; e a parte vi investiga os gurus da mídia social.

As palavras que ouvimos e usamos diariamente podem oferecer pistas que nos ajudem a determinar que grupos são saudáveis, que grupos são tóxicos, quais são um pouquinho de cada, e até onde desejamos nos envolver com eles. Nessas páginas você encontrará uma aventura rumo à curiosa (e curiosamente familiar) linguagem do cultês.

Sendo assim, como diria o líder de uma seita: venha comigo. Siga-me...

OS ESCOLHIDOS

PARTE II

a linguagem letal de
JIM JONES
06.

"Beber o Kool-Aid."

Você já deve conhecer essa frase. Sendo estadunidense, é possível que ela já tenha aparecido ao menos em uma dúzia de ocasiões ao longo da sua vida de falante nativo do inglês.* A última vez que ouvi essa expressão foi na semana passada, quando alguém descreveu, casualmente, sua fidelidade a uma rede de fast-food de salada, o Sweetgreen: "Sei lá, acho que bebi o Kool-Aid", o cara disse, com um sorrisinho de canto, enquanto pedia que embrulhassem sua quinoa para viagem.

No passado, eu também já fiz esse tipo de comentário quase que por reflexo, assim como proferimos outros ditos populares, como "falando no Diabo", "acertar na mosca" ou "você nunca deve julgar um livro pela capa". Mas isso, claro, foi antes de eu conhecer as histórias.

Hoje em dia, "beber o Kool-Aid" é mais usado para descrever alguém que segue de olhos fechados a opinião da maioria, ou como uma pergunta retórica feita por alguém questionando a própria sanidade. Em 2012, a *Forbes* a classificou como um dos "top clichês mais irritantes"[31] usados por líderes empresariais. Bill O'Reilly invocou o dito para desqualificar seus críticos ("Essa gente do Kool-Aid está ficando louca", foi o que ele disse aos seus ouvintes). Também já a ouvi em contextos tão descontraídos e autodepreciativos quanto "Sim, cara, eu finalmente comprei uma Peloton. Acho que bebi o Kool-Aid!" ou "Ele está obcecado por Radiohead. Ele bebeu o Kool-Aid e voltou pros anos 1990!" (além, claro, do comentário sobre o Sweetgreen).

---

* É importante lembrar que, devido à sua nacionalidade, a autora costuma se dirigir diretamente aos leitores estadunidenses. [NT]

A maior parte das pessoas usa essa expressão idiomática sem hesitação, mas algumas delas a enxergam com gravidade. "Esta é uma das frases mais vis da língua inglesa", declara Tim Carter, de 71 anos de idade. Tim me disse isso durante uma longa ligação que fizemos de São Francisco, falando tão rápido que parecia ter corrido dois quilômetros em um minuto, como se não fosse possível se livrar de sua repugnância rápido o suficiente. "As pessoas não fazem *ideia* do que estão dizendo." Décadas atrás, um antigo conhecido de Tim, Odell Rhodes, expressou o mesmo sentimento em uma matéria para o *Washington Post*: "Essa colocação, 'beber o Kool-Aid', é tão detestável... Totalmente ofensiva".[32] Teri Buford O'Shea, uma poeta de 67 anos de idade que no passado conhecia Tim e Odell, fez um comentário parecido: "Tenho arrepios sempre que ouço".[33]

> **"[Beber o Kool Aid] é uma das frases mais vis da língua inglesa", declara Tim Carter, de 71 anos de idade. "As pessoas não fazem ideia do que estão dizendo."**

Tim, Odell e Teri têm uma perspectiva única sobre a expressão "beber o Kool-Aid" porque, nos anos 1970, todos eles faziam parte do Templo Popular. Um grupo que recebeu muitos nomes — já foi uma congregação, um movimento, um estilo de vida, um projeto agrícola, um experimento, a Terra Prometida. Tudo isso era intencional. Grupos sombrios são especialistas em se renomearem, uma vez que sempre acabam se beneficiando da confusão, da distração e da aura de segredo que uma porta giratória de rótulos intrigantes pode incitar.

O Templo Popular começou como uma igreja racialmente integrada de Indianápolis, na década de 1950. Dez anos depois, ela se mudou para o norte da Califórnia, onde evoluiu até se tornar algo como um "movimento progressista político-social". Isso, claro, segundo os relatórios do FBI. Mas somente após 1974, quando o Templo Popular foi realocado para um remoto pedaço de terra na América do Sul, ele se tornou a seita conhecida como Jonestown.

Mitificado por muitos, mas compreendido por poucos, Jonestown era um assentamento localizado em 3.800 acres de terra árida, no noroeste da Guiana. No momento de sua ruína, em 1978, ele abrigava mais de mil ocupantes. O lugar foi batizado em homenagem a seu inglório líder, Jim Jones.* Ele também teve diversas alcunhas. Em Indianápolis, quando o grupo ainda tinha inclinações religiosas, os seguidores se dirigiam a Jones como "Deus" ou "Pai" (o Dia dos Pais era celebrado no dia 13 de maio, seu aniversário). Tão logo o grupo chegou à Guiana e se secularizou, o apelido evoluiu para algo mais acolhedor, "Papai". Com o tempo, os membros passaram a chamá-lo de "O Responsável", de forma metonímica, como quando se referem a um rei em "A Coroa".

Jones se mudou com seus seguidores de Redwood City, Califórnia, para a Guiana, prometendo um paraíso socialista fora do mal que ele visualizava como um iminente apocalipse fascista nos Estados Unidos. Algumas fotos antigas e granuladas do lugar retratam um Éden bastante verossímil — crianças brincando de forma alegre enquanto os pais trançam os cabelos uns dos outros e confraternizam pacificamente com a vida selvagem. Em determinada imagem, uma mulher de 25 anos, Maria Katsaris (uma das amantes de Jones e membro de seu círculo mais íntimo), sorri enquanto toca com o dedo indicador a ponta do bico de um tucano. Se deixarmos o contexto histórico para lá, parece que estamos falando de um paraíso sustentável, um lugar no qual eu poderia ver muitos dos meus amigos progressistas de Los Angeles escolhendo morar para fugir do governo de Trump. Um tucano de estimação parece uma coisa muito legal.

Atualmente, a maior parte dos estadunidenses já ouviu falar sobre Jonestown, se não pelo nome, por sua iconografia: uma comunidade na selva, um pregador maníaco, ponche envenenado, cadáveres empilhados na grama. Jonestown é mais conhecida pelo suicídio coletivo que vitimou mais de novecentas pessoas, em 18 de novembro de 1978. A maioria das vítimas, inclusive mais de trezentas crianças, encontrou seu fim após consumir um preparado de cianeto de potássio e tranquilizantes, que foram misturados em tonéis de suco de uva feitos de um concentrado de fruta em pó chamado Flavor Aid. "Beber o Kool-Aid" é uma metáfora derivada dessa tragédia. Nossa cultura se lembra, erroneamente, do elixir como se fosse Kool-Aid, e não Flavor Aid, uma vez que esta era uma marca genérica (assim como a maioria das pessoas chama lâminas de barbear descartável de Gillette, mesmo que existam outras marcas). O fato é que a população de Jonestown morreu após consumir a versão barata do supermercado, que eles ingeriram — a maior parte das pessoas por via oral, outras por via intravenosa, muitas contra a própria

---

* "Town", em inglês, significa "cidade, vila". Sendo assim, "Jonestown" seria "Cidade de Jones". [NT]

vontade — sob extrema pressão vinda de Jones, que clamava que um "suicídio revolucionário"[34] era a única opção para "protestar contra as condições impostas por um mundo desumano".

Os membros de Jonestown não foram para a Guiana para morrer de forma bizarra; eles foram em busca de uma vida melhor: para tentar viver o socialismo na prática, porque sua relação com a igreja tradicional não estava funcionando mais, ou mesmo para fugir da polícia racista dos Estados Unidos (isso não soa familiar?). Com a ideia da Terra Prometida, Jim Jones garantia uma solução para todo tipo de caminhada — e, dizendo sempre as palavras certas, as pessoas tinham razão em acreditar nele.

Jones, cujo temperamento e caráter foram tema de dúzias de livros, popularizou uma lista de características que agora são conhecidas como os sinais de alerta de um guru perigoso: na superfície, ele parecia ser um revolucionário político e profético, mas no fundo ele era um narcisista mentiroso, maníaco e paranoico. Segundo o desfecho da história, seus devotos não descobriram isso até que fosse tarde demais. No início — jurou mais de um sobrevivente da seita —parecia não haver nada ali que não inspirasse o mais profundo amor.

Nascido e criado em Indiana, Jim Jones era um pastor promissor de apenas vinte e poucos anos quando iniciou sua primeira congregação. Integracionista resoluto, ele e sua esposa foram o primeiro casal caucasiano do estado a adotar uma criança negra. Logo, eles encheram sua casa com muitas outras crianças não brancas. Jones autodenominava sua família de "A Família Arco-Íris",[35] a fim de passar a mensagem de que ele era a favor de justiça racial não só na igreja, mas na sua vida pessoal também.

No entanto, a imagem de Jones não era apenas a de um homem piedoso e progressista. Ele também era bonitão — na juventude, há quem diga que parecia até um clone de Elvis Presley. Pessoalmente, eu não vejo graça (sei que é uma opinião meio impopular, mas seus traços quadrados e cartunescos sempre me lembraram um pouco Biff Tannen, o valentão do filme *De Volta Para o Futuro*). Bom, suponho que assassinos não sejam muito a minha praia, embora eu saiba que a hibristofilia,[36] a atração sexual por criminosos brutais, seja uma coisa muito real. Jones, Ted Bundy, Charles Manson... Todos eles tinham *groupies*. Até o famoso psicólogo Philip Zimbardo, conhecido pelo Experimento da Prisão de Stanford, comentou abertamente sobre o irresistível *"sex appeal"*[37] de Jones.

Mas a atração sexual não se dá apenas por causa da aparência física — faz parte da criação de uma ilusão de intimidade entre o líder e seus fãs. É disso, aliás, que os expatriados de Jonestown se lembram. Todos com quem falei discorreram longamente sobre o charme irresistível daquele homem, sua destreza de se relacionar facilmente com qualquer pessoa, desde pessoas brancas, boêmias, de alta classe média até pessoas negras que eram muito ativas dentro da igreja. Com vinte e poucos progressistas de São Francisco, Jones abordava o socialismo, seduzindo seus membros com citações professorais de Nietzsche; com pentecostais mais velhos, ele usava versos bíblicos e seu timbre familiar de reverendo. Vários sobreviventes me contaram que, da primeira vez que falaram com Jones, sentiram como se ele os conhecesse por todas as suas vidas — pois ele "falava a sua língua". Essa intensa validação, que depois se transforma em controle, é conhecida pelos cientistas sociais como "bombardeio de amor".

"Ele agradava a todo tipo de gente,[38] de todo tipo de nível, a qualquer momento", explicou Leslie Wagner Wilson, uma oradora pública, memorialista e sobrevivente de Jonestown. "Em um momento, ele estava citando as escrituras e, no outro, estava pregando sobre o socialismo." Ela viveu para contar a história de Jonestown, pois, na manhã do massacre, escapou da morte ao se embrenhar na selva. Leslie, uma jovem negra de óculos redondos e bochechas de querubim, com apenas 22 anos de idade, caminhou por mais de sessenta quilômetros na vegetação alta, com o filho de 3 anos amarrado às suas costas com um lençol. Sua mãe, irmã, irmão e marido não sobreviveram.

Voltemos nove anos no passado: nessa época, Leslie ainda estava no ensino fundamental quando sua mãe, que sustentava uma casa cheia de crianças por conta própria e estava em busca de apoio, juntou-se ao Templo Popular em Redwood City. Por ter apenas 13 anos de idade, o Templo Popular se tornou o mundo para Leslie. Jones, para ela, era seu "Pai" e seu "Papai". Ele a chamava de "minha pequena Angela Davis".[39] Nesse ponto, vamos voltar ao assunto do "bombardeio de amor": para uma adolescente, cuja identidade ainda estava em formação, ser comparada a uma ativista radical, um modelo a ser seguido, fortaleceu sua confiança em Jones. E toda vez que ele usava novamente o apelido, esse compromisso era reforçado. "Um *showman* experiente, Jones sempre manipulou de forma muito bem-sucedida as aspirações revolucionárias de jovens afro-americanos, apropriando-se da promessa enfraquecida do movimento negro",[40] escreveu Sikivu Hutchinson, autora feminista de *White Nights, Black Paradise* [Noites Brancas, Paraíso Negro]. Naturalmente, Leslie queria acreditar que era a próxima Angela Davis. Ela achava, compreensivelmente, que poderia oferecer à própria comunidade esse tipo de esperança.

Dessa forma, não era apenas a aparência de Jones, a ótica familiar ou mesmo suas ideias que fisgavam as pessoas; era o seu jeito com as palavras. "A forma como ele falava... Ele era um ótimo orador", disse Leslie. "Ele comovia, inspirava... Eu ficava encantada."[41] Jones não conseguiu convencer todas as pessoas que Leslie amava no mundo — gente brilhante, caseira, que não tinha quase nada em comum com ele — a segui-lo até os confins da Terra usando meramente uma forma críptica de manipulação mental. "Era a linguagem dele", outro sobrevivente de Jonestown disse, fervorosamente. "Era assim que ele ganhava e mantinha controle sobre as pessoas."

Vários sobreviventes me contaram que, da primeira vez que falaram com Jones, sentiram como se ele os conhecesse por todas as suas vidas — pois ele "falava a sua língua".

Ostentando a entonação e a paixão de um pregador batista, a teorização complexa de um filósofo aristotélico, a sagacidade popular de um fabulista do campo e o zelo feroz de um tirano cruel, Jim Jones era um camaleão linguístico dono de um arsenal monstruoso de estratégias retóricas astutas, que ele empunhava para atrair seguidores de todos os tipos. É isso que os líderes cultistas mais ardilosos costumam fazer: em vez de se manterem em um mesmo léxico imutável para representar uma doutrina unificada, eles personalizam sua linguagem de acordo com o indivíduo presente. Conhecido por citações[42] como "O socialismo é muito mais antigo do que a Bíblia" e "A mentalidade capitalista [é] a vibração mais baixa que pode ser operada neste, já inferior, plano de existência", a oratória frankensteiniana de Jones muitas vezes se referia à teoria política e à metafísica no mesmo fôlego. "O vocabulário dele podia mudar rapidamente — ora ele falava como homem do campo, ora se mostrava bastante intelectual", lembra Garry Lambrev, um poeta que trabalhava como veterinário no Templo Popular na época de Redwood City. "Ele tinha um rico vocabulário. Passava um tempo inimaginável lendo. Não sei como ele encaixava isso no dia."

Um vocabulário de mudança rápida usado para o capital social: um linguista diria que Jones era um esperto praticante de alternância de código linguístico, alguém que transitava de forma fluida entre múltiplas variedades linguísticas. Entre os não diabólicos, a alternância de código linguístico é uma maneira eficiente (e geralmente inconsciente) de usar todos os recursos linguísticos disponíveis para lidar com uma troca verbal da forma mais eficaz possível. Uma pessoa pode alternar códigos linguísticos entre dialetos ou línguas de um lugar para o outro, ou até dentro de uma mesma conversa, para expressar um sentimento específico, enfatizar um ponto de vista, adaptar-se a alguma convenção social, ou demonstrar um certo tipo de identidade. A prática da alternância de códigos linguísticos pode chegar até mesmo à garantia de respeito e sobrevivência, como no caso dos falantes de certos etnoletos marginalizados, como o inglês afro-americano, que costuma se transformar no "inglês padrão" quando os seus falantes se encontram em situações nas quais possam ser julgados ou perseguidos caso ajam de outra maneira. Há também o contrário, a alternância de códigos linguísticos utilizada maquinalmente para conquistar a confiança. Essa era a especialidade de Jim Jones. Como uma versão maquiavélica de mim aos 12 anos, quando participava dos encontros evangélicos no templo de minha amiga, Jones aprendeu como se conectar com cada um de seus seguidores em nível linguístico, o que mandava um sinal instantâneo de que compreendia cada um deles e seu passado de forma única.

Bem no começo de sua vida, Jones estudou o discurso de pastores e políticos irresistíveis e populistas, de dr. Martin Luther King Junior e reverendo Pai Divino (líder espiritual negro e mentor de Jones) até Hitler. Ele selecionou as melhores partes e acrescentou seu próprio toque "jonesiano". Assim, ele aprendeu a modular a voz à maneira de um pastor pentecostal e escolheu frases que pessoas brancas não costumavam conhecer... Como o termo *"Jack White Preachers"*, um rótulo usado por alguns grupos negros religiosos para criticar televangelistas brancos e vigaristas. Quando o Templo Popular se realocou na Guiana, ele já tinha se tornado três quartos afro-americano, embora o círculo íntimo de Jones fosse composto quase inteiramente de jovens mulheres caucasianas (como Maria Katsaris), um padrão de abuso de poder: um homem mais velho no topo e, ao seu lado, um séquito de mulheres de pele clara, entre 20 e 30 anos, que concordam em trocar parte de sua branquitude e sexualidade por algumas migalhas de poder.

Ao invocar palavras de ordem politizadas — como "biscates burguesas" (*"bourgeois bitches"*), um termo que Jones cunhou para proibir seguidoras brancas de frequentarem alguns espaços, e "igrejidade" (*"churchianity"*), uma junção de palavras usadas para condenar o cristianismo branco e hipócrita —, Jones criou a ilusão de que a maioria negra tinha mais privilégios do que eles realmente tinham. "Ele costumava ir a igrejas direcionadas ao público negro, parar na porta e ficar olhando para o pastor, observando como ele conseguia hipnotizar uma multidão de mais de cem pessoas", lembra uma sobrevivente de Jonestown, Laura Johnston Kohl.[43] Aos 72 anos de idade, Laura é dona de um belo rosto inclinado e cabelos prateados e curtos, mas os mesmos olhos esperançosos que miraram Jim Jones cinco décadas atrás e pensaram: "Este homem está planejando algo incrível!". Em retrospecto, é claro, ela foi capaz de vê-lo mais claramente: "Jim não se importava com religião. Ele estudava todas essas pessoas porque pensava: 'É esse o emprego que eu quero — e muito mais'".

Quando Laura Johnston Kohl encontrou o Templo Popular, tinha 22 anos e era militante de direitos humanos. Nascida de uma mãe solo politicamente ativa, em um subúrbio ainda bastante segregado de Washington DC, ela cresceu presenciando todo tipo de injustiça racial ao seu redor. Em 1968, Laura saiu da faculdade e se mudou para a Califórnia a fim de praticar o ativismo político em tempo integral. "Eu queria viver em uma comunidade que fosse composta de uma combinação de raças, de pessoas de todos os níveis financeiros e econômicos. Juntei-me ao Templo Popular levando em consideração a questão política", Laura disse, em uma de nossas muitas chamadas de telefone. Ela sonhava em viver em uma sociedade igualitária e estava totalmente disposta a se envolver em situações experimentais para encontrar isso. Os planos de Jones de construir um assentamento rural em outro país fizeram com que suas pupilas se dilatassem de encantamento. Assim, ela fez uma única mala — uma mochila de pano — e se mudou para a Guiana.

Laura só viveu para contar sua história porque, no dia do massacre, ela não estava em Jonestown. Ela foi uma das poucas sortudas que tinham sido enviadas a Georgetown, a capital da Guiana, para realizar uma tarefa. Laura deveria encontrar o congressista Leo Ryan, um republicano da Califórnia que tinha vindo investigar Jonestown após ter tido conversas com alguns familiares dos seguidores de Jones que clamavam que o lugar era suspeito. Na época, Laura ainda era uma leal entusiasta do Templo Popular, por isso fez questão de passar uma boa impressão. A mais de 240 quilômetros de distância de Jonestown, ela estava longe da carnificina. Depois de ter escapado por um triz de um evento como esse, você poderia apostar que Laura teria se desligado de todo tipo de utopias, porém, apenas dois anos depois, em 1980, Laura decidiu fazer parte de outra seita: Synanon, o mesmo grupo do qual meu pai tinha fugido oito anos antes.

Enérgica e curiosa, Laura me pareceu uma pessoa totalmente sensata durante nossas conversas e me lembrou a maior parte das moças com as quais estudei na Faculdade de Artes Liberais. Ela me falou de sua infância, sobre como era popular, de sua família bem ajustada, de seus dias recepcionando os Panteras Negras na cozinha de casa, de sua paixão pela vida em comunidade. "Nos anos 1970, nós tínhamos um ditado: 'Uma pessoa sozinha nada faz além de sussurrar. É preciso estar em um grupo para se manter firme e forte'", Laura conta. Então, quando ela se mudou para São Francisco aos vinte e poucos anos e conheceu um organizador apaixonado chamado Jim, que disse a ela o quanto detestava a supremacia branca e queria criar um refúgio socialista fora desse espaço, ela pensou: *Onde é que eu assino?* No entanto, é claro que ela jamais poderia prever que aquele herói político assassinaria todos os seus amigos sob a falsa alegação de "suicídio revolucionário".

Este é apenas um dos muitos termos que Jones distorceu a fim de manipular emocionalmente seus seguidores. "Suicídio revolucionário" foi, de fato, a última frase que ele proferiu antes de suas mortes. Cunhado pelo líder do partido dos Panteras Negras, Huey Newton, no fim da década de 1960, a expressão "suicídio revolucionário" se refere ao momento em que um militante morre pelas mãos de seu opressor. A ideia era que, se você saísse às ruas para protestar contra O Homem,* e ele atirasse em você, o revolucionário aí dentro levantaria o cartaz e continuaria andando. Talvez eles também fossem derrubados, mas o movimento continuaria, até que, um dia, um de seus sucessores carregaria aquele cartaz rumo à liberdade. O "suicídio revolucionário" de Newton era um conceito com que a maioria dos seguidores do Templo Popular concordaria, então Jones o desvirtuou pouco a pouco, usando-o em diversos contextos e mudando-o de acordo com o que ele queria de seus devotos. Em algumas ocasiões, Jones descrevia o suicídio revolucionário como uma alternativa adequada ao aprisionamento ou à escravidão por parte d'O Homem. Em outros momentos, ele o usava para descrever o ato de entrar em uma multidão de inimigos com uma bomba presa ao próprio corpo e explodi-la. Mas, sem dúvida, o uso mais famoso dessa frase foi quando Jones a invocou no dia do massacre, definindo a morte de seus seguidores como uma posição política contra os *Governantes Ocultos* (diabólicos e secretos chefes de governo), em vez de um destino ao qual foram todos coagidos e não tinham voz para refutar.

Em 18 de novembro de 1978, muitos dos seguidores de Jones já tinham perdido a fé nele. Sua saúde física e mental já estava em declínio há algum tempo; ele vinha abusando de um coquetel de remédios e seu corpo tinha se tornado hospedeiro de diversas doenças e condições médicas (muito difíceis de acompanhar, uma vez que ele exagerava e, ao mesmo tempo, mentia sobre a maior parte delas, inclusive ao dizer a seus devotos que sofria de câncer de pulmão, mas já estava em um processo de "autocura"). Isso sem mencionar as brutais condições de vida em Jonestown. Acontece que a "Terra Prometida", que os seguidores de Jones esperavam encontrar na Guiana, não era propícia para plantação e colheita. À época do massacre, as crianças estavam morrendo de

---

* "O Homem" (The Man) é uma gíria comumente usada por falantes de língua inglesa para descrever o governo, pessoas em posição de poder ou figuras de autoridade. [NT]

fome e seus pais estavam brutalmente sobrecarregados, sofrendo de privação do sono, e desesperados para deixar aquele lugar. Foi por isso que o congressista Leo Ryan decidiu vir à cidade.

Tendo recebido dicas das famílias dos seguidores de Jonestown sobre alguns deles estarem sendo mantidos prisioneiros contra a vontade, Ryan decidiu voar até a Guiana para checar, trazendo consigo alguns repórteres e deputados. Jones, como o empresário que era, fez de tudo para esconder as verdades podres do lugar enquanto preparava um show para o congressista (um jantar suntuoso, praticamente uma provocação). Mas Jones sabia que eles não o deixariam escapar tão facilmente. No fim da visita, quando Ryan e sua equipe voltaram à pequena pista de pouso de Jonestown para partirem, diversos residentes os seguiram, tentando escapar. Jones ordenou à sua milícia que acompanhasse os infratores, e assim que todos começaram a embarcar, pensando que estavam livres, o esquadrão se voltou contra eles. Abrindo fogo, eles mataram cinco pessoas: um dos membros de Jonestown, três jornalistas e o congressista Leo Ryan.

Foi esse o evento que desencadeou o terrível "suicídio". Ao contrário do que a maioria pensa, a tragédia não foi premeditada, pelo menos não como a imprensa costuma retratar. E, principalmente, a maioria das vítimas não morreu de forma voluntária. Uma cobertura muito famosa sobre Jonestown espalhou a história de que Jones realizava, com certa regularidade, ensaios suicidas macabros, as tais "Noites Brancas",[44] nos quais seus servos faziam uma fila, como comungantes lobotomizados, e engoliam copos de ponche em preparação para o "verdadeiro" suicídio, que se daria em 18 de novembro de 1978. É claro que nada disso aconteceu.

Vários sobreviventes do Templo Popular dizem que as "Noites Brancas" eram eventos muito mais sutis e que você não precisava ter sofrido "lavagem cerebral" para participar. Originalmente, Jones usou o termo "Noite Branca" para denotar qualquer tipo de crise, inclusive a possibilidade de morte como resultado desta crise. Ele escolheu esta expressão específica para subverter o fato de que nossa língua tende a associar a cor preta a coisas negativas: lista negra, mercado negro, magia negra. Por isso, Jones achou que o título "Noite Branca" desestabilizaria esse conceito, o que não era uma má ideia, mas tinha uma péssima motivação. Com o tempo, conforme Jones foi ficando mais e mais desvairado e faminto por poder, o termo evoluiu para significar um leque de coisas insidiosas. Alguns dizem que as "Noites Brancas" descreviam ocasiões nas quais Jones convencia alguns de seus seguidores a se munirem com armas improvisadas e ficarem acordados por vários dias a fio, preparados para defender a Terra Prometida até a morte contra inimigos que ele jurava que viriam, mas nunca apareceram. Outros se lembram que o termo era usado para descrever mais de uma dúzia de reuniões nas quais as pessoas declaravam ao microfone que estavam dispostas a morrer — naquela mesma noite, se necessário — em nome da Causa (o Templo Popular pregava a ideia de viver a serviço do grupo, não do indivíduo). Também dizem que as "Noites Brancas" eram eventos semanais nos quais Jones mantinha o grupo acordado a noite inteira a fim de discutir preocupações relacionadas à comunidade. E, por fim, há aqueles que afirmam que uma "Noite Branca" era qualquer encontro no qual Jones falasse sobre a morte.

Ao contrário do que a maioria pensa, a tragédia não foi premeditada, pelo menos não como a imprensa costuma retratar. E, principalmente, a maioria das vítimas não morreu de forma voluntária.

A visita do congressista confirmou o que Jones suspeitava há muito tempo: que ele não conseguiria mais manter aquela situação. Jonestown era um fracasso. A maioria de seus membros queria partir. Ele estava fadado a ser encontrado e destronado. Então, ele reuniu todos os seus seguidores no pavilhão central e disse que o inimigo estava a caminho e prestes a emboscá-los. "Vão atirar nos seus bebês inocentes... Vão torturar a nossa gente. Vão torturar os nossos idosos. Nós não podemos permitir isso", ele anunciou. Era tarde demais para fugir: "Não podemos voltar. Eles não vão nos deixar em paz. Eles estão voltando para lá e vão contar mais mentiras sobre nós, o que significa que mais congressistas virão. Não há saída, nós não conseguiremos sobreviver". Então, ele expôs seu verdadeiro desejo: "É da minha opinião que devemos ser misericordiosos com as crianças e com os idosos; bebendo da poção, como costumava ser na Grécia Antiga, e partindo calmamente porque, assim, não estaríamos cometendo suicídio, mas um ato revolucionário". Suas palavras eram suaves, como sempre haviam sido, porém, uma vez que estavam cercados de seguranças armados, aos residentes havia apenas duas opções: morrerem envenenados[*] ou morrerem baleados caso tentassem escapar.

Como agiram os líderes da meia dúzia de "seitas suicidas" da história? Por terem assumido uma postura apocalíptica com relação ao universo, e estando eles no centro, acreditavam que sua iminente partida deveria significar a queda de todo o restante da comunidade. Para eles, as vidas de seus seguidores eram fichas na mesa — portanto, se perderiam de qualquer forma, era melhor levar todo mundo para o buraco. Porém, na prática, matar é um trabalho sujo. Eles estão ali pelo lance do oportunismo e da manipulação, não do assassinato. Então, assim que percebem que o poder está escorregando de suas mãos, apostam em previsões de que o mundo está chegando a um fim irrefreável e violento. A única solução, o líder prega, é o suicídio, que, se conduzido de forma específica em determinado momento, irá, pelo menos, transformá-lo em um mártir e transportá-lo ao reino de Deus. Nesse momento, seus servos mais leais dão suporte ao líder, fazendo eco às suas palavras, e pressionando os que estão em dúvida a seguirem a maioria.

Algumas pessoas corajosas do Templo Popular tentaram argumentar com Jones naquele dia. Uma delas foi Christine Miller,[45] uma mulher negra e idosa, que sempre o confrontava. Christine, uma criança pobre do Texas que cresceu para se tornar uma bem-sucedida secretária do condado de Los Angeles, abriu a carteira incontáveis vezes para apoiar Jones, em quem tinha uma fé ardente. Mas sua boa vontade em se comprometer com ele tinha limites. Tão logo chegaram à Guiana, onde os membros de Jonestown deveria viver humildemente e em comunhão, Christine, na época com 60 anos de idade, recusou-se a deixar de usar joias e peles — afinal, tinha trabalhado duro para consegui-las. Conhecida por sua franqueza inflexível, ela e Jones viviam uma relação de amor e ódio que com frequência se tornava bastante tensa. Em uma determinada reunião, Jones ficou tão exasperado com a oposição de Christine que chegou a apontar uma arma para ela. "Você pode atirar em mim, mas, primeiro, vai ter que me respeitar", ela retorquiu, fazendo-o recuar. Se houve outro momento em que Jones chegou a temer Christine, foi em 18 de novembro de 1978. Christine tomou o microfone posicionado à frente do pavilhão e tentou defender o direito de seus colegas à vida, sugerindo que buscassem

---

[*] Onde e quando Jones conseguiu todo aquele cianeto? De acordo com uma matéria da CNN, ele estava secretamente estocando o composto químico há anos, preparando-se para o dia em que precisaria fazer uso dele, independentemente do motivo. Ao que tudo indica, Jones obteve uma licença de joalheiro para ter permissão de comprar o produto, uma vez que este pode ser utilizado para a limpeza de ouro.

saídas alternativas, poupassem as crianças ou, quem sabe, fugissem para a Rússia. "Eu não tenho medo de morrer, mas... Olho para os bebês e penso que eles merecem viver, sabem?", ela contestou. "Ainda acho que, como indivíduo, tenho o direito de dizer o que penso, o que sinto... Todos nós, como indivíduos, temos o direito de escolher nossos próprios destinos... Para mim, enquanto há vida, há esperança."

Jones deixou que ela falasse; até a elogiou pela "agitação" causada. Mas, no fim das contas, a escolha não foi dela. "Christine", ele disse, "sem mim, a vida não tem sentido. Eu sou a melhor coisa que você terá." No fim daquela tarde, todo mundo sob aquela marquise — Christine, os seguranças e, claro, Jim Jones, que atirou na própria cabeça — tinha partido.

Por terem assumido uma postura apocalíptica com relação ao universo, e estando eles no centro, acreditavam que sua iminente partida deveria significar a queda de todo o restante da comunidade. Para eles, as vidas de seus seguidores eram fichas na mesa — portanto, se perderiam de qualquer forma, era melhor levar todo mundo para o buraco.

É possível ter uma mínima noção do tom persuasivo de Jones em um arquivo de áudio conhecido como *Jonestown Death Tape* (Fita da Morte de Jonestown).[46] A gravação de 45 minutos capturou o discurso final dado por Jones no pavilhão. "A morte não é algo a se temer, é viver que é uma maldição", ele proclamou de seu púlpito, enquanto pais e mães, sob seu comando, administravam seringas cheias de veneno dentro das bocas de seus bebês, e depois não tinham escolha senão administrar as próprias doses, ou então esperar que alguém fizesse o trabalho por eles. Depois de engolirem o ponche amargo, um por um, os seguidores foram escoltados para fora, onde pereceram, seus corpos convulsionando, desabando, e, finalmente, quedando imóveis no gramado.

Um pavão até o fim, Jones gravou a Fita da Morte ele mesmo; agora ela é de domínio público. Alguns sobreviventes, como Odell Rhodes, uma das únicas 33 pessoas que conseguiram escapar do envenenamento naquele dia (ele se escondeu sob uma construção até o anoitecer), afirmam que Jones comandou a gravação, pausando e começando novamente de forma a apagar gritos de protesto, todo tipo de comoção e prantos de agonia. A Fita da Morte é um tema de intensa fascinação; pelo menos meia dúzia de pessoas diferentes, incluindo estudiosos de religião e agentes do FBI, tentaram transcrevê-la, de olhos apertados, fones de ouvido no último volume, atentos para capturar e confirmar cada linha do áudio.

Se ouvir como quase mil pessoas discutem com Jones, e umas com as outras, poucos momentos antes do massacre, não parece suficientemente perturbador para você, a trilha sonora macabra da Fita da Morte deixa tudo mais estranho que qualquer ficção. Há uma faixa de música tocando no fundo durante toda a gravação, que dá a impressão de ter sido adicionada depois para causar um maior impacto; contudo, a verdade é que a fita originalmente continha diversas músicas soul. Jones gravou por cima delas, o que resultou em uma "gravação fantasma" de melodias abafadas, distorcidas e fora do tempo. Bem no final, após o término do discurso, é possível ouvir "I'm Sorry", uma música de R&B gravada, em 1968, pelos Delfonics, sendo tocada em velocidade reduzida, como um órgão de igreja.

Neste breve excerto da Fita da Morte é possível conhecer uma amostra apavorante da repetição rítmica de Jones e, principalmente, de suas hipérboles enganosas.

> *Se não podemos viver em paz, então morreremos em paz... Nós fomos traídos. Nós fomos terrivelmente traídos... Eu nunca menti para vocês... O melhor testemunho que podemos fazer é deixar esse maldito mundo para trás... Estou falando como um profeta hoje. Eu não me sentaria nesta cadeira e falaria tão sério se eu não soubesse o que estou dizendo... Eu não quero ver vocês passando por esse inferno de novo, nunca mais, nunca mais, nunca mais... [A morte] não é para ser temida, não é para ser temida. Ela é uma amiga, é uma amiga... Vamos embora, vamos embora, vamos embora... A morte é um milhão de vezes mais preferível que mais dez dias nessa vida... Rápido, meus filhos... Irmãs, foi muito bom conhecê-las... Sem dor agora, sem dor... Livres finalmente.*

A Fita da Morte é um poema, uma maldição, um mantra, uma traição, uma assombração. E a prova do poder letal da linguagem.

JUÍZO FINAL
de Heaven's Gate
07.

Eu fui uma criancinha sinistra que cresceu ouvindo histórias de cultos, então, desde que me lembro, sei todo tipo de coisas sobre Jonestown. Meu pai costumava comparar Jim Jones com Chuck Dietrich, o líder maníaco de Synanon. Embora Dietrich nunca tenha levado seus seguidores a um "suicídio em massa", a meia-irmã de papai, Francie, que passou todos os anos da escola primária em Synanon, acredita que, se Dietrich tivesse ficado mais tempo no poder, isso com certeza aconteceria. Enquanto papai estava lá, Synanon não era um lugar que causasse danos à integridade física, mas, como Jones, Dietrich foi ficando cada vez mais sedento por sangue com o passar dos anos. No fim da década de 1970, ele passou a fazer parte de uma coalisão militarizada que nomeou de "Marinha Imperial", uma organização que cometeu dezenas de crimes violentos, como espancamentos em massa contra desertores, rotulados por Dietrich como "desmembrados". Um deles, aliás, foi atingido com tanta força que fraturou o crânio e, subsequentemente, contraiu meningite bacteriana e entrou em coma. Apenas algumas semanas antes do Massacre de Jonestown,[47] em 1978, um advogado chamado Paul Morantz, que tinha ajudado alguns dos "desmembrados" a processarem Synanon, foi picado por uma cascavel que tinha sido colocada em sua caixa de correio pela Marinha Imperial de Dietrich. Dietrich foi preso depois disso, então foi à falência e, por volta de 1991, Synanon ruiu. Como a maior parte dos líderes de comunidades à margem da sociedade, Dietrich não conseguiu chegar tão longe quanto Jones.

Porém, dezenove anos depois de Jonestown, alguém chegou perto. No fim de março de 1997, outro culto suicida chegou às manchetes, relembrando o mundo da tragédia ocorrida na Guiana. Essa provação ocorreu no Rancho

Santa Fé, na Califórnia, onde 38 membros do Heaven's Gate, um culto de juízo final com crenças em ufologia, tiraram suas vidas, sistematicamente, ao longo de três dias. Suas mortes ocorreram por meio da ingestão de uma combinação de molho de maçã, vodca e barbitúricos, seguida de sufocamento causado por um saco plástico amarrado em volta da cabeça. Eles concretizaram o ato dentro da mansão de 9.200 metros quadrados que dividiam, sob a direção de seu líder idoso, Marshall Applewhite, que pereceu junto a seus apoiadores da mesma maneira teatral e bizarra. Um homem de 65 anos que na juventude desistiu do seminário e se tornou mestre em peças musicais, Applewhite tinha cabelos raspados da cor da neve, olhos côncavos e uma paixão irremediável por ficção científica. Como muitos que cometem abuso de poder em sua categoria, Applewhite se autoproclamou um profeta — mais especificamente, dizia que tanto ele quanto sua colíder já falecida, Bonnie Nettles (morta de câncer de fígado, em 1985), eram almas elevadas e extraterrestres habitando temporariamente corpos terrenos.

No momento do suicídio em massa, Jim Jones tinha perdido a lealdade da maioria de seus novecentos seguidores, mas Applewhite, por outro lado, teve o apoio firme de sua pequena congregação até o fim. No dia do suicídio em massa de Heaven's Gate, todos os 38 seguidores estavam convencidos do seguinte cenário: que uma nave espacial vinda do paraíso, seguindo o cometa Hale-Bopp, passaria pela Terra em março de 1997, permitindo aos seguidores uma chance de deixarem este mundo "temporal e perecível", embarcarem no disco voador e se transportarem para uma dimensão distante no espaço que, Applewhite jurava, era o Reino de Deus.

Usando um tom de voz paternalista — suave, mas firme —, Applewhite se comunicava em longos discursos repletos de papo Nova Era sobre o espaço e sintaxe derivada do latim, para fazer com que seu pequeno culto de pseudointelectuais se sentissem como parte da elite. De acordo com seu credo, a Terra, como a conhecemos, estava em vias de ser reciclada ou *soterrada*, a fim de que o planeta pudesse ser *reformado*. "As 'ervas daninhas humanas' tomaram todo o jardim e destruíram sua utilidade para além de reparo", declara o site do Heaven's Gate. Enquanto escrevo este livro, em 2020, o site é mantido por dois sobreviventes da seita, embora ele não pareça ter sido atualizado ou reformulado desde então (continua nos moldes do GeoCities,* ou seja, tem muita fonte em Comic Sans vermelho-cereja acontecendo ali).

---

* O GeoCities foi o principal servidor de sites dos anos 1990. Na época, era muito comum que os layouts tivessem cores berrantes e fontes de gosto duvidoso. [NT]

Porém, Applewhite tinha uma saída para isso — a única coisa que seus seguidores deviam fazer para "superarem suas vibrações genéticas" era "deixarem seus veículos para trás" para que seus espíritos pudessem reemergir a bordo da nave espacial que os levaria, tanto física quanto espiritualmente, a fim de alcançar um Reino Evolucionário Um Nível Acima do Humano. Os corpos terrestres eram meros "contêineres" que podiam ser descartados em busca de uma existência elevada. As almas que não se "graduassem" em conjunto com a seita, inevitavelmente, iniciariam um "mecanismo de autodestruição no fim da Era" (também conhecido como o Apocalipse). Para esse time muito exclusivo, não só não havia "nada a temer" sobre a morte, como ela seria "uma oportunidade que só ocorre uma vez na vida" de entrar em um mundo "eterno e incorruptível".

Usando um tom de voz paternalista — suave, mas firme —, Applewhite se comunicava em longos discursos repletos de papo Nova Era sobre o espaço e sintaxe derivada do latim, para fazer com que seu pequeno culto de pseudointelectuais se sentissem como parte da elite.

Como Jones, Nettles e Applewhite também receberam diversas alcunhas. As mais famosas eram: "Os dois" (ou "A Dupla Ovni"), Bo e Peep, e Ti e Do (pronuncia-se "tí" e "dôu", como as notas musicais Si e Dó em inglês). No Heaven's Gate, cada aluno escolhia um novo nome (e renunciava ao seu sobrenome) que, de acordo com as instruções de Applewhite, sempre deveria terminar com o sufixo "-ody".[48] Havia Thurstonody, Sylvieody, Elaineody, Qstody, Srrody, Glnody, Evnody etc. Alguns estudiosos teorizam que esse sufixo era quase uma fusão de Do e Ti, e deveria servir como prova linguística de que seus membros tinham renascido retoricamente de seus líderes.

"A linguagem era um símbolo do que estávamos nos tornando", relembra Frank Lyford, conhecido na seita como Andody, que pertenceu ao Heaven's Gate[49] por dezoito anos. Inicialmente, Frank se juntou ao grupo como um jovem desgrenhado de 21 anos em uma jornada espiritual com sua namorada de longa data, Erika Ernst, que depois se tornaria Chkody. Eles exemplificavam perfeitamente o típico ingressante do Heaven's Gate: caucasiano, ex-cristão, pensamento esotérico, classe média, solteiro. Durante a primeira metade da permanência de Frank no grupo, Ti e Do proclamavam que a transição do "nível humano" para o "próximo nível" aconteceria enquanto todos estavam vivos e bem. "Seria uma transição em nível consciente", me explicou Frank, hoje com 65 anos, durante nossa entrevista. "Isso só começou a mudar depois que Ti morreu." Da maneira como Frank se lembra, a morte de Ti teve um efeito traumático em Do; ele passou a se tornar mais controlador e suas ideias sobre como se "graduar" para chegar ao próximo nível evolucionário se metamorfosearam. Foi então que o plano de pôr fim à existência humana entrou em cena.

Durante a década de 1990, Frank começou a ter certas dúvidas. Na época, era permitido aos membros do Heaven's Gate ter empregos normais fora do Rancho Santa Fé para angariar dinheiro para o grupo, e Frank trabalhava como desenvolvedor de softwares. Ele amava seu trabalho — era criativo e estimulante —, e sempre que fazia algo certo, seu chefe lhe dava todo o crédito que merecia. Mas ter um propósito independente além do Time da Partida era algo que ia totalmente contra o dogma de Heaven's Gate. Após quase duas décadas reprimindo sua identidade em serviço de Ti e Do, Frank sentiu que ser uma engrenagem na roda, principalmente naquela roda, já não era a resposta que desejava. Ele desertou a seita em 1993, e embora tivesse implorado a Chkody que fosse embora com ele, não foi capaz de convencê-la. Dois anos depois, ela "deixou seu veículo" junto com o restante do Time da Partida.

Agora um homem muito mais velho, dono de um rosto magro e melancólico e óculos retangulares sem aro, Frank vive no Kansas, onde trabalha como coach de vida pessoal, principalmente de forma remota. Do conforto do lar, ele compartilha os frutos de suas (indiscutivelmente) únicas — e constantes — aventuras espirituais. "Acredito que todos nós viemos ao mundo com um caminho específico, um propósito de aprender ao nível da alma", ele diz, sua voz suave, um tenor oscilante. Frank tem certa dificuldade para falar — ele não chega a ser gago, mas as palavras tendem a ficar presas em algum lugar entre seu palato mole e o ar diante dele. É um impedimento que ele atribui ao Heaven's Gate: certa vez, Applewhite zombou da rouquidão matinal na voz de Frank (ele havia acabado de acordar) com um escárnio tão humilhante que ao longo do tempo ele desenvolveu o que chama de "uma severa inabilidade de fala".[50] É um poltergeist linguístico que o atormenta mesmo após todos esses anos. Mesmo assim, ele continua: "Nossas experiências podem parecer traumáticas ou horrendas. Mas não importa o que passamos, sempre é possível ganhar conhecimento".

Tal qual Jim Jones, Ti e Do denunciavam veementemente o cristianismo tradicional e o governo dos Estados Unidos, alegando que as duas instituições eram "totalmente corruptas". Eles também compartilhavam da afirmação de Jones sobre serem as únicas pessoas que poderiam resolver a calamidade épica que era a vida moderna na Terra. Mas é mais ou menos aí que as similaridades terminam. Na época do Heaven's Gate, a "luta contra o sistema", tão presente nos anos 1970, já tinha acabado há muito tempo; em vez disso, a retórica de Applewhite era totalmente influenciada pela febre alienígena dos anos 1990. Essa década foi definida por programas como *Arquivo x* e o falso vídeo de autópsia alienígena exibido na Fox. As pessoas estavam começando a fazer uso da tecnologia, mas, antes do advento da internet banda larga e dos smartphones, nem todos tinham acesso a esses recursos, encobrindo-os em uma aura de mistério. Assim, para os seguidores do Heaven's Gate, eles se tornaram novas respostas para algumas das perguntas mais antigas feitas pelo ser humano. Applewhite, por exemplo, era obcecado pela série televisiva *Star Trek: The Next Generation*, principalmente pela mente de colmeia dos antagonistas alienígenas, os Borg. Eles tinham um ditado favorito: "Resistir é inútil. Você será assimilado". "Do amava aquilo", Frank Lyford lembra. "Ele abraçou aquele conceito de mentalidade de colmeia."

Para combinar com suas crenças, Applewhite inventou todo um vocabulário de nicho para o Heaven's Gate, cheio de termos da ficção científica. Havia um regimento bastante severo na rotina da mansão e a linguagem ajudava a manter as coisas em ordem. A cozinha, por exemplo, era o "nutra-lab" ("laboratório de nutrientes"); a lavanderia era o "fiber-lab" ("laboratório de tecidos"); e as refeições eram chamadas de "experimentos de laboratório". O grupo como um todo era definido como "a sala de aula"; os seguidores eram os "alunos", e professores como Ti e Do eram chamados de "Membros Antigos" ou "Clínicos". Sempre que os seguidores estivessem fora, fazendo algo normal dentro da sociedade, dizia-se que estavam "fora da nave". Contudo, se estivessem na casa compartilhada, eles estariam "dentro da nave". "Essa linguagem especial colocava-os em um lugar retórico no qual podiam se imaginar dentro desse mundo específico que gostariam de habitar", analisa o estudioso do Heaven's Gate, Benjamin E. Zeller, um professor de religião na Faculdade Lake Forest. Ao marinarem nesse vernáculo temático diariamente, e por anos, os seguidores começaram a imaginar a vida naquela nave espacial, rumando ao Reino de Deus. "Era um trabalho religioso real", diz Zeller, "Não era só um monte de blá-blá-blá."

No dia do suicídio, o Time da Partida não só estava em paz com sua graduação iminente, como estava ansioso por ela. Você pode ver por si mesmo[51] no vídeo "Exit Statements" [Declarações de Partida], uma série de despedidas com os discípulos de Applewhite filmadas nas horas antecedentes ao suicídio e publicadas no site oficial da seita. (Encontrei as entrevistas agrupadas em um só vídeo no YouTube.) Nessas gravações, os membros do Heaven's Gate exibem os mesmos cortes de cabelo à escovinha, túnicas ondulantes e expressões plácidas, emolduradas por um cenário idílico ao ar livre. Fora da tela, de forma quase perversa, é possível ouvir os pássaros cantarem. Comunicando-se diretamente com a câmera, os seguidores refletem sobre suas experiências dentro do Heaven's Gate e justificam por que acreditam estar prontos para subir para o próximo nível. Eles não parecem amedrontados ou confusos, mas sim alegremente comprometidos com o plano. "Eu só quero... dizer o quanto sou agradecido e grato por estar nesta sala de aula", diz para as lentes um novato que parece envergonhado diante das câmeras a ponto de se repetir nas ideias, "e gostaria de dizer obrigado ao meu Membro Antigo Do e seu Membro Antigo Ti por... nos oferecer a chance de sair desse mundo e... entrar no verdadeiro Reino de Deus, o nível evolucionário acima do humano... e virarmos membros de um nível superior."

"Essa linguagem especial colocava-os em um lugar retórico no qual podiam se imaginar dentro desse mundo específico que gostariam de habitar", analisa o estudioso do Heaven's Gate.

Aproximadamente uma semana depois de estes vídeos terem sido gravados, a polícia encontrou os corpos dos membros — 39, incluindo o de Applewhite —, cuidadosamente posicionados e se decompondo em seus beliches. Todos usavam um uniforme idêntico: um conjunto preto, um par de Nike Decades preto e branco, e uma faixa no braço dizendo "Time da Partida de Heaven's Gate". Os bolsos de cada membro continham uma soma precisa de dinheiro: uma nota de 5 dólares e três moedas de 15 centavos ("o dinheiro do pedágio", aparentemente). Mantos roxos cobriam o rosto e o torso de todos os cadáveres.

Jonestown e Heaven's Gate foram dois grupos totalmente distintos cujos membros não compartilhavam crença alguma em termos de política, religião, idade, raça e experiência de vida. Os mundos que cada líder cunhou para seus seguidores eram completamente diferentes, assim como a retórica escolhida para descrevê-los. Entretanto, a conclusão grotesca de ambos os grupos os inseriu dentro do mesmo gênero de culto, reunindo sobre si a fascinação mundial de estudiosos, repórteres, artistas e espectadores desesperados para compreender como alguém pode sofrer tanta "lavagem cerebral" a ponto de tirar a própria vida. Finalmente, uma resposta...

mecanismos da CONVERSÃO
08.

Tanto dentro quanto fora do meio cultista, a linguagem realiza verdadeiros trabalhos de vida e morte. Como voluntária de uma linha de prevenção ao suicídio, descobri em primeira mão que, quando usada de forma cuidadosa, a fala pode impedir a morte de alguém. Por outro lado, ela também pode induzir alguém ao suicídio. A relação causal entre o discurso de uma figura carismática e o suicídio de um indivíduo foi uma questão judicialmente confirmada, em 2017, durante o controverso caso de Michelle Carter, no qual uma jovem mulher foi condenada por assassinato depois de convencer, usando mensagens de texto, seu namorado de escola a se matar — um ato descrito como "indução ao suicídio". O caso de Michelle Carter[52] inspirou a nação a ter um de seus primeiros debates sérios sobre como as palavras, por si sós, podem ser letais.

Ano após ano, nos perguntamos: o que leva as pessoas a se juntarem a cultos como Jonestown e Heaven's Gate? Por que elas permanecem? O que faz com que se comportem de forma selvagem, desconcertante, e até mesmo violenta? Eis o começo de uma resposta: ao usar a linguagem como ferramenta definitiva de poder, por meio de técnicas sistemáticas de conversão, condicionamento e coerção,[53] Jones e Applewhite foram capazes de infligir todo tipo de violência em seus seguidores sem ao menos encostarem um único dedo neles.

Ao longo dessa influência contínua, o cultês trabalha para realizar três coisas. A primeira delas é fazer com que as pessoas se sintam especiais e compreendidas, e é aí que o bombardeio de amor entra, por meio de uma torrente de atenção e análise supostamente personalizada. A segunda é o uso dos jargões inspiracionais. Terceiro, nos pedidos de vulnerabilidade, no "*você*, apenas por existir, foi escolhido para compor a equipe de elite Time da Partida destinada a alcançar o Reino de Deus". Para algumas pessoas, essa linguagem soará instantaneamente como um sinal de alerta; outras não irão se identificar; mas uma minoria terá uma experiência transformadora na qual, do nada, sentirão que algo se "encaixa". Na mesma hora, elas terão a sensação de que esse grupo é a resposta de que precisam, que não podem mais voltar atrás. Tudo isso costuma acontecer de uma só vez — e é o que faz com que alguém ingresse em um culto. Isso se chama "conversão".

Então, um esquema diferente de táticas linguísticas é aplicado para que as pessoas se sintam dependentes do líder, de forma que a vida fora do grupo não lhes pareça mais possível. Essa é uma operação gradual, chamada de "condicionamento" — o processo de, inconscientemente, aprender um determinado comportamento em resposta a um estímulo. É isso o que prende as pessoas[54] ao grupo de modo incompreensível para quem está observando tudo de fora. E, por fim, a linguagem convence o grupo a agir de maneiras totalmente conflitantes com sua realidade anterior, questões éticas ou senso de identidade. Uma filosofia baseada em os-fins-justificam-os-meios é incorporada e, no pior dos casos, pode resultar em devastação completa. A isso chamamos "coerção".

Qual é o primeiro elemento-chave do cultês? Criar uma dicotomia "nós versus eles". Líderes totalitários não são capazes de ganhar ou manter o poder sem utilizar a linguagem em vias de fomentar uma cisão psicológica entre seus seguidores e todas as outras pessoas. "Pai Divino sempre disse que devemos estabelecer um 'nós/eles': um 'nós' e um inimigo do lado de fora", explica Laura Johnston Kohl, a veterinária de Jonestown. O objetivo é fazer com que o grupo acredite que tem todas as respostas, enquanto o restante do mundo não só é tolo, como inferior. Convencer uma pessoa de que ela está acima de todas as outras ajuda o líder não só a distanciá-la de não participantes, como também a abusar mais facilmente dela, uma vez que se torna possível pintar todo tipo de violência, como abuso sexual, trabalho escravo e ataques verbais, sob a máscara de um "tratamento especial" reservado unicamente aos convertidos.

Em parte, é por isso que tantos cultos têm os próprios jargões: acrônimos enganosos, mantras internos, e até mesmo rótulos que parecem inofensivos, como "laboratório de tecidos". Tudo isso inspira um senso de intriga, assim, possíveis recrutas ficarão curiosos para saber mais; então, uma vez que estejam dentro, cria-se todo um senso de camaradagem, e os seguidores passam a menosprezar aqueles que não partilham desse código exclusivo. A linguagem também pode ajudar a destacar possíveis causadores de problemas, membros que resistem aos novos termos — uma pista de que talvez não abracem totalmente a ideologia e, por isso, precisam ser observados de perto.

Porém, para os membros mais comprometidos, as palavras especiais parecem divertidas e sagradas, como um uniforme novo e elegante. Os seguidores abrem mão de seus antigos vocabulários com muito entusiasmo. "O objetivo era substituir termos que representassem conceitos do dia a dia e pudessem ser um lembrete de nossas antigas identidades", diz Frank Lyford, o antigo membro do Heaven's Gate. "Na minha forma de pensar, isso era uma coisa boa." Isolar os seguidores do mundo exterior propositalmente enquanto, ao mesmo tempo, incentiva-se uma conexão profunda dos membros entre si também é parte do motivo pelo qual quase todos os grupos cultistas (assim como a maioria das religiões monásticas) renomeiam seus membros: Ti, Do, Andody, Chkody. Esse ritual significa que aquela pessoa está trocando de pele, deixando sua antiga casca, e se submetendo completamente ao grupo.

Não são somente os seguidores que ganham nomes novos; aqueles fora do grupo também os recebem. Os vocabulários de Jones e Applewhite eram abarrotados de apelidos inflamados cujas funções eram exaltar os devotos e vilanizar todo o restante do mundo. Um membro do Heaven's Gate, por exemplo, poderia ser chamado de "um aluno do Reino dos Céus", um "recipiente do dom do reconhecimento", ou "filho de um Membro Um Nível Acima do Humano". Em contraste, os cristãos comuns pertenciam a um "programa luciferiano" e a um "Deus falsificado", tendo sucumbido às "forças baixas". Ti e Do encorajavam seus alunos a manterem distância de almas que não tivessem recebido o "depósito de conhecimento". De acordo com os ensinamentos do Heaven's Gate, o fato de terem a mera posse da "Verdade" tornaria a separação do restante da sociedade "inevitável".

No Templo Popular, "meus filhos" era o cobiçado título que Jones concedia a seus apoiadores mais obedientes, enquanto "forças exteriores", naturalmente, se aplicavam a todos aqueles que não os seguiam. Ainda mais pesada, havia a palavra "traidores", que significava "desertores", como Garry Lambrev, alguém que tinha enxergado a luz, mas, mesmo assim, virara as costas. Os "Governantes Ocultos" se referiam a algo que algumas pessoas chamariam de "estado profundo". O detestável termo "Deus do Céu" (a falsa deidade cristã) descrevia o inimigo, enquanto "Deus no Corpo" descrevia o Pai Jones.

No entanto, as palavras por si faziam apenas metade do trabalho; a outra metade estava na performance. Como qualquer pessoa que já frequentou um dos sermões de Jim Jones se lembra vividamente, ele tinha um talento para o drama. No púlpito, ele atirava frases curtas, carregadas de hipérboles, para atiçar a congregação. Uma vez que a energia do grupo estivesse alta, o trabalho se fazia sozinho. Sempre que Jones dava um sermão, ele escolhia um fato das notícias ou um evento histórico e lhe dava dimensões catastróficas. A sobrevivente de Jonestown, Yulanda Williams, lembra-se de uma vez em que Jones mostrou à congregação de Redwood City um filme chamado *Noite e Neblina*, que falava dos campos de concentração nazistas. "Ele disse: 'É isso que eles planejam fazer com as pessoas de cor. Precisamos construir nossa terra lá em Jonestown, precisamos nos mudar para lá. Precisamos agir depressa, precisamos nos mudar rapidamente, precisamos reunir todos os nossos recursos'", ela explicou. Garry Lambrev não consegue se esquecer do estilo rococó presente nos discursos de Jones mesmo que tente: "Ele dizia coisas como: 'Esse papel inútil' [seu termo para a Bíblia] só serve para uma coisa', e então apontava para a própria bunda — 'papel higiênico'", Garry narra. "Do palco, ele a rasgava teatralmente para que as páginas voassem por todo lado. Então dizia coisas como: 'Não toquem nisso, é amaldiçoado', e saía de perto às gargalhadas enquanto nós o acompanhávamos."

Esse fenômeno no qual os ouvintes confundem esse tipo torto de honestidade (o que, na verdade, nem mesmo é honestidade, mas sim uma falta de filtro), de "dizer as coisas como são", com a revigorante voz de uma dissidência anti-establishment pode parecer familiar aos que viveram sob o governo de algum populista problemático:[55] o italiano Silvio Berlusconi; o eslovaco Vladímir Meciar; e o estadunidense Donald Trump. Seria irresponsável, acredito, não mencionar as semelhanças oratórias entre Trump e Jim Jones,[56] que compartilham da mesma paixão por cunhar apelidos incendiários e enérgicos[57] para seus oponentes. ("Fake News" e "Desonesta Hillary" são os análogos de Trump para os "Governantes Ocultos" e "Deus do Céu" de Jones.) Mesmo quando suas afirmações não continham qualquer substância ou racionalidade, as frases cativantes e a entrega entusiástica eram mais que suficientes para ganhar o coração da plateia. É no mínimo interessante observar alguém em um palanque se comunicar de forma tão animalesca quando a maioria de nós não tem coragem de dizer esse tipo de coisa nem para seus amigos mais próximos. Como George Packer, colunista do *Atlantic*, escreveu em 2019, a força da linguagem populista de Trump[58] reside em sua franqueza: "Não é preciso ter conhecimento nenhum... É assim que as pessoas falam quando não têm qualquer inibição".

Ao longo do tempo, os apelidos memoráveis e a terminologia de grupo adquirem uma forte carga emocional. Quando uma palavra ou frase traz consigo tamanha bagagem que sua mera menção é capaz de causar medo, luto, horror, júbilo ou reverência (de qualquer tipo), o líder pode usá-la para explorar o comportamento de seus seguidores. Essa linguagem é o que alguns psicólogos chamam de "linguagem carregada" ou "carga de alta valência emotiva".

Às vezes, essa linguagem trabalha por meio da distorção do significado de palavras existentes até que o novo significado encubra o antigo. Exatamente como o 3HO redefiniu o termo "alma antiga" a fim de que deixasse de ser um elogio e se tornasse algo terrível. Ou como os frequentadores de megaigrejas da minha infância diziam ser "convertidos". Ou como Jim Jones perverteu os significados de "suicídio revolucionário" e de "Causa" e como dizia que "acidentes" eram "coisas que só aconteciam conosco quando as merecíamos". Se Jones dissesse algo como: "Precisamos fazer tudo o que pudermos para evitar acidentes", um ouvinte comum acreditaria que essa frase tinha um sentido inócuo, de acordo com as regras da realidade e da semântica sobre as quais a maioria dos falantes concorda. O peso carregado pelos seguidores de Jones estaria perdido, porque, para a maioria de nós, "acidente" é uma palavra que não tem identidade ou um alto risco envolvido.

Os vocabulários de Jones e Applewhite eram abarrotados de apelidos inflamados cujas funções eram exaltar os devotos e vilanizar todo o restante do mundo.

Em outros momentos, essa linguagem carregada de valência e significado pode vir na forma de eufemismos enganosos. Certamente, não é segredo que, quando figuras de autoridade usam muitas expressões vagas, isso pode ser um sinal de falta de lógica, ou que algo nefasto está escondido nas entrelinhas. Também é verdade que os eufemismos podem servir para suavizar verdades desagradáveis de forma pouco perniciosa. Falantes comuns costumam ter muitos tabus na fala, como no que diz respeito aos eufemismos para morte ("partiu", "perdeu a vida", "não resistiu"), que usamos para ser educados, evitar desconforto e manter um certo grau de negação.

Contudo, os eufemismos utilizados por Jones e Applewhite reformulam a morte transformando-a em algo a que devemos aspirar. Jones referia-se a essa realidade sinistra como "a transição", ou, durante seus momentos mais maníacos, "A Grande Conversão". Na Fita da Morte, ele insinua que morrer é uma questão de menor importância, como "passar calmamente para o próximo plano". Applewhite também nunca usou as palavras "morrer" ou "suicídio". Em vez disso, ele se referia ao assunto como "deixar seu veículo", "graduação", "completude da mudança" ou "deixar para trás os contêineres para herdar corpos do próximo nível". Esses termos eram ferramentas condicionadoras — invocados, proposital e perigosamente, para fazer com que os seguidores se sentissem confortáveis com a ideia da morte, a fim de desfazer medos arraigados sobre ela.

Há uma ferramenta companheira dessa linguagem carregada que pode ser encontrada no repertório de todo líder cultista: é o *clichê terminador de pensamento*. Criado em 1961 pelo psiquiatra Robert J. Lifton, esse termo se refere a frases de efeito direcionadas para impedir que uma discussão siga adiante ao desencorajar o pensamento crítico. Desde que aprendi sobre esse conceito, escuto-o por toda parte — em debates políticos, nas hashtags que entopem o feed do Instagram... Líderes cultistas geralmente invocam clichês terminadores de pensamento, também conhecidos como marcadores semânticos, para descartar rapidamente qualquer tipo de oposição ou racionalizar todo tipo de discurso falho. Em seu livro *Thought Reform and the Psychology of Totalism* [Reforma pensada e a psicologia do totalismo], Lifton escreve que, com esses lugares-comuns,[59] "os problemas mais complexos e abrangentes da humanidade se comprimem em breves fases definitivas, altamente seletivas, fáceis de memorizar e de expressar. Elas se tornam o começo e o fim de qualquer análise ideológica". Então, enquanto essa carga de significado emotivo é uma deixa para a intensificação das emoções, os marcadores semânticos são um sinal de que é preciso descontinuar o pensamento. Para explicar de forma mais simples, quando usados em conjunto, o corpo do seguidor grita "Faça tudo o que o líder mandar", enquanto o cérebro sussurra "Não pense no que vai acontecer em seguida". O que é uma combinação coercitiva mortal.

Esses clichês não são, de forma alguma, usados exclusivamente pelas seitas. Ironicamente, afirmar que alguém sofreu "lavagem cerebral"[60] pode servir como um marcador semântico. Não é possível dialogar com alguém que diga "Aquele ali sofreu lavagem cerebral" ou então "Você está numa seita". Não é nem um pouco eficaz. Sei disso porque toda vez que presencio isso acontecer nas redes sociais, o debate chega a um impasse. Tão logo essas palavras são utilizadas, elas sufocam a discussão, não deixam espaço para descobrir o que há por trás de tamanha ruptura drástica de crença.

Deixando os debates controversos de lado, os clichês terminadores de pensamento também permeiam muitas das nossas conversas cotidianas: expressões como "As coisas são como são", "Homem é homem", "Tudo acontece por uma razão", "Está tudo no plano de Deus" e "É melhor não esquentar a cabeça com isso" são ótimos exemplos. Entre a galera esotérica, já ouvi alguns marcadores semânticos no formato de máximas sagazes como "A verdade é uma construção", "Nada disso importa em um nível cósmico", "Há espaço para múltiplas realidades", "Não se deixe ser governado pelo medo", além de desconsiderar quaisquer ansiedades ou dúvidas taxando tudo como "crenças limitantes". (Falaremos mais sobre essa retórica na parte VI deste livro.)

Esses lemas concisos são muito eficazes porque aliviam a dissonância cognitiva, a discordância desconfortável que alguém experimenta quando possui duas crenças conflitantes ao mesmo tempo. Por exemplo, tenho uma conhecida que foi despedida recentemente, e ela estava se lamentando comigo sobre como as pessoas passavam do ponto quando respondiam às más notícias com a frase "Tudo acontece por uma razão". A demissão ocorreu por uma combinação de fatores complicados e terríveis, como a economia, o mau gerenciamento da empresa, sexismo e o temperamento mercurial de seu chefe. Em resumo, não havia "uma" razão. Ainda assim, seus colegas de quarto e antigos colegas de trabalho não queriam pensar sobre todas essas coisas, pois isso os deixaria ansiosos, superconscientes do fato de que a vida se inclina fundamentalmente em direção à entropia, o que entra diretamente em conflito com o objetivo de parecer empático. Então, alimentaram minha amiga com uma única frase — "Tudo acontece por uma razão" — para simplificar a situação e botar a dissonância cognitiva para dormir. "Pensar dá trabalho, especialmente sobre coisas nas quais você não quer pensar", confessa Diane Benscoter, ex-membro da Igreja da Unificação (também conhecida como Os Moonies, um movimento religioso infame dos anos 1970). "É um alívio não precisar pensar." Clichês terminadores de pensamento funcionam como um sedativo psicológico.

Jones colecionava um repertório dessas frases, que jogava sempre que algum seguidor questionava ou demonstrava alguma preocupação que precisasse ser silenciada. "É tudo culpa da mídia — não acredite no que ela diz" era um coringa a ser usado sempre que alguém surgisse com alguma notícia que desafiasse o guru. No dia da tragédia, ele repetia frases como "Isso está fora do nosso alcance", "[A] escolha não é mais nossa" e "Todo mundo morre" para calar dissidentes como Christine Miller.

No que diz respeito ao Heaven's Gate, Ti e Do viviam repetindo psitacismos, frases mecânicas, como "Toda religião é menor que a Verdade", para desconsiderar outros sistemas de crenças. Para calar acusações alegando que as teorias do culto não tinham muita lógica, Os Dois diziam que "A VERDADE sobre o Nível Evolucionário Acima do Humano" ainda não estava clara para aquela pessoa — por culpa dela mesma. A ela não havia sido "concedido o dom do reconhecimento".*

---

* E em Synanon, qualquer um que tivesse o impulso de desafiar Dietrich ou suas regras bizarras seria amordaçado com a máxima "aja como se".

O uso desses clichês terminadores de pensamento sempre que perguntas difíceis surgiam — por exemplo, "Como é possível que Jonestown seja nossa única opção quando estamos morrendo de fome?", ou "Será que não existe outra forma de alcançar a iluminação que não envolva o suicídio?" — era como ter uma resposta simples, lindamente embalada e pronta para dizer que não era preciso se preocupar. Procurar mais informações é como veneno para um abusador de poder; é para isso que os clichês servem — para esmagar o pensamento livre. Isso colocava o seguidor no seu lugar enquanto, simultaneamente, livrava a barra dos líderes. Se a frase "É tudo culpa da mídia" estiver cravada em seu cérebro, você rapidamente aprenderá a usar a mídia como bode expiatório e não considerará nenhuma outra causa para o seu sofrimento. Seguindo essa lógica, se levantar muitas questões significa que você simplesmente não tem o dom do reconhecimento, então em algum momento você parará de fazer perguntas, pois, afinal, esse dom é a coisa que você mais deseja no mundo.

O uso desses clichês terminadores de pensamento sempre que perguntas difíceis surgiam [...] era como ter uma resposta simples, lindamente embalada e pronta para dizer que não era preciso se preocupar.

Nos ambientes cultistas mais opressores, mesmo que os seguidores percebam o uso dessas táticas e decidam protestar contra elas, existem estratégias preparadas para garantir que eles sejam silenciados. Tanto Applewhite quanto Jones, por exemplo, impediam seus seguidores de conversarem — não só com pessoas do mundo externo, mas também uns com os outros. Com certeza não levou muito tempo para que os membros do Templo Popular percebessem que Jonestown era uma fraude. Mas e se quisessem se conectar uns com os outros e partilharem da própria tristeza? Isso não era permitido. Jones tinha uma "regra de silêncio",[61] então, sempre que sua voz tocava no sistema de autofalantes do acampamento (quase sempre), ninguém tinha permissão para falar. No Heaven's Gate, também, o discurso dos seguidores era monitorado de perto. Frank Lyford recorda que todos deviam falar o mais baixo possível, ou não falar, a fim de não incomodar os outros membros do culto. Sem comunicação não existe solidariedade. E, principalmente, nenhuma chance de achar uma saída.

PODER
da oratória branca
09.

O cultês não é um projétil mágico ou um veneno letal; seria mais parecido com um comprimido de placebo. Em ambos os casos, há uma série de razões pelas quais essa estratégia "funciona" melhor com algumas pessoas e com outras não. Investigaremos alguns desses fatores ao longo do livro, mas um deles tem muito a ver com um tipo de condicionamento que a maioria de nós já experienciou: o de automaticamente confiar no que dizem homens brancos de meia-idade.

Ao longo dos séculos, fomos condicionados para acreditar que uma voz como a de Jim Jones — comunicando poder e habilidade inatas — é semelhante à voz de Deus. Na verdade, durante o auge da transmissão regular televisiva, havia uma técnica bastante conhecida, "a voz de Deus",[62] que se aplicava aos graves, estrondosos e exagerados barítonos de âncoras televisivos como Walter Cronkite e Edward R. Murrow. Não é preciso muita análise para perceber que as vozes dos líderes mais destrutivos da história se encaixam perfeitamente nessa descrição. Isso acontece porque quando um homem branco fala de forma confiante em público sobre temas cabeludos, como Deus e o governo, muitos ouvintes provavelmente escutam por predefinição — para ouvir o tom grave, o dialeto "padrão" da língua, e confiar no que escuta sem muito questionamento. Assim, eles falham em esmiuçar tanto o locutor quanto o conteúdo, mesmo que a mensagem pareça suspeita.

Na coleção de ensaios de Lindy West, *The Witches Are Coming* [As Bruxas Estão Vindo], há um capítulo intitulado "Ted Bundy não era charmoso — você está chapado?", que critica os padrões estadunidenses assustadoramente baixos para qualificar o carisma masculino. Desde que alguém seja branco, do sexo masculino e nos diga que devemos prestar atenção nele, a tendência é que o sigamos o comando automaticamente, mesmo que ele seja "claramente o vigarista mais babaca já parido pelo universo", West alega. Mesmo que seja Ted Bundy, um homicida rude e medíocre. Mesmo que seja o palhaço responsável pela fraude do Fyre Festival, Billy McFarland. Mesmo que seja o misógino, fascista e racista Donald Trump. Mesmo que seja um déspota diabólico como Jim Jones.

> **Lindy West [...] critica os padrões estadunidenses assustadoramente baixos para qualificar o carisma masculino. Desde que alguém seja branco, do sexo masculino e nos diga que devemos prestar atenção nele, a tendência é que sigamos o comando automaticamente.**

Evidentemente, nem sempre é produtivo fazer declarações comparando Donald Trump (ou qualquer outro líder problemático) com Jim Jones. Sobretudo porque esse não é o jeito mais útil de se avaliar o perigo específico que representam.[63] Jonestown — estudiosos de cultos concordam — foi uma tragédia extraordinariamente singular, que nunca tinha acontecido antes e que até hoje não foi replicada. Contudo, formuladores de políticas públicas e profissionais de mídia que trabalham na área política costumam usar "Jonestown" e "Kool-Aid" como presságios de alerta contra todo tipo de grupos contra os quais discordam — de membros do PETA* e ativistas pró-aborto até anti-PETA e manifestantes antiaborto. Não sou a primeira pessoa do mundo a apontar semelhanças entre Jones e Trump, mas destaco que suas oratórias são parecidas mais como um convite para que as pessoas percebam quais formatos linguísticos específicos contribuíram para o carisma violento e enganoso de Trump, não para amedrontar a população acerca da capacidade dele de orquestrar um envenenamento em massa na Guiana (o que seria impossível, mesmo porque duvido que Trump saiba em que continente fica a Guiana). No entanto, pensar nisso de maneira reducionista cria um falso dilema — um cenário no qual se cria a falsa ideia de que, se as coisas não forem exatamente como em Jonestown,

---

* PETA (People for Ethical Treatment of Animals) é uma organização não governamental de defesa aos animais e ao meio ambiente. Seu lema é: "Os animais não são nossos para comer, vestir, fazer experiências ou usar para o entretenimento". [NT]

então não há problema algum. O que obviamente não é o caso; há muitas nuances. Será que não vale a pena abordar a retórica cultista mesmo se os riscos não forem literalmente tão perigosos quanto o que aconteceu em Jonestown?

Em todos os âmbitos da vida, a maneira como interpretamos o discurso de alguém corresponde precisamente à quantidade de poder que pensamos que essa pessoa deveria ter. No que diz respeito a líderes de "cultos suicidas", só consigo pensar em uma mulher que tenha conquistado tamanha atenção e autoridade. Seu nome verdadeiro é Teal Swan[64] e, enquanto escrevo este livro, ela ainda está vivíssima. Swan é uma guru de autoajuda de trinta e poucos anos e que opera principalmente nas redes sociais. Por aqueles que são leais a seu trabalho, ela é conhecida como uma "catalisadora espiritual"; pelos críticos, como uma "catalisadora de suicídio". No meio cultista, Swan parece habitar um espaço entre Gwyneth Paltrow e Marshall Applewhite — meio caminho andado entre ser uma influenciadora de "bem-estar" que trabalha a serviço próprio e uma genuína sociopata.

A maioria das pessoas encontrou Swan pelo YouTube. Lá, seus vídeos de "transformação pessoal" ofereciam tutoriais sobre absolutamente tudo — desde superar vícios até abrir o seu terceiro olho. Ela começou a postar vídeos em 2007 e desde então já teve mais de 10 milhões de visualizações. Swan utiliza estratégias de otimização de mecanismos de busca para alcançar pesquisas de internet vindas de pessoas lutando contra a depressão ou ideações suicidas. Uma pessoa digitaria "Estou muito sozinha" ou "Por que isso dói tanto?" e essas palavras-chaves a levariam ao conteúdo de Swan. Nem todo mundo que segue Swan se torna um *seguidor*-seguidor, mas aqueles que o fazem podem receber um convite para a "Tribo Teal", um grupo exclusivo no Facebook dedicado aos seus fãs mais comprometidos. Depois, eles podem participar de workshops individuais ou viajar até seu caríssimo centro de repouso na Costa Rica para enfrentar o Processo Completo, uma técnica de cura de traumas criada por ela.

Swan não tem nenhuma certificação na área de saúde mental; ela usa uma combinação de tratamentos psicológicos duvidosos como "terapia de regressão" (a prática controversa de desenterrar "memórias reprimidas", algo muito popular durante o Pânico Satânico e à qual Swan afirma ter sido submetida quando criança para recuperar flashbacks perdidos de "abuso em um ritual satânico"). A maioria dos psicólogos modernos acredita que esse exercício, na verdade, implanta falsas memórias e pode ser profundamente traumático para os pacientes.

No entanto, o vocabulário único de Swan, o "tealismo", contribui para que ela se estabeleça enquanto uma autoridade científica e uma espiritualista confiável. Como Jim Jones, que às vezes usava a Bíblia para pregar sobre o socialismo,

Swan invoca a metafísica oriental para diagnosticar transtornos mentais. Ela combina a linguagem mística da "sincronicidade", "frequência" e "registros akáshicos"* com a linguagem formal do Manual Diagnóstico e Estatístico de Transtornos Mentais: transtorno de personalidade borderline, transtorno de estresse pós-traumático e depressão clínica. Para aqueles sofrendo com questões mentais que não tenham encontrado uma solução por meio da terapia tradicional e do uso de medicamentos, seu método de psicobobagem ocultista cria a impressão de que estaria envolvida com um poder superior à ciência. (Esse casamento de jargão médico com blá-blá-blá sobrenatural não é nenhuma novidade; é uma estratégia que diversos gurus problemáticos da Cientologia — desde L. Ron Hubbard, até o líder do NXIVM, Keith Raniere — têm adotado há décadas. Na era das redes sociais, uma multidão de videntes desonestos on-line tem seguido os passos de Swan, usando o seu tipo de discurso para capitalizar a ressurreição do interesse da cultura ocidental na Nova Era. Na parte VI, encontraremos alguns de seus controversos colegas contemporâneos.)

Swan não causou nenhum suicídio em massa, mas dois de seus aprendizes tiraram as próprias vidas. Os críticos atribuem essas tragédias ao fato de Swan usar um alto nível de termos que possam causar gatilho** ao falar sobre suicídio — as frases a seguir são exemplos do discurso letal de Swan, e deixo o alerta aos leitores deste livro antes de prosseguir.

Embora ela jure que não apoia ou encoraja o suicídio, Swan promove esse discurso em conjunto com metáforas de alta valência emocional — "A Morte é um presente que você dá a si mesmo" ou "Suicidar-se é como apertar o botão de recomeço". Swan, inclusive, chegou a postar em seu blog que o suicídio acontece porque "todos nós, intuitivamente (se não mentalmente), sabemos que o que está nos esperando após a morte é a pura vibração positiva de uma fonte energética". O suicídio, ela escreve, é um "alívio". Além desses gatilhos

---

* Os "registros akáshicos", segundo a teosofia e a antroposofia, seriam todas as emoções, sentimentos, pensamentos e situações já vividos pelo ser humano. Na terapia de registros akáshicos, o paciente seria capaz de acessar todas as lembranças da própria alma, curando-se, assim, de todos os traumas. [NT]

** Suicídios são multifatoriais e complexos, e podem ser prevenidos com tratamento profissional, iniciativas governamentais de saúde pública e desmistificação dos aspectos de saúde mental. O estudo e a discussão do tema são as formas mais eficientes de se promover a prevenção, pois esta só é possível quando a população, os profissionais da saúde, os jornalistas e os governantes têm informações suficientes para conduzir as medidas adequadas e ao seu alcance nessa frente. Se estiver passando por um momento difícil, com ideações suicidas e episódios depressivos, busque ajuda profissional. O CVV — Centro de Valorização da Vida — realiza apoio emocional e prevenção do suicídio, atendendo voluntária e gratuitamente todas as pessoas que querem e precisam conversar, sob total sigilo por telefone, e-mail e chat 24 horas todos os dias. Acesse cvv.org.br ou ligue para o número 188. [Nota Editorial]

em potencial, Swan usa terminadores de pensamento nocivos como: "Consigo enxergar suas vibrações e você é um suicida passivo" e "Os hospitais e as linhas de prevenção ao suicídio não ajudam em nada".

No início de 2010, uma das aprendizes mais antigas de Swan, Leslie Wangsgaard, parou de tomar seus antidepressivos, começou a ter ideações suicidas e contatou Swan em busca de aconselhamento. Depois de Swan — a guru em quem tinha confiado por anos — ter dito que Leslie parecia "não querer" que seus métodos funcionassem e que ou ela "deveria se comprometer completamente com a vida" ou "se comprometer completamente com a morte", Leslie cometeu suicídio, em maio de 2012. Depois disso, Swan afirmou que "não havia nada que qualquer terapeuta pudesse fazer por esse tipo de vibração [de Leslie]".

De maneira perversamente alinhada com sua reputação de "catalisadora de suicídios", Teal Swan, como Jim Jones, também se tornou um *sex symbol*. Há inúmeras matérias sobre sua beleza "divina" — seus longos cabelos pretos, seus olhos verdes penetrantes, sua rotina de cuidados com a pele ("Não consigo parar de pensar nos poros dela",[65] diz uma frase presente em uma das edições da revista *New York*). E, principalmente, a voz, que soa quase como a hipnótica canção de ninar de uma sereia em vídeos com mensagens sinistras. Feminina e calmante, quase maternal, a voz de Swan carrega uma forma privada, acolhedora, de poder, especialmente quando você a consome sozinho em casa. "Conversei com pessoas que disseram que poderiam escutá-la falar a noite toda", disse Jennings Brown, apresentadora do podcast investigativo *The Gateway*. Swan não faz nenhum esforço para alcançar a autoridade masculina, o que, justamente por ser uma "agradável" guru de "transformação pessoal", funciona perfeitamente bem. Ela não é política ou profeta; ela é uma mãe que o incentiva a trabalhar em sua autorrealização. Teal está buscando exatamente um tipo de liderança cultista aceitável para uma mulher caucasiana, bonita e balzaquiana — nada mais, nada menos. E, nessa medida, as pessoas a seguem.

novofalar
CULTISTA
10.

Técnicas como a do "nós versus eles", linguagem carregada e clichês terminadores de pensamento são absolutamente cruciais para transformar pessoas de mente aberta em vítimas de violência cultista; mas, é importante relembrar, elas não sofrem "lavagem cerebral" — pelo menos não da forma como costumamos pensar nesse conceito.

Jim Jones com certeza tentou usar a linguagem para realizar "lavagem cerebral" em seus seguidores. Entre as técnicas que estudou, uma delas era o novofalar, o idioma de faz-de-contas inventado por George Orwell para seu romance distópico *1984*. No livro, o novofalar é uma linguagem de eufemismos, repleta de propaganda, que líderes autoritários forçavam os cidadãos a usarem como ferramenta de "controle da mente". Nos moldes do novofalar, Jones tentava controlar a mente de seus seguidores, por exemplo, ao exigir deles que o agradecessem diariamente pela comida e pelo trabalho, mesmo que este fosse árduo e que aquela fosse escassa.

O livro *1984* é uma obra de ficção, mas com o novofalar Orwell satirizou uma crença bastante real e amplamente difundida do século xx: a de que "palavras abstratas" tinham sido a causa da Primeira Guerra Mundial. A teoria era que o mau uso de palavras abstratas como "democracia" tiveram um efeito de "lavagem cerebral" na população mundial, provocando, por si só, a guerra. Para impedir que isso acontecesse novamente, dois linguistas chamados C.K. Ogden e I.A. Richards escreveram o livro *The Meaning of Meaning* [O Significado de Significado] e lançaram um programa para reduzir a língua inglesa estritamente a termos concretos. Sem eufemismos, sem hipérboles, sem espaço para má interpretação ou lavagem cerebral. Eles a batizaram de Inglês Básico.

No entanto, é grande a chance de você nunca ter ouvido falar de Inglês Básico, porque a ideia nunca pegou ou cumpriu com o propósito esperado. Isso acontece porque não é a linguagem que manipula as pessoas a fim de fazê-las acreditar em coisas que não querem; ela apenas dá permissão para que aceitem ideias às quais já estão abertas a abraçar. A linguagem — literal ou figurada, bem ou mal-intencionada, politicamente correta ou incorreta — só é capaz de remodelar a realidade de alguém se este alguém estiver inserido em um lugar ideológico em que isso for muito bem-vindo.

Sem querer decepcionar aspirantes à liderança de seitas, mas uma teoria linguística que aborda a relação entre linguagem e pensamento, chamada Hipótese de Sapir-Whorf, afirma que, embora a linguagem influencie a nossa habilidade de conceber ideias, ela não as determina. Ou seja, ainda somos capazes de conceber pensamentos que não se encaixem na linguagem disponível para nós. Por exemplo, só porque uma pessoa não conhece os termos "ciano" e "cerúleo" (dois tons vibrantes de azul), isso não quer dizer que sua visão não consiga perceber, fisicamente, a diferença de nuances. Alguém muito carismático pode tentar convencer esse indivíduo de que os dois tons são iguais usando como prova a falta de uma palavra para defini-los, mas, se esse indivíduo sabe, no fundo de seu coração, que esses dois tipos de azul, mesmo sem nome, são diferentes, não é possível realizar uma "lavagem cerebral".

Portanto, quando Jones invoca frases como "suicídio revolucionário" na Fita da Morte, elas só tiveram sucesso em relembrar aqueles que ainda tinham fé nele de que o que estavam fazendo era bom e correto. Elas não funcionaram com Christine Miller, por exemplo. Naquele momento, no entanto, era tarde demais para sair dali vivo. Mas não para resistir.

Nesse ponto, as pesquisas mostram consistentemente que "mesmo se estiverem com uma arma apontada à cabeça, as pessoas resistem se quiserem". Essa citação foi dita por Eileen Barker, socióloga britânica que vem analisando a afiliação a cultos há meio século. Barker foi uma das primeiras acadêmicas a questionar publicamente a fundamentação científica do termo "lavagem cerebral". Essa ideia de controle da mente surgiu na década de 1950, durante a cobertura de imprensa sobre técnicas de tortura usadas pela Coreia do Norte na Guerra da Coreia.

Por volta de 1970, o termo "lavagem cerebral" já era uma ideia convencional usada de forma defensiva para justificar a prática experimental de "desprogramação" — uma tentativa de "salvar" convertidos de novas religiões que, muitas vezes, envolvia sequestros e coisa pior.* "A desculpa para essa prática era que os seguidores não fossem capazes de deixar o culto por vontade própria", diz Barker. Mas, ao contrário disso, descobriram que dos 1.016 objetos de estudo envolvidos com Os Moonies,[66] 90% dos que frequentaram alguns dos workshops nos quais a tal "lavagem cerebral" ocorria decidiram que a Igreja da Unificação não fazia muito seu estilo, encerrando rapidamente suas carreiras no grupo. Não foram convertidos. Além disso, dos 10% restantes que efetivamente se juntaram ao culto, metade abandonou a seita por conta própria dentro de alguns anos.

Então, o que fez com que 5% das pessoas ficassem? A opinião popular diria que somente os intelectualmente deficientes ou psicologicamente instáveis se manteriam em uma seita por tanto tempo — mas estudiosos também refutaram esse argumento. Nos estudos de Barker, ela comparou alguns dos convertidos mais envolvidos com um grupo de controle — o último composto de indivíduos que passaram por experiências de vida que supostamente os teriam deixado mais "suscetíveis" ("Como ter passado por uma infância infeliz ou ter baixa inteligência", ela diz). Porém, no fim das contas, o grupo de controle ou não se juntou ao culto ou o deixou depois de uma ou duas semanas. Uma crença bastante difundida é a de que doutrinadores buscam por indivíduos que sofram de "problemas psicológicos", pois, supostamente, seriam mais fáceis de enganar. Ainda assim, ex-recrutadores afirmam que os candidatos ideais costumam ser pessoas prestativas, perspicazes e de boa natureza.

Steven Hassan, um ex-Moonie, costumava recrutar membros para a Igreja da Unificação, por isso conhece um pouco sobre o tipo de gente que os cultos pretendem alcançar. "Quando fui líder dos Moonies, nós éramos muito seletivos...[67] Escolhíamos pessoas fortes, atenciosas e motivadas", escreveu em seu livro *Combatting Cult Mind Control* [Combatendo o Controle da Mente dos Cultos], publicado em 1998. Justamente porque alistar um novo membro custava tanto tempo e dinheiro, eles evitavam gastar recursos com pessoas que parecessem passíveis a desistir muito cedo. (Seguindo a mesma linha, as figuras de autoridade do marketing multinível concordam que seus recrutas mais lucrativos não são aqueles que necessitam urgentemente de dinheiro, mas gente determinada e otimista o suficiente para jogar o jogo. Falaremos mais sobre isso na parte IV.)

---

* Alguns movimentos anticulto da década de 1970 eram tão desequilibrados quanto os grupos que combatiam. Ao longo de duas décadas de prática, uma organização conhecida como Cult Awarenes Network (CAN), "Rede de Conscientização de Culto", sequestrou e torturou dúzias de "seguidores de seitas" na tentativa de "desprogramá-los". Ted Patrick, um dos fundadores da CAN, só se meteu em apuros quando dois pais, preocupados com o envolvimento da filha com políticos de esquerda, pagaram a ele 27 mil dólares para sequestrá-la e algemá-la a uma cama durante duas semanas.

Os estudos de Eileen Barker sobre Os Moonies confirmaram que o grupo de membros mais obedientes era composto de pessoas inteligentes e animadas. Eram filhos de ativistas, educadores e servidores públicos (em oposição a cientistas desconfiados, como meus pais), que foram criados para ver o lado bom nos outros, mesmo se causassem prejuízo próprio.

Dessa forma, percebemos que não é o desespero ou a doença mental o que atrai as pessoas para grupos exploradores — em vez disso, é um excesso de otimismo. Claro que ambientes cultistas podem parecer atraentes para indivíduos que estejam enfrentando algum turbilhão emocional. O bombardeio de amor, inclusive, parecerá especialmente delicioso para aqueles passando por intempéries ou transições estressantes na vida. Entretanto, essa atração é muito mais complexa que o ego ou o desespero, pois tem mais a ver com o quanto alguém aposta em uma promessa que tenha sido feita.

A linguagem — literal ou figurada, bem ou mal-intencionada, politicamente correta ou incorreta — só é capaz de remodelar a realidade de alguém se este alguém estiver inserido em um lugar ideológico em que isso for muito bem-vindo.

A razão pela qual tantas mulheres negras[68] pereceram em números desproporcionais naquele dia fatídico de 1978 em Jonestown, por exemplo, não foi porque seu desespero as tornou mais abertas a sofrerem "lavagem cerebral". As mulheres negras da década de 1970 foram alvo de uma complicada tempestade política e tiveram muita dificuldade de amplificar suas vozes, especialmente em comparação com as ativistas feministas brancas da segunda onda e dos movimentos pelos direitos humanos, quase sempre liderados por homens. Jim Jones, que mantinha laços com todas as pessoas certas (Angela Davis, os Panteras Negras, o Movimento Indígena Americano, a reacionária Nação do Islã, muitos pastores negros de esquerda de São Francisco, sem mencionar sua própria "Família Arco-Íris"), parecia oferecer a elas uma rara oportunidade de serem ouvidas. "As mulheres negras eram especialmente vulneráveis por conta de sua história de exploração sexual/racista, além da longa tradição na liderança, ativismo e justiça social dentro da igreja", explica Sikivu Hutchinson. A razão pela qual tantas dessas mulheres morreram era porque tinham muito a ganhar desse movimento que, no fim, era apenas uma mentira.

Laura Johnston Kohl admite prontamente que ninguém a forçou a comprar aquilo que Jim Jones estava vendendo; ela voluntariamente escutou os jargões e terminadores de pensamento que queria ouvir e "abafou" todo o resto. "Eu estava [em Jonestown] por razões políticas, então Jim pensava: 'Sempre que eu vir Laura presente em uma reunião, preciso falar de política'. Eu permitia que ele se referisse às minhas prioridades e botava uma venda nos olhos para evitar enxergar outras coisas", ela me disse.

Deixar que as pessoas nos digam só o que queremos ouvir é algo que todos nós fazemos. É um clássico viés de confirmação:[69] uma falha humana enraizada definida pela inclinação de procurar, interpretar, aceitar e relembrar informações que validem e (fortaleçam) nossas crenças preexistentes, enquanto ignoramos ou desqualificamos qualquer coisa que as contrarie. Especialistas concordam que nem mesmos as mentes mais lógicas — os próprios cientistas — conseguem escapar desse viés de confirmação. Algumas das irracionalidades humanas, como a hipocondria, o preconceito e a paranoia,[70] são espécies de viés de confirmação, em que toda pequena coisa que acontece pode ser interpretada como uma doença, um motivo para desprezar um grupo inteiro de pessoas, ou a prova de que tem alguma coisa lá fora tentando pegar você. Esse fenômeno também explica por que, para alguém interessado, leituras vagas de horóscopo, qualquer tipo de leitura psíquica e posts nas redes sociais com conteúdos que causem "identificação" ressoam de forma única de indivíduo para indivíduo.

Líderes cultistas costumam confiar no poder do viés de confirmação ao apresentar uma versão unilateral de informação que apoie sua ideologia e à qual os seguidores queiram ouvir ativamente; depois disso, o viés de confirmação faz o resto do trabalho. Enaltecido pela pressão exercida pelos pares, fica ainda mais difícil resistir. Isso também explica por que a retórica dos líderes cultistas é tão vaga — a linguagem carregada e os eufemismos são usados de maneira amorfa, propositalmente para mascarar coisas desconcertantes sobre a ideologia deles (e deixar espaço para a mudança ideológica, se for necessário). Enquanto isso, os seguidores projetam tudo o que desejam na própria linguagem. (Por exemplo, sempre que Jones usava a frase "Noite Branca", seguidores como Laura a interpretavam como queriam, negligenciando a possibilidade de implicações mais violentas.) Para a maioria das pessoas, a consequência do viés de confirmação não costuma ser urgente como no caso de Jonestown, mas, lamentavelmente, não são os ingênuos ou desesperados de nós que costumam chegar tão longe assim. Na maior parte dos casos, quem o faz são as pessoas extraordinariamente idealistas.

Nos anos seguintes à sua saída da comunidade, Laura se tornou professora de escola pública, quaker, ateísta e ativista pelos direitos dos imigrantes. "Eu não me tornei menos politizada, mas sim menos suscetível às palavras que dizem", ela contou a uma repórter em 2017. Ainda assim, Laura nunca deixou de buscar uma forma de alcançar o que o Templo Popular originalmente prometeu. Mesmo após toda aquela violência, a esperança ainda existe. "Se eu pudesse morar em uma comunidade hoje, eu iria no mesmo segundo", ela diz. "Minha única exigência é que não tenha nenhum líder, e exista muita diversidade." Algo mais fácil de imaginar que de encontrar. Laura deixa escapar um suspiro melancólico. "Eu não encontrei uma comunidade segura que tenha todas as coisas que eu quero. Mas sou uma pessoa comunalista, sempre fui. Eu tive uma vida louca, mas não quero estar perto de gente que tenha partilhado do mesmo tipo de maluquice. Porque eu realmente amei viver no Templo Popular. Jonestown foi o ponto alto da minha vida."

Frank Lyford, que perdeu a maior parte de sua juventude e sua amada companheira para Marshall Applewhite, também não sofre com arrependimentos. "Minha visão dessa experiência é que encarnei com o objetivo de passar pelo Heaven's Gate. Quanto mais entramos nas sombras, mais retornamos para a luz, como se estivéssemos em um estilingue", ele professa. "Se eu não tivesse experienciado a escuridão e a repressão, a diminuição do meu eu, eu não teria tido o ímpeto de atingir essa autoconsciência em que habito agora." Realmente, enquanto o bombardeio de amor pode atrair pessoas frágeis, são indivíduos como Laura e Frank — gente tão idealista que é capaz de confiar que o ato de se comprometer inteiramente a um grupo fará com que consigam milagres e propósitos, acreditando que o risco vale a pena — que continuam nas seitas.

"Para ter um ponto de vista positivo sobre a vida, faço minha própria 'lavagem cerebral'", Laura me disse, com naturalidade. "Olha só as notícias. Estou lutando contra um câncer nesse exato momento. Todos nós enfrentamos coisas horríveis na nossa vida, situações que nos fazem ter vontade de não levantar mais da cama ou parar de resistir. Nessas horas, eu realmente acredito em 'lavagem cerebral'; acho que você podia até chamar de 'vibrações positivas' em alguns casos. Mas eu acho que todos nós fazemos 'lavagem cerebral' em nós mesmos. Às vezes é preciso."

Depois de nossa última entrevista, Laura e eu continuamos em contato, trocando e-mails e histórias sobre Synanon. Uma noite, ela encontrou alguns antigos colegas de Synanon para jantar, e na companhia de um cara chamado Frankie, ela fez uma lista de todos os jargões de que se lembrava daquela época. "Frankie acha que se lembra do seu pai — na época ele também era bem jovenzinho", ela escreveu em um e-mail, com o glossário em anexo. "A sincronicidade da vida é muito engraçada, principalmente quando não estamos esperando nada." Dois meses depois, Laura faleceu de câncer, cercada de muitos dos companheiros que ela conquistou ao longo de sua vida louca.

Posso pensar em diversos motivos que expliquem por que alguém decide ingressar em uma comunidade como o Templo Popular ou o Heaven's Gate. Talvez porque a vida seja muito dura e querem melhorá-la. Talvez porque alguém prometeu que ajudaria. Talvez porque desejam que seu tempo na Terra seja significativo. Talvez porque estejam cansados de se sentir sozinhos. Talvez porque queiram fazer novos amigos ou uma nova família. Talvez porque queiram uma mudança de cenário. Talvez porque alguém que amam tenha decidido ingressar no grupo. Talvez porque todo mundo que conhecem está participando. Talvez porque pareça uma aventura.

Líderes cultistas costumam confiar no poder do viés de confirmação ao apresentar uma versão unilateral de informação que apoie sua ideologia e à qual os seguidores queiram ouvir ativamente; depois disso, o viés de confirmação faz o resto do trabalho.

A maioria parte antes que as coisas se tornem perigosas, mas as razões pelas quais algumas pessoas não vão também soam familiares. São as mesmas razões pelas quais você adia o término de um relacionamento: negação, apatia, estresse social, medo de retaliação, falta de dinheiro, falta de apoio externo, dúvidas de que você seja capaz de encontrar algo melhor, e a esperança ingênua de que a atual situação irá melhorar — talvez voltar a ser como era no início — se você aguentar por mais alguns meses, comprometer-se um pouquinho mais.

A Teoria Econômica Comportamental de Aversão à Perda diz que os seres humanos geralmente enfrentam mais perdas (de tempo, de dinheiro, de orgulho etc.) do que ganhos; então, psicologicamente, estamos dispostos a nos esforçar o máximo possível para evitarmos a derrota. De maneira irracional, costumamos permanecer em situações negativas — como relacionamentos de merda, investimentos péssimos e participação em cultos — enquanto dizemos a nós mesmos que vamos ganhar algo com isso logo mais, para não admitirmos que as coisas não deram certo e deveríamos engolir o prejuízo. É um exemplo emocional da falácia dos custos irrecuperáveis, a tendência que as pessoas têm de pensar que, se os recursos já foram gastos, por que não gastar ainda mais? Já que viemos até aqui, por que não continuar? Assim como ocorre com o viés de confirmação, nem mesmo as pessoas mais inteligentes e sensatas conseguem escapar da Aversão à Perda. É algo que está profundamente embutido em nós. Eu, por exemplo, já tive a minha cota de relacionamentos tóxicos. Ser capaz de notar as semelhanças entre parceiros abusivos e líderes cultistas tem sido, para dizer o mínimo, uma lição de humildade.

Então, enquanto o abuso de poder se faz visível por meio de ponche envenenado e mantos roxos, a peça-chave é a língua. Se um tipo de linguagem o leva a ter uma resposta emocional imediata enquanto simultaneamente o impede de fazer mais perguntas, faz com que você se sinta "um escolhido" apenas por ter comparecido, ou permite que você se "divorcie" moralmente de alguém considerado "inferior", esta linguagem deve ser confrontada. Os rótulos e eufemismos provavelmente não matarão você, mas se você estiver em busca de algo maior que a sobrevivência, você com certeza terá uma vida mais recompensadora se puder narrá-la você mesmo.

"Nosso guia interior é a melhor forma de navegação que possuímos", diz Frank Lyford. Isso não significa que não possamos olhar para fora (ou para cima) para buscar ajuda para enfrentar o caos. "Mas, para mim", ele continua, "um bom coach é aquele que não age como um guia, mas sim que lança luz sobre os bloqueios e os desejos mais profundos de alguém." Não um guia, não um profeta, não um guru, dizendo exatamente o que você deve dizer. Mas uma vela iluminando a penumbra da biblioteca da existência. Acredite, o único dicionário de que você precisa já está nas suas mãos.

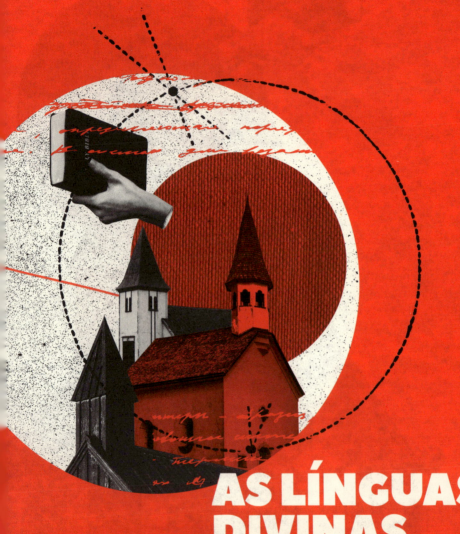

AS LÍNGUAS DIVINAS

PARTE III

cientologia POP

11.

A história que mais gosto de contar é sobre quando fui sequestrada por cientologistas. Eu tinha 19 anos de idade, estava passando um verão bastante solitário em Los Angeles, sofrendo de depressão, com um emprego temporário de merda, sem ter muito o que fazer exceto sair com a única pessoa que eu conhecia na cidade: uma jovem aspirante a atriz chamada Mani. Nós tínhamos nos conhecido enquanto éramos calouras da NYU (Universidade de Nova York). Durante as férias da faculdade, ela estava dividindo um apartamento com a mãe e a irmãzinha no Valley, fazendo audições para comerciais e participando de filmes de alunos da Escola de Artes Cinematográficas (USC). Mani era uma figura fascinante: dona de longos cabelos loiros e traços felinos de origem ucraniana, sempre vestia camisetas largas com meia-arrastão e tinha uma cobra de estimação. Seu nome verdadeiro era Amanda, como o meu, mas sendo um espírito livre e indomável, ela preferia o apelido exótico: *Mã-ní*. Passávamos nosso tempo juntas fazendo tudo o que ela quisesse. Ela mandava e — como toda adolescente insegura age perto de jovens seguras de si — eu atendia: dirigia de Santa Mônica até Studio City só para buscá-la no meu Honda Civic e nós saíamos para fazer compras compulsivamente, pular de lanchonete em lanchonete, ou andar a cavalo nas montanhas durante as tardes de terça-feira (duas horas por 12 dólares). Até que um dia, contra o meu bom julgamento, aceitei um convite para fazer um "teste de personalidade" na colossal Igreja de Cientologia de Hollywood.

Nessa tarde específica de julho, Mani e eu estávamos batendo perna na cidade, procurando por uma filial da loja de sucos naturais Jamba Juice, quando dois jovens de vinte e poucos anos parados na Sunset Boulevard vestidos como participantes de uma apresentação de música do ensino médio (camisa branca abotoada, calças sociais pretas) e segurando alguns panfletos perguntaram: "Vocês querem fazer um teste de personalidade?". No passado, como uma boa jovem egocêntrica, eu amava fazer os testes das revistas *Seventeen* e *Cosmopolitan* para descobrir qual dos personagens de *Gilmore Girls* seria meu par perfeito ou que tendência do outono eu deveria seguir de acordo com o meu signo do zodíaco. Contudo, já fazia dois semestres que Mani e eu vivíamos em Nova York, então você pode imaginar minha surpresa quando, em vez de agir desdenhosamente e passar reto pelo casal como se eles pertencessem a uma espécie inferior de seres humanos, Mani parou, sorriu e disse: "Isso parece muito DIVERTIDO".

"Se você já fez parte da Cientologia, consegue descobrir se alguém também está envolvido com ela apenas pela forma como essa pessoa se comunica", diz uma ex-cientologista chamada Cathy Schenkelberg, para uma entrevista.

Assim que lemos o folheto com atenção e percebemos que carregava a insígnia da Cientologia, pensei que Mani concordaria comigo sobre deixarmos aqueles malucos para lá. Devíamos comprar nossos smoothies e voltar para casa. Mas não. Mani era bela e descolada demais e não tinha medo de absolutamente nada, então saber que a Cientologia estava envolvida só a deixou mais interessada. "Precisamos fazer isso", ela declarou, batendo seus cílios quilométricos.

Eu queria estar aberta a qualquer coisa, por isso consenti. Largamos nossa jornada em busca de frutose congelada, voltamos para o carro, dirigimos por quatro quarteirões e viramos no estacionamento de L. Ron Hubbard. Depois de pararmos em uma vaga espaçosa, subimos até a catedral de mais de 100 mil metros quadrados, um prédio que eu só tinha visto de longe até então. É possível que você já tenha visto fotos deste lugar em um documentário ou algum canto da Wikipédia — é aquela construção famosa com uma fachada de estilo grego, a palavra CIENTOLOGIA gravada de forma a ocupar um andar todo e a cruz que a simboliza (oito pontas em vez de quatro). Ela é como a Meca para os 25 mil cientologistas que vivem atualmente nos Estados Unidos,* a maioria deles residindo (infelizmente) a um raio de vinte quilômetros quadrados da minha casa em Los Angeles.

---

* Essa estatística foi feita segundo o Instituto de Estudos Avançados, embora a Igreja da Cientologia alegue ter cerca de 10 milhões de membros em todo o planeta.

Aqui, em Los Angeles, os cientologistas passam despercebidos: eles são nossos baristas, nossos professores de yoga, nossos personagens coadjuvantes favoritos das novelas que passam na cw Television Network, e — principalmente — todas aquelas pessoas de olhos brilhando que sonham em fazer sucesso em Hollywood. Um grupo composto por aspirantes a estrelas de cinema que procuram anúncios em revistas como a *Backstage,* sempre prometendo cursos que farão sua carreira explodir no ramo do entretenimento, ou que acabam participando de workshops ministrados por artistas patrocinados secretamente pela Cientologia. Outros, ainda, são abordados na rua e aceitam convites para fazer testes de personalidade. Além disso, alguns passam a tarde passeando pelo campus impressionante da Cientologia (é aberto ao público) ou decidem participar de um curso introdutório só de brincadeirinha. Há quem o faça com a mente genuinamente aberta; a maioria foge de lá como o diabo foge da cruz antes que se tornem membros. Porém, há um grupo seleto que olha para celebridades como Tom Cruise, John Travolta e Elisabeth Moss — alguns dos mascotes da Cientologia — e pensa: *Puxa, podia ser eu.*

É impossível descobrir se alguém é um cientologista baseando-se na maneira como se vestem ou se comportam — contudo, se você souber o que procurar, eles se revelam pela fala. "Se você já fez parte da Cientologia, consegue descobrir se alguém também está envolvido com ela apenas pela forma como essa pessoa se comunica", diz uma ex-cientologista chamada Cathy Schenkelberg para uma entrevista. Cathy, uma mulher de 40 anos de idade, deixou a Cientologia há mais de duas décadas, e vive a maior parte do tempo na Irlanda, onde trabalha como atriz de pequenas produções. Em 2016, ela ganhou alguma atenção midiática ao revelar uma história sobre como, certa vez, participou de uma audição para o que acreditava ser um vídeo de treinamento da Cientologia, quando logo descobriu que estava, na verdade, fazendo uma entrevista para se tornar a nova namorada de Tom Cruise.[71] Quando perguntaram aleatoriamente o que ela pensava do astro do cinema, Cathy foi completamente franca: "Não o suporto, acho que ele é um bebezão narcisista. Fiquei bem chateada quando descobri que ele e Nicole Kidman se separaram". Nem é preciso dizer, ela não conseguiu o papel, que logo em seguida foi assumido por Katie Holmes.

Atualmente, Cathy realiza uma performance solo em um show de comédia itinerante baseado em sua experiência com a Cientologia, *Squeeze My Cans.*[*] O nome atrevido da apresentação faz referência ao famoso E-Metro de Hubbard, uma máquina detectora de mentiras muito parecida com um discman — mas

---

[*] Em inglês, o verbo "squeeze" significa "espremer", enquanto "cans" tem duplo significado — ou se refere ao substantivo "latas" ou à gíria "tetas". [NT]

em proporções aumentadas. O E-Metro (ou eletropsicômetro) é usado para "auditar" (aconselhar espiritualmente) PCS ("pessoas que ainda não atingiram o estado de clareza" ou estão "sujeitas à audição"), embora a própria Igreja da Cientologia afirme que o dispositivo "sozinho não serve para nada".[72] Alguns anos atrás, meia década depois de ter escapado da igreja, Cathy estava fazendo uma narração em off para o McDonald's quando conheceu o diretor, um cara chamado Greg. Em menos de cinco minutos de conversa, seu cérebro entrou em estado de alerta. "Ele estava me dando instruções, mas usava certas palavras", ela disse. Coisas como "enturbulado", o que quer dizer "chateado", e "Dev-T"* uma abreviação de "Tráfego Desenvolvido", que significa "motivo de atraso". "Então eu perguntei: 'Greg, você é um cientologista?'. E ele respondeu: 'Sou sim e, aliás, estava me perguntando o mesmo sobre você'. Ele acabou se matando depois, mas essa é outra história. Sim, ele perdeu tudo."

Sonhar grande deixa você vulnerável; os cientologistas sabem disso e afirmam possuir as chaves capazes de abrir as portas do seu potencial. "Eles chamam isso de 'postulado'", Cathy disse de Galway, enquanto nos falávamos ao telefone, fazendo referência ao rótulo que a Cientologia dá para a realização pessoal, ou algo a que um mero observador de estrelas chamaria de "manifestação". Mesmo quando ainda estava seriamente afiliada à Cientologia, após a perda de dinheiro, de lares e de relacionamentos, e de a igreja ter roubado tanto de seu tempo que mal conseguia comparecer a audições, Cathy nunca desistiu de suas ambições ao estrelato. "Eu só queria completar todos os níveis, voltar para Nova York e me tornar uma atriz de musicais", ela conta, com tristeza. "Mas claro que isso não aconteceu."

Foi por meio de promessas de uma vida extraordinária que os cientologistas conseguiram tecer suas amarras ao redor de Cathy, fazendo com que ela permanecesse na igreja por dezoito anos, mesmo que estivesse desesperada para escapar. Em 1991, Cathy tinha 23 anos e era uma artista em ascensão vivendo em Chicago. Ela estava começando a estrelar em grandes comerciais e fazer trabalhos de dublagem e narração em off. Naquele ano, Cathy conheceu uma colega muito gentil que a contou sobre o grupo fantástico de artistas do qual fazia parte, cheio de gente promissora e talentosa. O nome desse grupo era Cientologia. Cathy nunca tinha ouvido falar dele, mas parecia algo bem sério, afinal, tinha até a palavra "ciência" no nome. Cathy então passou a acompanhar

---

* "Dev-T", segundo o dicionário da Cientologia, é uma partícula (pessoa ou forma) enviada desnecessariamente; uma perda de tempo ou um item que atrasa coisas de importância dentro da Cientologia. [NT]

essa atriz às reuniões locais, que depois descobriu serem organizadas pela igreja. "Diziam: 'Viu? Nós não somos tão loucos. Somos artistas!'", Cathy explica as motivações deles. "'A arte é o solvente universal', dizia L. Ron Hubbard."

No início, Cathy parecia a recruta perfeita — entusiasta, dedicada, prosperando financeiramente e ansiosa para tornar o mundo um lugar melhor. "Como muitos jovens da minha idade, eu queria me juntar ao Corpo de Paz ou ao Habitat para a Humanidade, grupos em que poderia ajudar de outras maneiras — não só sendo uma artista egocêntrica", ela explica. E ela também estava em uma busca espiritual. Cathy foi criada no catolicismo, em Nebraska, com outros dez irmãos, tendo perdido o mais velho deles repentinamente em um acidente de carro. Tinha só 13 anos. "Esse foi um ponto de virada para mim", afirma. Cathy parou de frequentar a igreja depois de tentarem convencê-la de que Deus havia "escolhido" seu irmão para que morresse jovem, uma vez que já estava "pronto para estar ao lado d'Ele". Isso era um clichê terminador de pensamento e Cathy não o aceitou: "Pensei: 'Bom, então esse é o tipo de Deus com o qual eu não quero ter nada a ver'". Então, ela passou a próxima década buscando um poder superior em qualquer outro lugar — experimentando de tudo, desde workshops de meditação com cristais até igrejas onde falavam em línguas. Mas nada a atraía por muito tempo.

Originalmente, a Cientologia foi apresentada a Cathy como um grupo sem denominação cujo objetivo principal era "espalhar esperança para a humanidade". Ela relembra: "Todos com quem conversei disseram a mesma coisa. 'Ah, você pode continuar praticando a religião que quiser', e acreditei neles. Eles vão com calma". Contudo, uma vez que estava lá dentro, Cathy aprendeu rapidamente que não era permitido fazer parte de outras religiões. "Eles chamam isso de 'squirreling'",* ela me contou. "Um dia, você para, olha e percebe que está em uma sala com mais de quinhentas pessoas gritando 'hip-hip-hurra' para o busto de bronze de L. Ron Hubbard."

---

* Sem tradução para o português, o termo pode ser entendido como "alguém que se move de forma errática, como se estivesse confuso ou apressado." [NT]

NÃO VÁ
até a próxima sala

12.

Voltando a Los Angeles, Mani saltitou (enquanto eu me arrastava) rumo ao lobby colossal da sede da Cientologia, onde fomos recepcionadas por um senhor caucasiano, na faixa dos quarenta anos, sorridente demais. Ele vestia um terno azul-centáurea novinho e uma touca prateada impecável, e falava um espanhol perfeito com sua equipe gigantesca de funcionários latinos. "Obrigado por se juntarem a nós, sigam-me", ele disse, guiando-nos para o interior do prédio. Mani me atirou um sorriso alegre, enquanto eu memorizava todas as saídas de emergência.

No total, Mani e eu passamos mais de três horas dentro das paredes da Igreja da Cientologia, ziguezagueando por uma sequência bizantina de táticas introdutórias de aliciamento. Primeiro, perdemos 45 minutos no museu, serpenteando entre exibições de instrumentos como o E-Metro e vídeos de propaganda sobre líderes religiosos do mundo dizendo coisas vagas sobre L. Ron Hubbard, um material que tinha sido editado para pintá-lo como um presente de Deus à humanidade. Então, fomos pastoreadas para uma sala de aula onde o homem sorridente de terno azul deu a cada uma de nós um bloco grosso de papel, uma folha sulfite e um lápis minúsculo. Foi o que usamos para completar o teste de personalidade, o que durou cerca de noventa minutos. Quando finalmente terminamos, Mani e eu saímos da sala exaustas e esperamos pelo que pareceu meio século para que nossos testes fossem avaliados. Lá pelo meio da tarde, o Senhor de Terno Azul se materializou e nos separou para que pudéssemos receber nossos resultados. Mani foi primeiro; eu vaguei por mais outra insuportável meia hora, até que chegou minha vez de voltar à sala de aula.

Enquanto Mani estava sentada a cinco metros de distância, envolvida em uma conversa que eu não conseguia escutar com outro funcionário, o Senhor de Terno Azul começou a dissecar minha personalidade. Meu teste revelava as falhas que estavam me impedindo de seguir adiante com a minha vida — teimosia, medo de expor minha vulnerabilidade (justo, porém, fiquei imaginando qual teria sido o resultado do teste de Mani). Depois de cada crítica, o homem repetia a mesma frase, os olhos cintilando: "A Cientologia pode te ajudar com isso". Tão logo acabou com a lenga-lenga, ele me levou até Mani e o outro funcionário. Foi aí que a propaganda ficou mais agressiva. Esse outro cara, um ator de quinta categoria com bronzeamento artificial, que até pensei conhecer de algum lugar, começou a nos oferecer uma série de cursos de autoajuda — livros e workshops. Nada religioso, apenas "ferramentas" que nos ajudariam a viver melhor. Para nós, estudantes esforçadas com futuros brilhantes, cada classe custaria apenas 35 dólares. Se fechássemos negócio naquele dia, ele nos levaria para outra ala do prédio, onde poderíamos assistir a uma prévia do que aprenderíamos nos cursos naquele exato momento.

Quaisquer críticas feitas à organização eram rotuladas como "crimes ocultos". Se uma determinada pessoa ou tipo de comportamento parecesse ameaçador à Cientologia de alguma forma [...] seria rotulado imediatamente como FPP: Fonte Potencial de Problemas.

"Eles te fisgam com os cursos básicos", Cathy explicou para mim, oito anos após meu encontro com a Cientologia. "É a isca e o botão. É como se eles dessem 'um start' em você com todos esses cursos sobre 'comunicação' ou 'altos e baixos da vida', e aí você começa a pensar: 'Nossa, isso realmente está me ajudando'." Diferente de mim, Cathy não cresceu com um pai que falava abertamente sobre a seita na qual foi coagido a entrar; ela era uma moça otimista e de mente aberta, e, o mais importante de tudo, não sabia nada sobre a Cientologia antes de se envolver com ela. "Era 1991, antes do Google, então eu nem tinha onde pesquisar", ela contextualiza. "Eu só me baseei no que dizia a atriz de quem eu gostava, afinal, ela estava ali dentro." Assim que Cathy passou a pagar por cursos e a entrelaçar sua vida com a Cientologia, ela não procurou mais nada por conta própria porque as regras a proibiam explicitamente de fazê-lo. "Disseram que eu não poderia pesquisar na internet, nos jornais ou em qualquer outro meio difamatório que pudesse fazer campanha negativa sobre a Cientologia", diz Cathy. "Afinal, todas aquelas pessoas e todos aqueles jornalistas estão tentando destruir a Cientologia porque sabem que ela é a única esperança da humanidade." A partir daí, sempre que Cathy entrava em uma sessão de aconselhamento (pré-paga, é claro), as primeiras perguntas eram: Você pesquisou sobre a Cientologia na internet? Alguém já lhe disse algo ruim sobre a Cientologia? Você está tendo um caso? Você está fazendo uso de drogas? Você conversou com algum jornalista? Você tem conexões com alguém na embaixada, no governo, na política, com um advogado...? "Era uma loucura", diz Cathy, em retrospecto, embora na época isso parecesse a ela apenas precauções de rotina.

Rapidamente, esse novo círculo de Cathy começou a usar o velho palavreado do "nós versus eles" para isolá-la dos que não faziam parte do culto. "Eles tinham maneiras de fazer com que você olhasse para todos os que não estavam dentro da Cientologia como pessoas inferiores", ela relembra. Quaisquer críticas feitas à organização eram rotuladas como "crimes ocultos". Se uma determinada pessoa ou tipo de comportamento parecesse ameaçador à Cientologia de alguma forma — como estar associado a uma PS (pessoa supressiva: uma má influência, como um jornalista ou um familiar cético) —, seria rotulado imediatamente como FPP: Fonte Potencial de Problemas. Há uma longa lista de tipos de FPP na Cientologia. Essas classificações — os tipos 1-3 e tipos A-J — referem-se aos diferentes inimigos da igreja: descrentes, criminosos, pessoas que denunciaram ou processaram a Cientologia publicamente, pessoas muito próximas a PSs, pessoas que tenham passado por um "surto psicótico". Os tipos FPP cobriam toda uma variedade de "eles" e eram usados para legitimizar a calúnia e a perseguição de quem não se mantivesse na linha.

"Meu amigo da Cientologia, Greg, o diretor criativo daquele comercial do McDonald's? Depois que ele se matou, disseram que ele fazia parte do Tipo 3 de FPP, ou seja, tinha sofrido de um surto psicótico", disse Cathy. "Mas, na verdade, Greg tinha gastado todo seu dinheiro, o dinheiro do pai, tinha vendido a própria casa, perdido o emprego... Ele estava totalmente desamparado." Não era uma questão de FPP; a Cientologia arruinou a vida do cara. Nesse momento, Cathy suspirou ao telefone. "Agora que paro pra pensar nisso, sei que joguei fora duas décadas da minha vida naquele lugar." Mas, na época, ela pensava que aquele era o preço da eternidade. "Com esse conhecimento, eu poderia reencarnar na próxima vida e lidar com coisas que outras pessoas não conseguiriam lidar, entende?"

A Cientologia opera sob a seguinte lógica: já que a técnica (sistema de crenças) de L. Ron Hubbard é infalível, se você estiver inserido na igreja e, mesmo assim, estiver infeliz, então, claramente, você fez algo para "atrair infelicidade". Esse é um clássico clichê terminador de pensamento dentro da Cientologia, e significa que, independentemente da experiência negativa que estiver vivendo, a responsabilidade por ela é inteiramente sua. "Foi você quem fez acontecer", explica Cathy. "Se tropecei na calçada e torci o tornozelo, a culpa não foi da rachadura, mas sim minha, porque eu *atraí isso*." Talvez você estivesse tendo algumas dúvidas, ou se associando com uma PS. Na Cientologia, se você tem algum problema no casamento, com um grupo de amigos, ou no trabalho, você precisa se desconectar, "lidar com eles" (ou seja, convencê-los a concordarem com a doutrina) ou "servir como ponte", ou seja, convertê-los à Cientologia.

Enquanto Mani balançava a cabeça em concordância com a subcelebridade bronzeada artificialmente, uma mesa de livros e DVDs diante de nós, lembrei de um sermão que mamãe me deu no ensino médio depois de termos decidido aceitar o convite de um amigo da família para passar as férias de primavera em um resort no México. "Assim que chegarmos, eles vão nos levar para uma salinha e tentar nos vender um *timeshare*", mamãe avisou, sobriamente.* "Eles vão nos trazer aperitivos, encher de elogios, fazer tudo parecer maravilhoso. Mas a ÚLTIMA COISA que você quer fazer NA SUA VIDA é comprar um *timeshare*. Isso vai arruinar a sua vida. Então, o que nós vamos fazer é dizer 'não, muito obrigada', quantas vezes forem necessárias. Aí, eles vão tentar nos levar para outra salinha onde vão tentar nos mostrar uma apresentação de vídeo. Não importa o que aconteça, NÃO PODEMOS deixar que eles nos levem para esse lugar. Por isso, nós vamos nos levantar e ir embora."

Anos depois, aos 19, perto da minha quarta hora dentro do QG da Cientologia, eu ainda não tinha ideia dos traumas psicológicos e dos milhões de dólares que essa "igreja" havia tomado das pessoas sob falsas promessas que começaram justamente com os 35 dólares pagos em workshops de autoaperfeiçoamento. Mesmo assim, eu não poderia deixar que nos levassem para a próxima sala.

Então me levantei e disse: "NÃO, OBRIGADA. NÓS NÃO SOMOS O SEU PÚBLICO-ALVO. POR FAVOR, DEIXE-NOS IR EMBORA. MANI, ESTAMOS INDO EMBORA". Bronzeado Artificial fez contato visual com o Senhor de Terno Azul, soltou o

---

* Um "timeshare", ou "tempo compartilhado", é um programa que permite ao cliente a compra de um período de tempo, todos os anos, em propriedades de férias, hotéis ou acomodações. [NT]

ar com força, e fez um gesto em direção à porta. Agarrei a mão de Mani e nós corremos — para ser mais específica, voamos — para fora da sala de aula, passando pelo salão do museu, pelo lobby e para fora da porta principal, então deslizamos para dentro do meu Civic e aceleramos para longe, com a intenção de nunca cruzarmos o caminho de L. Ron Hubbard novamente.

"Sequestrada" pode ser uma forma um pouquinho exagerada de descrever minha interação com os cientologistas... Mas eu não duvido que eles estejam envolvidos nesse tipo de atividades. Alguns anos depois, descobri que, se eu tivesse deixado que dessem mais um passo no processo de tentar me convencer a comprar um de seus cursos, eu teria sido levada até um cinema onde seria coagida a assistir um vídeo de boas-vindas à Cientologia, com a porta trancada atrás de mim.[73] Se eu decidisse seguir com a Cientologia a partir daí, inscrevendo-me em mais cursos e sessões individuais, eu teria investido milhares de dólares — se não milhões, tudo o que eu tivesse — no meu compromisso com a igreja.

> **[na Cientologia] independentemente da experiência negativa que estiver vivendo, a responsabilidade por ela é inteiramente sua. "Foi você quem fez acontecer", explica Cathy. "Se tropecei na calçada e torci o tornozelo, a culpa não foi da rachadura, mas sim minha, porque eu atraí isso."**

E por que eu faria isso? Porque meu objetivo final seria "clarear a mente" — ascender ao nível de L. Ron Hubbard, atingindo o mais elevado grau de iluminação. A igreja coloca essa ambição acima de todos os membros, mas sua confusa hierarquia de níveis — que, em segredo, pode ser infinita — garante que o alcance dessa "clareza" nunca seja atingido. Depois de seus primeiros anos dentro da Cientologia, Cathy chegou a um nível chamado Dianético, que, segundo seu conhecimento, era a linha de chegada. "Pensei: 'Meu Deus, isso é incrível! Atingi o mais alto nível de clareza, não tenho mais uma mente reativa, vou voltar para o mundo com essa recém-ganhada consciência'", ela conta. Mas, na Cientologia, assim que alguém chega ao que foi levado a acreditar que era o topo, descobre que existem mais etapas. Esse é só o começo, na verdade, porque agora você abriu uma nova caixa de Pandora espiritual. Agora, não há escolha exceto subir ao próximo nível, e depois, ao próximo. E embora antes tivesse custado 5 mil ou 10 mil dólares para subir de nível, agora pode ser algo em torno de 100 mil dólares — ou mais.

Se eu fizesse parte da Cientologia e continuasse a atravessar essa ponte rumo à Liberdade Total (o caminho da "clareza de mente"), logo aprenderia sobre conceitos sobrenaturais, como Xenu, o ditador intergaláctico, e os "thetans corporais" (espíritos de alienígenas do passado que se agarram aos humanos e causam destruição). Seria uma insanidade completa. Mesmo assim eu teria que seguir adiante. A falácia do custo irrecuperável e a aversão à perda me diriam que não posso desistir... não tendo chegado tão longe. Além disso, meus superiores insistiriam que, se eu abandonasse a Cientologia no meio de um nível superior de audição, poderia atrair infortúnios. Doenças ou até mesmo a morte. Uma ex-cientologista chamada Margery Wakefield, funcionária antiga do OSA (*Office of Special Affairs*, o Gabinete de Assuntos Especiais, a "agência de inteligência" da Cientologia), escreveu sobre como ela foi dispensada (demitida), no início dos anos 1980, por estar sofrendo de um declínio em seu estado mental. Depois de mais de uma década de participação e intenso condicionamento, Margery foi convencida de que era tão energeticamente perigoso sair da seita no meio de seu nível atual que ela, definitivamente, morreria dentro de doze dias. (Ela ficou estupefata por ter sobrevivido.)

Se eu tivesse ido tão longe quanto Margery e me juntado à OSA ou ao SEA-Org (a Organização do Mar, o grupo paramilitar da Cientologia), eu teria assinado um contrato de fidelidade espiritual com validade de um bilhão de anos[74] e passado por treinamento para ajudar a Igreja da Cientologia a executar crimes federais: invasão de domicílio, roubo de documentos federais, escuta telefônica, destruição de provas criminais, perjúrio... Tudo o que fosse necessário para proteger a igreja. Uma vez, alega Margery, ela testemunhou dois funcionários da igreja planejando os assassinatos de duas pessoas. Um deles era um infrator, alguém que tinha sido capturado pela OSA e levado como prisioneiro para um quarto de hotel. "No dia seguinte eles o levariam para alto-mar e o afogariam — amarrariam pesos nele e o jogariam para fora do barco", ela escreveu em um depoimento juramentado. O outro era um jornalista que tinha escrito um livro no qual fazia críticas à Cientologia (um fato que me esforço para esquecer).

Porque, e isso é algo que seria aprendido em algum momento, a lei da Cientologia é mais importante que a lei dos "wog" (uma nomenclatura adotada para designar aqueles que não fazem parte do grupo; algo que pode estar conectado a uma gíria racista do passado, mas os etimologistas não têm certeza). De acordo com diversos ex-cientologistas, há um curso específico sobre como mentir para "wogs". Chama-se TRL[75] (*Training Routine Lie*), ou seja, Treinamento para Contar Mentiras. Supostamente, neste curso, os cientologistas aprendem a habilidade de mentir de forma confiante e inabalável, mesmo que estejam sob estresse extremo. Em seu depoimento, Margery Wakefield detalha um incidente de seu tempo na OSA quando ela foi forçada a fazer falsas alegações de má conduta sexual contra um juiz. Esse juiz tinha sido escolhido para presidir um caso que tratava da Cientologia, mas aparentemente a igreja não gostou dele e queria que fosse removido, por isso, encarregaram Margery para acusá-lo de assédio sexual. Antes de testemunhar, Margery lembra de ter perguntado a um de seus superiores sobre o ato de cometer perjúrio, e recebeu como resposta uma citação retirada de uma das doutrinas de Hubbard: "O bem maior em nome do maior número de dinâmicas".*[76] O que significava, é claro, que toda e qualquer coisa deveria ser feita em nome da sobrevivência da Cientologia. Ela deveria relembrar o seu TRL e obedecer. Afinal, os fins justificam os meios.

Fosse assim, naquele ponto, eu já estaria tão absorvida pela doutrina da Cientologia que sequer seria capaz de me comunicar com alguém de fora da igreja. "Não sei se você já escutou uma conversa entre dois cientologistas de alto escalão", diz Steven Hassan, nosso psicólogo ex-Moonie, "mas você não é capaz de entender uma palavra do que estão dizendo." Isso porque, dentro da Cientologia, como costuma ser com todas as religiões cultistas, a linguagem é o início e o fim de tudo. De certo modo, ela é o próprio Deus.

---

* Na Cientologia, uma "dinâmica" diz respeito a alguns elementos do universo, a começar pelo eu, depois se estendendo à família, à comunidade, à espécie humana como um todo, até chegar ao conceito de Deus ou de infinito. Hubbard listou oito dinâmicas, às quais os cientologistas se referem por meio de acrônimos; sendo assim, você pode chamar sua esposa de "2D" e seu grupo de amigos de "3D".

em nome de
DEUS
13.

Esse é o poder da linguagem religiosa: seja ela composta de palavras bíblicas com as quais crescemos e conhecemos tão bem que sequer somos capazes de imaginar outra realidade (Deus, mandamento, pecado), ou de frases alternativas cunhadas por movimentos modernos (auditar, PC, Ponte para a Liberdade Total) — o discurso religioso causa um impacto único. Você se lembra da Teoria da Performatividade? A ideia de que a linguagem não só reflete a realidade, como também é capaz de criá-la, de forma bastante ativa? A linguagem religiosa, segundo muitos estudiosos, é o tipo mais intenso de discurso performático que existe. "A linguagem religiosa geralmente 'performa' em vez de 'informar',[77] [estimulando-nos] a extravasar o melhor — ou o pior — da natureza humana", escreve Gary Eberle, no livro *Dangerous Words* [Palavras Perigosas].

Expressões religiosas causam situações que parecem incomparavelmente profundas entre seus adeptos. "Usávamos cânticos para manifestar coisas, para que elas acontecessem, para que acreditássemos nelas", diz Abbie Shaw, uma assistente social de 27 anos que já foi membro da Shambhala, uma vertente controversa do budismo tibetano, a quem conheci em uma festa em Los Angeles e acabei entrevistando alguns dias depois. "Parte da linguagem eu amava, e uso até hoje, mas outra parte causou o trauma mais bizarro que já vivi."

Pense em todos os verbos performativos que costumam surgir em cenários religiosos: abençoar, amaldiçoar, crer, confessar, perdoar, jurar, rezar. Essas palavras ativam mudanças significativas, consequenciais, de um jeito que somente a linguagem religiosa é capaz de fazer. A frase "Em nome de Deus" dá permissão ao falante de se casar, pedir o divórcio, ou até de banir alguém de seu convívio, enquanto "Em nome de Kylie Jenner" não tem o mesmo efeito (a menos que você realmente idolatre Kylie Jenner, sendo capaz de acreditar que ela tem total jurisdição sobre sua vida aqui e no além; nesse caso, eu retiro o que disse — adoraria ter te entrevistado para a escrita deste livro). Bom, você também pode dizer "Em nome de Deus" (e, com certeza, "Em nome de Kylie Jenner") de maneira não religiosa. Algumas frases das escrituras invadiram nosso cotidiano — é só lembrar das gírias com temas bíblicos como a "#abençoada". Entretanto, essas expressões assumem uma força especial, quase sobrenatural, quando são ditas em um contexto religioso, pois o falante, nesses casos, está invocando o que acredita ser a autoridade definitiva para carregar sua declaração de significado.

"A linguagem religiosa nos envolve no contexto mais amplo de todos", escreve Eberle. Vai além do domínio do ambiente de trabalho ou da política; se alguém realmente acredita naquilo, esse significado atravessa o tempo e o espaço. O autor continua: "Enquanto o grito de 'Você está fora' emitido por um árbitro de beisebol é performativo dentro do contexto do jogo, a linguagem religiosa envolve a performance não só do eu, mas de toda a existência de uma pessoa".

Há uma razão para quase todas as religiões encorajarem a oração: a linguagem fortalece a crença. Em seus estudos de bruxaria contemporânea e "cristãos carismáticos" (segundo eles mesmos),* a antropóloga psicológica Tanya Luhrmann descobriu que, se alguém quiser conhecer de verdade aquele poder superior — fazer com que a deidade pareça real —, é preciso abrir a boca e falar com ele. Segundo Luhrmann, o vocabulário teológico das bruxas e dos cristãos era bastante diferente, mas, para ambos, a repetição de rezas ou feitiços "aguçavam suas imagens mentais" da figura receptora. Se você praticar o ato de falar com uma autoridade espiritual com bastante afinco, com o tempo, acreditará que Javé, ou alienígenas soberanos, ou quem quer que seja seu interlocutor, está respondendo. Com o tempo, quando pensamentos espontâneos surgirem na sua cabeça durante essa "conversa" (algo que Luhrmann chama de "diálogo imaginário") — como, por exemplo, o rosto de alguém ou uma cena que pareça responder à pergunta que você está se fazendo —, esses pensamentos não lhe parecerão de autoria própria, mas sim diretamente de um poder superior. "As pessoas precisam de algo que faça com que o sobrenatural pareça real", Luhrmann diz, "e a linguagem faz exatamente isso."

---

* A palavra "carisma", na verdade, está conectada ao cristianismo há séculos. Ela é derivada da antiga palavra grega usada para designar "presente ou favor", e, por volta de 1600, passou a significar "dons enviados por Deus", como o ofício do ensino ou da cura. Foi só a partir de 1930 que a palavra evoluiu para ter uma conotação terrena relativa à liderança, e somente no fim da década de 1950 passou a ter um sentido mais prosaico, algo como "charme pessoal".

Para que o tremendo poder da linguagem religiosa se mantenha saudável e ético, ele deve ser restrito à "hora do ritual". Isso se refere a um domínio metafórico no qual o uso de palavras bíblicas como "pacto" ou mantras tibetanos parece totalmente apropriado. Para entrar na hora do ritual, alguma ação simbólica deve acontecer, como cantar uma música, acender uma vela, ou encaixar seus tênis da SoulCycle nos pedais da ergométrica (acredite se quiser). Rituais como esses sinalizam que estamos separando esse momento religioso do restante do nosso cotidiano. Para finalizar, geralmente também há uma ação (apagar a vela, repetir "namastê", ou desencaixar os sapatos) com o intuito de sairmos dessa hora ritualística e voltarmos à realidade do dia a dia. Há uma razão para a palavra "sacred" ("sagrado", em inglês) significar, literalmente, "separar".

> **[...] essas expressões assumem uma força especial, quase sobrenatural, quando são ditas em um contexto religioso, pois o falante, nesses casos, está invocando o que acredita ser a autoridade definitiva para carregar sua declaração de significado.**

Contudo, grupos opressivos não permitem que você saia desse momento ritualístico. Ali, não há separação, não há retorno à realidade onde você precisa conviver com pessoas que não partilham das suas crenças, onde você compreende que recitar um mantra ou citar os Dez Mandamentos no meio do almoço pode ser uma violação das regras não ditas que envolvem a vida em sociedade. Em alguns grupos destrutivos como a Cientologia, os Moonies, o Ramo Davidiano, o 3HO, The Way International (um culto fundamentalista cristão do qual falaremos depois), e muitos outros, não existe um "espaço sagrado" para essa linguagem especial. Ali, palavras como "abominação", "maldição", "vibrações baixas" ou qualquer outro vocabulário único usado pelo grupo contém esse poder todo-poderoso durante todo o tempo.

Na cultura estadunidense, a linguagem religiosa (especialmente a protestante) está em todo lugar, informando-nos de nossas escolhas mundanas mesmo que não a notemos explicitamente. Recentemente, eu me deparei com um pacote de mac n' cheese de baixo teor calórico que tinha a frase "livre de pecado" gravada no pacote. Invocar o demônio para falar de macarrão de micro-ondas pode parecer algo um tanto melodramático, mas é assim que a conversa religiosa acontece dentro da cultura dos Estados Unidos: há pecadores e santos, e estes escolhem laticínios com baixo teor de gordura.

A membrana permeável entre religião e cultura também é o que permite que tantas áreas do mercado capitalista se sintam à vontade para invocar Deus a fim de promover os próprios produtos. Especialmente a indústria de marketing multinível (uma categoria que discutiremos com mais profundidade na parte IV deste livro). Empresas de vendas diretas afiliadas ao cristianismo,[78] como a Mary Kay Cosmetics e o Thirty-One Gifts, encorajam seus funcionários dizendo que Deus está ativamente "provendo" a eles a "oportunidade" de vender maquiagem e bugigangas... Além da chance de "converter" outras pessoas para fazê-lo também. A mulher de negócios que vale bilhões de dólares, Mary Kay Ash, uma vez foi confrontada em uma entrevista sobre um de seus slogans mais famosos: "Deus em primeiro lugar, família em segundo, e Mary Kay em terceiro". Quando questionada sobre estar usando Jesus como uma estratégia de marketing,[79] ela respondeu: "Não, é ele quem está me usando".

mensagens
EXCLUSIVAS
14.

Se quiséssemos, poderíamos rechear um livro mais longo que este só com uma lista de todos os clichês terminadores de pensamento, linguagem carregada, e marcadores semânticos de "nós versus eles" que religiões cultistas ao redor do mundo utilizam para converter, condicionar e coagir seus seguidores.

Só para começar, vamos dar uma olhada na Shambhala, em que clichês terminadores de pensamento se disfarçam de sábios truísmos budistas. Em 2016, Abbie Shaw, ex-membro da Shambhala, mudou-se para a idílica comuna do grupo em Vermont para trabalhar no escritório e estudar meditação pelo que seria apenas um verão. Abbie era uma universitária recém-graduada da Califórnia, que se realocou de Nova York para conseguir um emprego em relações públicas e acabou perdendo sua vaga na república em que vivia enquanto aluna da Universidade de Santa Cruz. Tinha vinte e poucos anos de idade e estava buscando uma reinicialização espiritual. Foi quando encontrou aulas tibetanas focadas em atingir a consciência plena (*mindfulness*) e se apaixonou rapidamente pelos ensinamentos de "bondade básica" — a ideia de que todos os seres nascem completos e valorosos, mas se perdem ao longo do caminho. É por isso que a meditação existe: para que reconquistemos nossa bondade básica.

Abbie estava ávida para aprender mais, mas os retiros de meditação eram muito caros. Assim, quando um instrutor contou a ela sobre a oportunidade de passar três meses gratuitos com a Shambhala, trabalhando e vivendo em uma pequena cidade pastoral, isso lhe pareceu justamente a "jornada" que estava buscando esse tempo todo. A Shambhala tinha dúzias de centros e retiros de meditação ao redor do mundo, e Vermont era um dos maiores. Abbie mal podia esperar para deixar a cidade. Então, comprou a passagem.

Já de cara, ela sentiu um amor gigantesco pela Shambhala — a camaradagem, os ensinamentos de generosidade e aceitação... Até as árvores pareciam boas demais pra ser verdade. "Lembro de quando pousamos em Vermont. Eu nunca tinha visto tantos tons de verde antes", Abbie contou, enquanto tomávamos um café, dois anos após deixar o grupo.

A Shambhala foi fundada na década de 1970 pelo monge tibetano e guru de meditação Chögyam Trungpa.[80] Um dos principais responsáveis por trazer o budismo tibetano ao ocidente, Trungpa tinha estudado Religiões Comparadas em Oxford e conquistou uma reputação, até mesmo entre aqueles que não seguiam a Shambhala, de ser um gênio iluminado. Entre seus pupilos, contava com o poeta Allen Ginsberg, o autor John Steinbeck, David Bowie e Joni Mitchell. "Eu fico muito confusa sobre como me sentir com relação a ele, pois escreveu livros incríveis", Abbie confessa. "Ele era um mestre da linguagem. Um poeta."

> **[...] ela sentiu um amor gigantesco pela Shambhala — a camaradagem, os ensinamentos de generosidade e aceitação... Até as árvores pareciam boas demais pra ser verdade.**

No entanto, Trungpa também sofria de problemas de alcoolismo, algo que todos sabiam, mas aceitavam em silêncio. Foi, inclusive, por complicações relacionadas ao abuso de álcool que Trungpa veio a falecer, em 1987, aos 48 anos, logo após seu filho, conhecido como Sakyong, substitui-lo. Trungpa nunca tentou esconder seu vício; na verdade, ele até encontrava formas de usá-lo dentro de seus ensinamentos. As celebrações da Shambhala sempre foram notoriamente conhecidas pelo excesso de bebida e libertinagem. "No mundo budista, os Shambhalas são conhecidos como os 'festeiros'", diz Abbie, de forma ambivalente. Trungpa também leva a fama de ter dormido com muitas de suas alunas, algumas que, inclusive, se tornaram professoras de Abbie. "Não acredito que tudo tenha sido consensual", ela diz, estremecendo. "Mas todo mundo sempre justificava esses acontecidos com a frase: 'Ah, eram os anos 1970'!"

Trungpa era o núcleo da "mandala" da Shambhala. Essa era a cadeia de comando da organização: um mar de praticantes plebeus e uma hierarquia de professores acima deles. Trungpa era obcecado por hierarquias e militares, especialmente após um período passado na Inglaterra, por isso, ele acrescentou metáforas de guerra à sua retórica; seus seguidores, por exemplo, passaram a se autodenominar "guerreiros da Shambhala". Contudo, como uma pirâmide de poder é algo muito antibudista, Trungpa a disfarçou como se fosse um círculo, uma mandala, sem "topo", mas com um centro bastante acolhedor.

Se os membros do culto tivessem alguma pergunta ou preocupação, não havia como mudar de posto. Abbie se lembra de um acharya (professor altamente capacitado), próximo ao centro da mandala, um homem caucasiano e rico cuja esposa era, nas palavras de Abbie, "uma completa babaca". Sempre interessada em se aproveitar da autoridade disponível, ela se divertia em fazer com que abelhas operárias, como Abbie, realizassem tarefas degradantes, como lavar guardanapos à mão ou repetir rituais tediosos na frente dela. Todas as vezes que Abbie tentou abordar as ações da esposa do acharya com um shastri (um professor mais baixo na hierarquia), recebeu como resposta o mesmo clichê terminador de pensamento: "Por que você não tira um tempo para refletir sobre isso?".

Isso era uma imbecilização de um ensinamento-chave do budismo, que diz que devemos "tomar todas as culpas para nós mesmos". Essencialmente, isso significa que, se estiver vivenciando algo negativo, você não pode mudar o mundo, mas deve olhar para o seu interior para resolver o conflito. (Muitos gurus da Nova Era — desde Keith Raniere, do NXIVM, até guias da autoajuda, como Teal Swan — também distorciam ensinamentos parecidos para culpar os próprios seguidores pelo abuso que sofriam, alegando ser parte de um "trabalho interno" ou da "superação de medos".) "Uma grande questão filosófica dentro do budismo", Abbie continua, "com que as pessoas têm bastante dificuldade, é como desafiar a injustiça social". Como lidar com problemas externos que, claramente, não fazem parte da sua bagagem, enquanto, ao mesmo tempo, você continua seguindo os princípios budistas? "Há várias respostas interessantes", diz Abbie, "mas, na Shambhala, não nos deram nenhuma." Em Vermont, a "solução" apresentada era sempre a mesma: "Por que você não tira um tempo para refletir sobre isso?".

O uso da linguagem cultista dentro da Shambhala era manipuladora de uma forma estranhamente passiva... totalmente diferente da Cientologia, cujo fundador era avesso às sutilezas. L. Ron Hubbard começou sua carreira menos como líder espiritual e mais como um entusiasta da ficção científica que levou seus fãs longe demais. Hubbard era obcecado por obras de fantasia espacial[81] e George Orwell, e escreveu centenas de contos de ficção científica que posteriormente viriam a servir como precursores dos textos da Cientologia. No estilo das conlangs ("linguagens construídas"), como as línguas da Terra Média criadas por J.R.R. Tolkien, Hubbard publicou não só um, mas dois dicionários da Cientologia: o Technical Dictionary [Dicionário Técnico] e o Admin Dictionary [Dicionário do Administrador]. Juntos, esses volumes contêm mais de 3 mil verbetes. Você consegue encontrar partes do *Technical Dictionary* on-line[82] e ficar até vesgo enquanto faz uma leitura dinâmica dos verbetes de A até X. Hubbard encheu esses livros com palavras comuns do inglês ("dinâmica", "auditar", "clareza" etc.) carregadas de novos significados específicos da Cientologia, além de alguns neologismos — "dianética" e "thetans", por exemplo, são alguns dos mais utilizados.

Hubbard também gostava dos jargões técnicos de campos como a psicologia e a engenharia de softwares, então adulterou e redefiniu dezenas de termos técnicos para criar a impressão de que o sistema de crenças da Cientologia tinha se originado realmente na ciência. A palavra "valência", por exemplo, que possui diversas definições dentro da linguística, da química e da matemática, costuma se referir ao valor de alguma coisa. Contudo, na Cientologia, "valência" significa ser possuído por um espírito maligno ou ter uma má personalidade, como na frase: "Você com certeza imita a valência de uma pessoa supressiva muito bem". Para um neuropsicólogo, um "engrama" é uma mudança hipotética no cérebro que está relacionada com o armazenamento da memória, mas, para um cientologista, é uma imagem mental que foi gravada após um episódio doloroso do passado inconsciente de PCs (pessoas que ainda não atingiram um estado de clareza). Os engramas ficam armazenados na mente reativa e exigem audição se a PC tem alguma esperança de atingir a clareza. (Se você for capaz de entender a frase, então mazel tov!, você está no caminho de se tornar fluente em Cientologia.)

O mundo linguístico criado por Hubbard soava tão legítimo — tão inspirador e detalhado — que estimulou uma série de líderes de seitas a imitá-lo.[83] O fundador do NXIVM, Keith Raniere, roubou vários termos da Cientologia, como "supressivo", "tecnologia espiritual" e "cursos", além de acrônimos ilusórios e pseudoacadêmicos, como EM (ES, em português, "exploração de significado", a versão da NXIVM da audição) e DOS (*Dominus Obsequious Sororium*, "Sororidade Submissa Dominante", em latim, um clube secreto exclusivamente feminino dentro da NXIVM composto de "mestres" e "escravizadas", vítimas de exploração sexual). Como na Cientologia, Raniere sabia que seus seguidores estavam ali motivados pelo desejo de uma sabedoria exclusiva e erudita; sua falsificação da língua de Hubbard o ajudou a explorar esse aspecto.*

---

* A Raniere, contudo, faltava a visão astuta de Hubbard, uma vez que foi acusado de extorsão e tráfico sexual antes que pudesse construir um império que se equiparasse ao da Cientologia. Em 2018, Jeff Trexler, advogado e estudioso de religiões, falou à *Vanity Fair*: "Nem todos [os aspirantes à liderança de cultos] têm o mesmo nível de talento de L. Ron Hubbard... [Ele] era um mestre". Menos um "movimento espiritual" e mais um esquema de pirâmide falido, o NXIVM, brincou Trexler, era como um "Amway do sexo". (Embora eu discorde e ache necessário dizer que Amway, o gigante do marketing multinível, é uma ameaça maior à sociedade do que o NXIVM jamais foi. Falaremos mais sobre isso na parte IV deste livro.)

Na linha do novofalar, Hubbard se apropriou de dúzias de palavras comuns que apresentam uma variedade de significados e as reduziu a apenas uma definição incontestável dentro da Cientologia.[84] A palavra "clear", em inglês, por exemplo, pode ter mais de trinta significados diferentes ("fácil de entender", "vazio ou desobstruído", "livre de culpa", "livre de espinhas" etc.), mas na Cientologia ela tem apenas uma definição: "alguém que tenha terminado o Curso de Clareza". Utilizá-la em qualquer outro contexto significaria uma falta de entendimento dos textos de Hubbard. O que, inclusive, poderia ser considerado uma Fonte Potencial de Problemas, uma ameaça à igreja, algo que deveria ser evitado a qualquer custo.

O mundo linguístico criado por Hubbard soava tão legítimo — tão inspirador e detalhado — que estimulou uma série de líderes de seitas a imitá-lo.

A Cientologia sabe que não tem poder sem o seu cultês, mas é justamente essa linguagem que torna o grupo uma seita perigosa. Então, para se manter o mais protegida e clandestina possível, a igreja mantém os direitos autorais de seus textos, terminologias, nomes, e até mesmo símbolos, em rédea curta. De maneira infame e litigiosa, a Cientologia costuma enterrar infratores e não participantes que comentam ou satirizam sua linguagem publicamente (opa!) debaixo de ações judiciais sem fundamento e ameaças metafísicas, como, por exemplo, dizer que expor ouvidos pouco treinados a assuntos como Xenu e outros conceitos da Cientologia trarão "danos espirituais devastadores e cataclísmicos".

Em minha conversa com Cathy ao telefone, disse não me lembrar do Senhor do Terno Azul falando sobre monarcas galácticos do mal ou thetans durante minha experiência com a Cientologia naquele verão em Los Angeles. "Bem, mas é claro que não", ela retrucou. "Eles não começam falando dessas coisas. Se fosse assim, eles te perderiam logo no início. Se tivessem falado sobre alienígenas no meu primeiro momento ali, eu teria desistido na hora, o que teria me ajudado a poupar muito dinheiro." Por essa razão, os cursos introdutórios à Cientologia — Superando os Altos e Baixos da Vida, Comunicação — são todos muito abrangentes e ministrados em uma linguagem acessível. Para que você se acostume com a ideologia, o vernáculo deve ser introduzido aos pouquinhos.

"No início, eles apenas encurtam algumas palavras", diz Cathy. De fato, o léxico da Cientologia é repleto de acrônimos e abreviações internas.[85] Se uma palavra pode ser encurtada, ela será: rec (reconhecimento), cog (cognição), inval (invalidação), aval (avaliação), sup (supervisor), R-factor (fator da realidade), tec (tecnologia), seg (segurança), E-metro (eletropsicômetro), OSA e RPF (partes da organização, Gabinete de Assuntos Especiais e Projeto de Reabilitação), TR-L e TR-I (treinamentos), PC (pessoa que ainda não atingiu o estado de clareza), PS (pessoa supressiva), FPP (Fonte Potencial de Problemas) e assim por diante, *ad nauseam*.

Passe dez ou vinte anos ligado à igreja e seu vocabulário será completamente substituído pelo "Hubbardês". Veja só esse diálogo, um exemplo de uma conversa totalmente plausível entre cientologistas[86] que foi criada por Margery Wakefield para seu livro, publicado em 1991, *Understanding Scientology* [Entendendo a Cientologia]. As traduções (que fiz pensando em você) estão entre colchetes.

> *Dois cientologistas se encontram na rua.*
>
> *"Como cê tá?", um pergunta ao outro.*
>
> *"Bom, pra falar a verdade, tenho estado meio rudi [rudimentar: cansado, faminto ou chateado] por causa de um PTP [problema do tempo presente] com a minha segunda dinâmica [parceira romântica]. Acontece que uma carga ultrapassada[87] [antiga energia negativa que ressurgiu], relacionada ao meu MEET [Massa, Energia, Espaço e Tempo, algo do universo físico], surgiu no apartamento dela. Quando me mudei, nós tivemos um R-factor [fator de realidade, uma conversa complicada] e pensei que estivéssemos em ARC [afinidade, realidade e comunicação: um ótimo estado] sobre isso, mas, ultimamente, ela tem se tornado meio FPP [fonte potencial de problemas], então recomendei que visse o MAA [um agente do SEA-Org] na OA [Organização Avançada] para se livrar de alguma carga [se livrar de energia engrama] e retomar a própria ética [se recompor, porra!]. Ele a revisou [avaliação de auditoria] até AF [agulha flutuante, sinal de uma audição completa] e obteve OI [ótimos indicadores], mas ela é uma montanha-russa [um caso de melhoras e pioras], então acredito que existia uma PS [pessoa supressiva] nas linhas dela [medidas de audição e treinamento]. Tentei auditá-la eu mesmo, mas a agulha dela estava suja [leitura irregular no E-Metro]... Ela estava agindo de um jeito muito I.I [secretamente hostil], por isso eu a enviei, por último, ao Qual [Divisão de Qualificação] para localizar o theta presente nas linhas dela [algo que pode acontecer se você consumir muita opinião pública negativa]. Tirando isso, tá tudo bem...*

No começo, aprender essa terminologia privada faz com que seus falantes se sintam... bem, *maneiros*. "No início, era muito divertido... ou 'theta', como dizem", conta Cathy, usando a gíria da Cientologia para "incrível". Quem não ama uma língua secreta? "Faz com que você se sinta superior, não só porque usava todas essas palavras que outras pessoas não usavam, mas também porque precisou trabalhar duro para compreendê-las."

Usar a linguagem para encher seus seguidores com um senso de falso elitismo não é algo exclusivo dos líderes religiosos; já notei uma retórica similar de "nós versus eles" em áreas mais cultas da minha própria vida. Trabalhei como escritora em uma exclusiva revista on-line de moda por alguns anos, e uma das primeiras coisas que notei sobre meus refinados novos colegas era como falavam quase totalmente por meio de abreviações indecifráveis (ou "abrevs", como eles diziam). Chegaram, inclusive, ao ponto de inventar abreviações que levavam exatamente o mesmo tempo para enunciar que as palavras completas (por exemplo, sempre que se referiam a um site chamado "The Ritual" optavam por "T. Ritual"), apenas por soar mais exclusivo — mais difícil de ser compreendido por "gente careta". Para mim, ficou muito claro que essa linguagem servia como um sistema de detecção para diferenciar membros de não membros. Mas não só isso; também era uma forma de ganhar controle, de persuadir subalternos a aprenderem o dialeto, a serem conformistas, algo que, devo dizer, faziam de muita boa vontade, na esperança de serem "escolhidos" para oportunidades especiais ou receberem uma promoção.

Na Cientologia, era difícil enxergar como alguns acrônimos divertidos podiam causar tanto mal. Porém, sob a superfície, esses encurtamentos de palavras estavam trabalhando deliberadamente para dificultar o entendimento. Em qualquer campo profissional, o jargão especializado é necessário para a troca de informações ser realizada de maneira sucinta e específica; ele torna a comunicação mais clara. Contudo, em uma atmosfera cultista, o jargão faz exatamente o oposto: torna os falantes confusos e intelectualmente deficientes. Assim, tornam-se mais obedientes.

Essa confusão faz parte do truque. Sentir-se tão desorientado a ponto de duvidar da língua que tem falado por toda a vida pode ocasionar um comprometimento ainda maior com aquele líder carismático que promete mostrar o verdadeiro caminho. "Queremos dar sentido à realidade e, para isso, usamos palavras que expliquem o que está acontecendo", argumenta Steven Hassan. É muito estressante ter seus meios narrativos ameaçados. É natural do ser humano sentir aversão ao experienciar altos níveis de conflito interno. Em estados de confusão, é comum nos voltarmos a figuras de autoridade para que elas nos digam o que é verdade e o que precisamos fazer para nos sentirmos seguros.

Quando a linguagem usada faz com que você questione suas próprias percepções, seja no trabalho ou na igreja, isso é uma forma de gaslighting. Deparei-me com esse termo pela primeira vez inserido em um contexto de relacionamento romântico abusivo, mas ele também aparece em relacionamentos de larga escala, como entre chefes e seus funcionários, políticos e seus apoiadores, líderes espirituais e seus devotos. No geral, o gaslighting é uma forma de manipular alguém (ou um grupo de pessoas) psicologicamente até que essa pessoa duvide de sua própria realidade, como forma de ganhar e manter o controle. Os psicólogos concordam que, embora os praticantes de gaslighting pareçam muito autoconfiantes, são geralmente motivados por uma insegurança extrema — uma inabilidade de autorregular os próprios pensamentos e emoções. Muitas vezes nem eles têm 100% de consciência de que o que estão fazendo é manipulação. Em cenários cultistas, contudo, esse é um método deliberado de minar os fundamentos da verdade para que os seguidores passem a depender completamente do líder para dizer no que devem acreditar.

> **Muitas vezes nem eles [os praticantes de gaslighting] têm 100% de consciência de que o que estão fazendo é manipulação. Em cenários cultistas, contudo, esse é um método deliberado de minar os fundamentos da verdade para que os seguidores passem a depender completamente do líder para dizer no que devem acreditar.**

O termo "gaslight" surgiu de uma peça britânica homônima de 1938,* na qual um marido abusivo tenta convencer sua esposa de que ela enlouqueceu. Ele faz isso, em parte, diminuindo a chama dos lampiões a gás da casa e insistindo que a esposa está imaginando coisas sempre que ela aponta a mudança de iluminação. Desde a década de 1960, o termo vem sendo usado em conversas cotidianas para descrever as tentativas de uma pessoa de manipular outra a ponto de que ela desconfie de suas próprias experiências — ainda que

---

* Alguns anos mais tarde, em 1944, George Cukor lançou o filme *À Meia-Luz* adaptando a peça. O filme conta com Ingrid Bergman, Charles Boyer e Joseph Cotten no elenco. [NT]

sejam completamente válidas.* "O gaslighting muitas vezes acontece quando o falante utiliza palavras que as pessoas não conseguem compreender inteiramente", explica a socióloga Eileen Barker. "Elas ficam confusas, sentem-se tolas. Essas palavras, às vezes, podem significar o exato oposto do que você acredita significarem. Muitos grupos satânicos escolhem esse método, em que o mal significa bem e o bem significa mal." A linguagem carregada e os clichês terminadores de pensamento (como a máxima da Shambhala "por que você não tira um tempo para refletir sobre isso") estimulam os seguidores a desconsiderarem os próprios instintos. "As palavras", diz Barker, "podem te fazer perder a direção de onde está."

Na Cientologia, a forma mais exótica de gaslighting, sem dúvidas, está presente em um processo chamado Esclarecimento de Palavras ("Word Clearing"). Quando li sobre esse exercício desorientador pela primeira vez eu não podia acreditar no que estava vendo. Nele, o seguidor deve se livrar de todo vocabulário que a igreja considera "incompreendido", ou palavras MU (em inglês, "misunderstood"). "De acordo com a doutrina da igreja, a razão pela qual vocês estão lendo este ensaio, em vez de estarem fazendo um curso de Cientologia neste exato minuto, é porque têm muitos MUS", escreve o ex-cientologista Mike Rinder em seu blog.[88] "A técnica de L. Ron Hubbard é infalível e não deve ser questionada — tudo o que ele escreveu é fácil de compreender e faz todo o sentido. Se algo não consegue ser assimilado, é porque essa pessoa tem muitas MUS."

Sempre que estiver lendo um texto da Cientologia, durante um curso ou uma sessão de audição, o membro deve demonstrar que compreende completamente cada palavra do texto segundo os padrões da igreja. Ele deve fazer isso ao ter em mãos um dicionário de Cientologia pré-aprovado (eles endossam o uso de algumas editoras) e procurar o significado de cada MU que encontrar. Se novas MUS aparecerem nessa entrada, a pessoa deve procurá-las também — um processo horroroso chamado de "cadeia de palavras" — antes de continuar a leitura. Desde o termo mais obscuro e polissilábico até a menor preposição

---

* Embora, especialmente nas redes sociais, esse termo esteja sendo usado aleatoriamente (para, vamos ser sinceros, exagerar meras falhas comunicativas, nas quais absolutamente nenhuma manipulação foi realizada), o que é uma pena, pois o verdadeiro significado dessa palavra é específico e muito útil.

possível,* todas as palavras devem ser "esclarecidas". Se você procurar por uma MU e ainda assim não conseguir esclarecê-la, é preciso procurar sua derivação, usá-la em uma frase, e então esculpir uma demonstração física dessa expressão usando massinha de modelar. Esses passos exaustivos são todos parte da metodologia de ensino de Hubbard, a Tecnologia de Estudo.

Como um auditor decide que você não compreendeu uma palavra como deveria? Sinais reveladores podem incluir demonstração de desinteresse e fadiga (bocejar, talvez) ou, definitivamente, contestar algo que tenha lido. Uma vez, Cathy mergulhou no pesadelo do Esclarecimento de Palavras enquanto lia um livro chamado *Science of Survival* [Ciência da Sobrevivência]. Nele, havia um capítulo condenando a homossexualidade. "Eu fiquei tipo: 'Não entendi isso', então eles me fizeram 'esclarecer' cada palavra, até que, por fim, fui enviada para o Conselho de Ética por ter discordado", ela relembra. Todo o processo foi muito caro e contraproducente. "Você consegue imaginar?", ela continua, "Você está em um curso, que frequenta uma ou duas noites por semana, e então fica preso em uma palavra, que leva três horas para 'esclarecer'? Chega um momento em que você simplesmente não quer mais questionar. Você fica tipo: 'Só continua, vai'. Você só concorda."

---

* Aliás, a Cientologia oferece um curso de nível superior intitulado — com grande extravagância — Chave para a Vida, no qual você deve aprender a "esclarecer" toda a gramática básica (conjunções, determinantes, letras únicas). "Você já se imaginou tendo que procurar a palavra 'de' no dicionário?", perguntou Cathy. (Como linguista, eu poderia, claro, embora jamais o fizesse nos termos da Cientologia.) Alguém que se forma na Chave para a Vida recebe todo o prestígio do mundo, afinal, investiu incontáveis horas de tédio para a igreja.

glossolalia
RELIGIOSA

15.

Pessoalmente, sempre que penso em cultês religioso, não são os acrônimos excêntricos, os mantras ou o Esclarecimento de Palavras que me vêm à mente. Só consigo pensar em uma coisa: falar em línguas.

Essa prática tem me assombrado, tornando-me desesperadamente curiosa para entendê-la desde os 14 anos, quando assisti ao documentário *Jesus Camp* pela primeira vez. Filmado na Dakota do Norte, *Jesus Camp* retrata um acampamento pentecostal de verão no qual criancinhas aprendem como "devolver a América para Cristo". No final de 2006, meus pais alugaram o DVD, e eu o assisti duas vezes, do começo ao fim, observando aquela tragédia feito louca, só para ter certeza de que não tinha alucinado com adultos pregando sobre o mal da teoria evolucionista, da escola pública, de Harry Potter, da homossexualidade e do aborto para crianças que mal tinham idade para aprender a ler. Em uma cena, um pastor suado de meia-idade repete uma citação retirada do livro do Dr. Seuss, *Horton e o Mundo dos Quem!* — "Uma pessoa é uma pessoa, não importa o seu tamanho" —, para realizar um sermão antiaborto de tamanha intensidade emocional que leva alguns dos jovens campistas às lágrimas. O pastor então convida as crianças a se unirem a ele em um canto proferido aos urros: "Jesus, suplico que cubra meus pecados e os pecados de minha nação com o seu sangue. Deus, acabe com o aborto e envie o renascimento à América". Na sequência, ele os incita a exigir que Deus crie juízes justos para derrubar Roe versus Wade.* As crianças se amontoam ao redor do pastor, berrando

---

* O Caso Roe versus Wade (1973) é o caso judicial estadunidense que deu início à legalização do aborto no país. [NT]

"Juízes justos! Juízes justos!", e o homem cola uma fita vermelha sobre as bocas delas, na qual está rabiscada a palavra "Vida". As crianças então suspendem suas mãozinhas para o ar, com as palmas viradas para cima, suplicando.

Enquanto tudo isso era estranhamente cativante para a minha versão de 14 anos de idade, minha parte favorita do filme, de longe, era quando as crianças falavam em línguas. Estudiosos tendem a usar o termo "glossolalia" para descrever essa prática, na qual uma pessoa emite sons ininteligíveis que parecem palavras de alguma língua estrangeira em momentos de transe religioso. A glossolalia é mais comumente encontrada em certas seitas do cristianismo, como o pentecostalismo e grupos religiosos mais controversos e à margem da sociedade, como o The Way International.

Entre os crentes, a glossolalia é tida como um dom celestial. Eles acreditam que as "palavras" que saem da boca do falante são de origem angelical ou uma linguagem antiga e sagrada, podendo, inclusive, ser "traduzida" por alguém, pois a interpretação é outro dom à parte. "O mais interessante é a reação da pessoa falando em línguas com o intuito de ser traduzida; às vezes é possível notar que elas não estão gostando do que o tradutor está dizendo, mas continuam com a performance mesmo assim", comenta Paul de Lacy, um linguista da Universidade de Rutgers e um dos únicos estudiosos modernos de glossolalia no mundo.

O que pesquisadores como De Lacy descobriram é que a glossolalia produzida pelos falantes não é de todo estrangeira. Elas não são palavras que você encontraria em um dicionário, mas tendem a seguir as mesmas regras fonéticas e fonológicas da língua nativa de seu orador. Sendo assim, você dificilmente escutaria um glossolalista anglófono começar uma palavra com o encontro consonantal /dl/, uma vez que este som não existe em inglês (embora possa, claro, ser encontrado em outras línguas, como o hebraico). Você também jamais ouviria um búlgaro glossolalista usar o /r/ rótico americano. E, por fim, alguém nascido em Yorkshire não abandonaria repentinamente as características melódicas únicas de seu inglês do Norte enquanto estivesse falando em línguas.

A glossolalia é uma prática baseada na fé, então é impossível explicar exatamente, por meio de uma base científica, o que ela é. Porém, o que ela faz é muito claro. "A função primária da glossolalia é conseguir a solidariedade do grupo", explica De Lacy. "A pessoa está demonstrando ser parte do grupo." Estudos científicos dizem que falar em línguas faz com que a pessoa se sinta bem — é o equivalente linguístico a chacoalhar o corpo todo a fim de relaxar. Um artigo de 2011, publicado no *American Journal of Human Biology*, desvendou que a glossolalia estava associada à redução do cortisol e à elevação da atividade da enzima alfa-amilase, dois sinais típicos de diminuição do estresse.[89]

Descobriu-se também que a glossolalia diminui o grau de inibição e aumenta a autoconfiança, um efeito colateral também do canto religioso. (Um pequeno estudo de 2019, feito em Hong Kong, descobriu que, quando comparado aos momentos de descanso e de canto não religioso, o mantra budista gerava determinada atividade cerebral e no coração que poderia ser associada à diminuição do constrangimento e a sentimentos de felicidade transcendental.)[90]

Na teoria, não há nada tecnicamente perigoso sobre a glossolalia, mas na prática ela tem um lado sinistro. Na década de 1970, John P. Kildahl, psicólogo e autor de *The Psychology of Speaking in Tongues* [A Psicologia do Falar em Línguas], observou que a glossolalia parecia provocar um aumento na intensidade da fé.[91] Isso era especialmente verdadeiro quando alguém passava a falar em línguas pela primeira vez após um período de intenso trauma pessoal (algo que Kildahl descobriu ser quase sempre o caso). Sempre que o episódio de glossolalia ocorria após uma mudança devastadora de vida, eles criavam certa dependência com o que tinham experienciado. "Como se fosse a razão para existirem", diz Kildahl. Ou seja, a glossolalia pode provocar uma conversão muito potente.

Entre os crentes, a glossolalia é tida como um dom celestial. Eles acreditam que as "palavras" que saem da boca do falante são de origem angelical ou uma linguagem antiga e sagrada, podendo, inclusive, ser "traduzida" por alguém, pois a interpretação é outro dom à parte.

Falar em línguas pode tornar alguém mais suscetível por diversas razões. Christopher Lynn, autor de um estudo publicado no *American Journal of Human Biology*, determinou que a glossolalia é basicamente uma forma de dissociação,[92] um estado psicológico no qual áreas da sua consciência estão separadas. Durante a dissociação, os comportamentos ou experiências de uma pessoa parecem acontecer por si sós, fora do controle, como se estivessem em um transe. O que os estudiosos costumam classificar como dissociação está em um amplo espectro, podendo significar desde casos de transtorno dissociativo de personalidade, sentimentos de desligamento (como procurar seu telefone pela casa toda quando ele esteve o tempo todo na sua mão), até entrar em transe ao olhar para uma fogueira. Porém, a dissociação também pode se apresentar como autoilusão, quando o que surge na consciência parece real mesmo que as evidências digam o contrário. Sob a pressão de um líder mal-intencionado, a glossolalia pode comprometer a habilidade de um falante de desemaranhar essa experiência metafísica avassaladora que parece estar vivendo sob a influência do guru.

No fim das contas, a glossolalia é um poderoso instrumento emocional — a forma definitiva da linguagem carregada —, e algumas autoridades religiosas tiram vantagem disso, sem sombra de dúvidas. The Way International, um grupo evangélico violento e controlador, é famoso por ensinar seus membros que todo verdadeiro crente é capaz de (e, aliás, deveria) falar em línguas, já que essa é a "única prova visível e audível do renascimento de alguém". Uma ex-seguidora da igreja, que deseja permanecer anônima, relembra uma experiência traumática de glossolalia ocorrida em sua infância para o blog Yes and Yes: "Quando eu tinha 12 anos, foi exigido que eu... falasse em línguas na frente de todo mundo,[93] mas eu era tão tímida que não consegui", ela diz, "então o homem que estava apresentando a aula... aproximou o rosto dele do meu e essencialmente praticou bullying comigo até me forçar a falar em línguas". Os pais da garota assistiram à interação do outro lado da sala, entorpecidos pela dissonância cognitiva. "Eu estava chorando", ela continuou, "e o homem estava a poucos centímetros do meu rosto... usando a linguagem do amor do jeito mais agressivo e assustador possível."

Imagine que você seja sobrevivente do The Way International, ou então uma das crianças retratadas em Jesus Camp, alguém que tenha crescido em um ambiente religioso opressivo cuja única linguagem que conhece é a dessa seita. É de se esperar que esses jovens estejam condenados; se a "lavagem cerebral" fosse real para todo mundo, ela certamente o seria para crianças impressionáveis. Contudo, a verdade é que ainda é bastante possível desenvolver um senso de dúvida, mesmo quando se é muito jovem e não se possui o acesso ou a permissão para tal.

Veja só Flor Edwards. Ela é uma escritora na faixa dos trinta anos de idade, criada em um dos cultos cristãos de fim do mundo mais notórios da história moderna, o Meninos de Deus, sobre o qual escreveu em seu livro de memórias, Apocalypse Child [Criança do Apocalipse]. O grupo foi fundado na Califórnia em 1968, sendo depois renomeado como The Family International (por questões de "branding"). O líder, David Berg, conhecido como Pai David, ordenou que seus seguidores se mudassem para países subdesenvolvidos, alegando que as nações ocidentais seriam "as primeiras a queimarem no fogo do inferno". Junto com os pais e seus onze irmãos, Flor passou a maior parte dos anos 1980[94] — a maior parte de sua infância — na Tailândia.

O Meninos de Deus é provavelmente mais conhecido por sua problemática mistura de cristianismo, amor e sexo. Como parte de seu dogma, Berg decretou que qualquer seguidor adulto do sexo masculino tinha permissão de fazer sexo com quem quisesse, inclusive meninas menores de idade, uma regra que ele, eufemisticamente, batizou de "Lei do Amor". O Meninos de Deus também era considerado infame por uma prática exclusiva chamada "isca romântica". A expressão em inglês — "flirty fishing" — é aliterativa e soa quase inocente, poderia ser o nome de um joguinho de celular, mas era um mandato no qual membros do sexo feminino deveriam aliciar homens para a causa ao seduzi-los com sexo.

No fim das contas, a glossolalia é um poderoso instrumento emocional — a forma definitiva da linguagem carregada —, e algumas autoridades religiosas tiram vantagem disso, sem sombra de dúvidas.

"Atualmente, a mídia se refere à prática como 'prostituição em nome de Jesus'", diz Flor durante nossa entrevista, soando levemente irritada. "Há um versículo na Bíblia que diz: 'Sigam-me e eu os farei pescadores de homens'. Acredito que seja quando Jesus diz a seus discípulos para largarem suas redes e segui-lo." Mas Berg, que se considerava um intérprete profético, decidiu que aquele versículo significava que as mulheres deveriam sair e usar os próprios corpos para "pescar homens". Na seita Meninos de Deus, o slogan mais popular era: "Deus é amor, amor é sexo".

Essa sobreposição de lascívia e religiosidade parecia radical demais até para o bando hippie de Berg. "Ele xingava e praguejava. Era muito informal. Não tinha nada de *Oh, meus queridos seguidores, gostaria de tirar um momento para me referir a blá-blá-blá*", descreve Flor. O anticapitalismo inflexível de Berg e sua posição anti-igreja repercutiram em muitos simpatizantes da década de 1970, que admiravam sua filosofia de que o cristianismo precisava de uma transformação — a ideia de que uma nova igreja precisava substituir a antiga. "Assim como uma velha esposa precisa ser substituída por uma mais jovem", Flor repassa. "Ele literalmente dizia que éramos as novas noivas jovens e sexys de Jesus."

Foi nessa atmosfera linguística que Flor cresceu e, mesmo assim, ainda foi capaz de resistir a ela — ao menos dentro da própria cabeça. "Eu nasci dentro do Meninos de Deus, mas uma parte de mim sempre sentiu desconfiança, embora eu nunca pudesse verbalizar isso", ela diz. E de onde veio essa sensação? "Meus instintos", ela conta. "Às vezes era uma questão de lógica, tipo: 'Peraí, você tá falando isso, mas então, por que fazemos outra coisa? Por que precisamos nos esconder o tempo todo? Por que precisamos fingir que frequentamos a escola?'. Mas a questão maior era meu instinto de proteção direcionado aos meus irmãos. Sempre que os via sendo tratados de uma determinada forma, eu só sabia que aquilo não era certo. Você não deveria ser castigado aos seis meses de idade. Você não deveria ser treinada para se tornar 'uma das prostitutas de Jesus' sendo tão jovem. Mesmo que não seja esse o nome que tenham escolhido usar."

Então, por mais que seja verdade que nem todo mundo que permanece em uma religião abusiva é problemático ou pouco inteligente, também é igualmente verdade que estar mergulhado até as orelhas nesse tipo de dilema cultista não acontece com "todo mundo". Na parte IV deste livro, aprenderemos mais sobre por que algumas pessoas têm "instintos" como os de Flor, e por que outras não têm.

PALAVRAS
de (in)segurança
16.

Já ouvi a frase "nerds sexuais" sendo usada para descrever pessoas com alguns fetiches — em pés, em usar chicotes, esse tipo de coisa. Essa galera recebe a denominação de "nerds" por estarem experimentando alguns lados da cultura sexual que não são considerados convencionais ou glamorosos. Analogamente, gosto de pensar que alguns tipos religiosos cultistas seriam os nossos "nerds espirituais". É gente que fica obcecada por teorias teológicas de nicho — coisas em que a maioria das pessoas jamais vai botar o olho —, que parte em jornadas vitalícias para buscar um acerto de contas com o propósito da vida, estando totalmente disposta em sair da caixinha para encontrá-lo. "Eu sempre tive muita curiosidade sobre aqueles que vivem à margem da sociedade", conta Abbie Shaw, ex-membro da Shambhala. "Cresci em uma família privilegiada, frequentando uma sinagoga tradicional, vivendo em uma cidade grande. Agora, sou uma budista e trabalho no Skid Row."*

Não há nada inerentemente errado com a "nerdice" espiritual. Explorar diferentes sistemas de crenças, questionar tudo o que aprende na escola dominical, tomar as próprias decisões... Em graus diversos, a maioria dos jovens do século XXI está empenhada em fazer essas coisas. Como diz Abbie: "Antes de encontrar o Shambhala, eu já estava procurando há muito tempo. Então, compareci ao encontro e pensei: 'Vamos só ver onde isso vai me levar'". No entanto, Abbie ainda luta com o fato de ter depositado tamanha fé cega em seus professores. Às vezes, ela recorda um mantra que precisava recitar diariamente,

---

* Um bairro de Los Angeles no qual há a maior concentração de moradores sem-teto dos Estados Unidos. A ONU, inclusive, já chegou a comparar o distrito a um campo de refugiados. [NT]

chamado "Súplica da longevidade de Sakyong".[95] Esse canto reforçava a devoção infindável dos seguidores ao seu líder, o sucessor de Trungpa, suplicando a Buddha para que prolongasse sua vida. Abbie sempre teve sentimentos conflitantes sobre Sakyong, e se ofendia com sua obrigação ritualística de exaltá-lo. Ao mesmo tempo, ela amava sua comunidade o suficiente para torcer pelo melhor e seguir o fluxo. Olhando para trás, Abbie se sente incomodada de notar o quanto de sua confiança foi sugada pelo culto: "Não era para ter tomado dois anos da minha vida", ela confessa.

Quando está experimentando diferentes fés e crenças, precisa haver espaço para fazer perguntas, expressar suas apreensões e buscar por informação externa, tanto no começo quanto no meio de sua afiliação.

Ainda dentro da metáfora do fetiche, só existe uma maneira de ter uma experiência construtiva, não traumatizante, usando chicotes e praticando bondage, e é por meio de um misterioso componente-chave: consentimento. Você precisa ter uma palavra de segurança para que seu parceiro saiba exatamente quando você quer parar. A prática fetichista não funciona sem isso. Metaforicamente, você também precisaria de uma palavra de segurança na prática religiosa. Quando está experimentando diferentes fés e crenças, precisa haver espaço para fazer perguntas, expressar suas apreensões e buscar por informação externa, tanto no começo quanto no meio de sua afiliação. "Devemos nos lembrar de uma coisa muito importante: se algo for legítimo, ele sobreviverá a um exame minucioso", diz Steven Hassan.

Em 2018, Abbie já tinha decidido que deixaria o Shambhala quando uma notícia bombástica surgiu. Naquele verão, o *New York Times* publicou uma série de reportagens lamentáveis[96] acusando o Sakyong de assédio sexual. Um grupo de ex-seguidoras do Shambhala se uniu para trazer à mídia testemunhos de abusos não só sobre o Sakyong, mas também sobre alguns dos professores de alto escalão. Nesse momento da conversa, Abbie soltou um suspiro melancólico: "Foi surreal assistir ao desmoronar de toda uma comunidade".

Logo após a controvérsia, ela foi embora sorrateiramente de Vermont. Diferente da Cientologia dentro do *continuum* de influência, a saída de Abbie da Shambhala não ameaçou sua integridade física ou dizimou sua vida; de certa forma, a partida pareceu até anticlimática, como um balão que vai murchando e caindo, lentamente, dos céus até chegar ao chão. Desde então, ela se mudou para Los Angeles para conseguir seu mestrado em serviço social, e agora pratica uma forma menos hierárquica de budismo. Abbie participa de alguns grupos de meditação e depois retorna para o apartamento que divide com outras três colegas ("Assim mantenho a impressão de viver em comunidade", ri.). Ela tem um minialtar em seu quarto e, às vezes, relembra ensinamentos que aprendeu em Vermont. "Tento me lembrar das coisas que gostava e deixar o resto para lá", ela diz. "Ainda estou tentando descobrir o que fazer com tudo o que me aconteceu."

Cathy Schenkelberg também continua se arriscando com a espiritualidade alternativa, mantendo uma distância saudável da Cientologia e de todas as suas antigas relações daquela época. Depois de sair da organização, ela precisou substituir todas as pessoas de seu convívio — os amigos, o agente, o gerente, o contador, o dentista, o quiroprata —, porque todos estavam na igreja. Contudo, às vezes, quando menos espera, Cathy ouve por acaso algum termo da Cientologia, e as pontadas de paranoia que sentiu por tantos anos repentinamente crepitam por todo o seu sistema nervoso. "Eu tenho uma reação visceral sempre que escuto ex-membros usando a terminologia da Cientologia. É como se eu sofresse de Transtorno de Estresse Pós-Traumático", ela confessa. "Eu digo: 'Com todo o respeito, você poderia, por favor, não usar linguagem da Cientologia? Me incomoda'. Aqui, vou usar uma palavra: me deixa *enturbulada*."

Mani, minha antiga confreira da Cientologia, e eu nunca mais nos encontramos desde o nosso "sequestro" para respondermos a um teste de personalidade, cerca de dez anos atrás. Entretanto, eu a procurei assim que comecei a escrever este capítulo. Ela ainda vive em Los Angeles e ainda está atuando. Percebi que nunca tinha perguntado o ponto de vista dela sobre os eventos daquele dia. Tive medo, inclusive, que minha amígdala cerebral tivesse transformado essa memória em uma caricatura e que Mani tivesse se esquecido dela há muito tempo. "Você ainda pensa sobre aquela experiência?", enviei a ela, por mensagem de texto. A resposta chegou rapidamente, em Caps Lock: "O TEMPO TODO".

Minha lembrança mais cristalizada daquela provação foi a calma e a resistência inexplicáveis de Mani. Ela seguiu adiante naquela situação, alegremente, por horas, totalmente comprometida, realizando a performance teatral de sua vida — enquanto eu, a estraga-prazeres, implorava para ir embora.

Mas Mani se lembra de estar bastante angustiada. "Eu me lembro de terem nos mantidos separadas", ela respondeu, por mensagem. "Também lembro de uma mulher me dizer (com severidade) que seria super-rápido (mas não foi), que eu não deveria ter medo de ser verdadeira comigo mesma, pois essa era a única maneira de eles avaliarem devidamente as minhas necessidades, e que 'você vai reencontrar a sua amiga em um piscar de olhos'." Mani também me revelou que, na última década, ela teve mais encontros com a Cientologia, alguns deles ainda mais assustadores. Nosso teste de personalidade, contudo, foi a "verdadeira introdução".

Imagino que para aspirantes a atores em Los Angeles, ou mesmo para sonhadores de qualquer outro lugar, a Cientologia seja uma espécie de risco ocupacional: esteja você em busca de iluminação espiritual, salvação eterna ou interessado em ter um nível de renome tão poderoso quanto Tom Cruise (a fim de que se torne, essencialmente, um Deus na Terra, devotando a própria vida a algo tão descomunal que o próprio paraíso corre o risco de perecer), isso exigirá grandes riscos, comprometimento ferrenho, e uma intensa suspensão da realidade para que você acredite que é possível. A aposta é muito alta. Em alguns casos, você consegue escapar em poucas horas, um pouco abalado; em outros, você perde absolutamente tudo. Mas sempre sobra uma história para contar.

Assim que você tiver recuperado sua linguagem, será capaz de narrá-la.

MULTINÍVEL

PARTE IV

inspirações
FALSAS
17.

"Ei, moça! Eu AMO seus posts. Você tem uma energia TÃO divertida!!! Você já pensou em transformar essa energia num ganho extra?[97] Deixa eu te fazer uma pergunta ;) Se existisse um negócio em que pudesse trabalhar só meio período de casa, mas mesmo assim conseguisse pagar todas as suas contas, você teria interesse? Porque é isso o que eu estou fazendo. Algumas pessoas são super mente fechada com coisas assim, o que é uma pena, pois limita as oportunidades delas, mas você parece ser aberta a coisas novas, o que é exatamente o que precisamos para sermos bem-sucedidos!!! Você gostaria de saber mais? Posso ligar para você algum dia dessa semana? É muita coisa pra digitar rsrs. Meu número é ▇▇▇▇▇▇▇, e o seu? Tô ansiosa pela sua resposta, #bossbabe!* bjs"

Lá estava eu, mergulhada até as orelhas em uma daquelas noites infelizes perdendo tempo no Facebook — um buraco de minhoca cheio de stalkers onde, de repente, acho terrivelmente interessante descobrir o que alguém que nem conheço vestiu para o baile de formatura de 2008 —, quando alguns cliques perdidos me levam a um post que nunca pensei que fosse ver: Becca Manners, uma antiga amiga do ensino fundamental, tentando vender um esquema falso de perda de peso para seus 3.416 "amigos".

---

* O termo "boss babe" a que a autora se refere repetidamente neste capítulo é uma expressão utilizada para designar alguém do sexo feminino que seja empresária, empreendedora, ou chefe de alguma empresa. Ele é muito usado dentro do Marketing Multinível como estratégia de recrutamento. [NT]

Conheci Becca — na minha opinião, uma das pré-adolescentes mais confiantes de todo o condado de Baltimore — nos ensaios do nosso musical da sétima série. Becca e eu nos aproximamos por causa de alguma piada e continuamos superunidas até o terceiro colegial. Nós duas ignorávamos o código de vestimenta da escola, cantávamos Alanis Morissette aos berros no carro, dormíamos uma na casa da outra um milhão de vezes, e agora, cá estamos nós, aos 27 anos de idade, vivendo a 4.345 quilômetros de distância, julgando as vidas uma da outra pelas redes sociais. Becca e eu não conversamos há quase uma década, mas minhas andanças periódicas pela internet me mostraram que, no momento, ela está casada, sóbria, vive na rua de cima dos pais e deseja que todos os seus amigos de Facebook, inclusive eu — vivendo atualmente em Los Angeles, bebendo um coquetel caro demais e respirando fumaça de carro —, perguntem sobre sua nova oportunidade de negócios de #bemestar.

O verão mal começou quando fotos de minha antiga colega agachada ao lado de sacos de açúcar, para representar os quilos que perdeu, começam a inundar meu feed de notícias. Todas as fotos estão acompanhadas de legendas inconsistentes como "Me sinto fantástica e minha jornada está só começando! #resultadosdoshotdeaçúcar". Ela nunca diz exatamente que produto está usando ou para quem está trabalhando, mas posso afirmar pelas atualizações de status vagamente inspiradoras, pontos de exclamação forçados e hashtags exageradas que isso nada mais é que o vivaz dialeto das vendas diretas. "Eita, mais uma que bate as botas", envio uma mensagem para minha melhor amiga, Esther, que cresceu na Flórida e é capaz de nomear uma dúzia de ex-colegas de classe que foram "sugadas" pelo mesmo culto de Becca: o culto do Marketing Multinível.

Network marketing, marketing de relacionamento, vendas diretas... Há pelo menos meia dúzia de sinônimos para o marketing multinível, o irmão legalizado — e cheio de brechas — do esquema de pirâmides. Um dos pilares do capitalismo ocidental relegado à margem do mercado de trabalho, o MMN é composto de organizações que trabalham com venda e recrutamento não por meio de funcionários formais, mas sim de "afiliados". A maioria dessas organizações é fundada por homens brancos, vendem marcas de beleza e bem-estar, geralmente administradas por mulheres brancas, cujos recrutas tentam vender produtos superfaturados (de loção facial e óleos essenciais até suplementos para perder peso) aos amigos e família, ao mesmo tempo em que tentam transformar seus consumidores em vendedores também. As apresentações sempre seguem o mesmo script: mencionam "a oportunidade da sua vida" de se tornar a "boss babe" que você já é, "o poder de começar o próprio negócio" e "conseguir uma renda completa trabalhando de casa somente meio período" para conquistar a "independência financeira" com que sempre sonhou. Há centenas de MMNs estadunidenses: Amway, Avon e Mary Kay são alguns dos mais conhecidos, além da Herbalife, Young Living Essential Oils, LuLaRoe,[98] LipSense, doTERRA, Pampered Chef, Rodan + Fields, Scentsy, Arbonne, Younique e, claro, a icônica Tupperware.[99]

Quando penso no típico vendedor de MMN, penso em mulheres como Becca — moças atraentes de classe média que permaneceram na própria cidade natal (ou se mudaram para a Flórida... sempre a Flórida), casaram-se jovens, tiveram bebês logo na sequência e passam uma quantidade absurda de horas no Facebook. Basta um (ou muitos) anos de maternidade e rotina restrita ao lar para que sejam fisgadas e passem a vender as viscosas soluções da Rodan + Fields, as leggings finas que nem papel da LuLaRoe, ou artigos similares (escolha um, aposto que já vi no meu feed de notícias). Grande parte do MMN tem como alvo mães e esposas que trabalham como donas de casa, e esse tem sido o viés da indústria moderna de venda direta desde a década de 1940. A propaganda, por exemplo, sempre segue a mesma linha de "empoderamento feminino", utilizando os chavões da moda. Enquanto a linguagem de recrutamento de MMN do meio do século prometia que a Tupperware era "a melhor coisa que já aconteceu com as mulheres desde que conseguiram votar!", na era das mídias sociais, ela brinca com o dialeto falsamente inspirador da mercantilização da quarta onda do feminismo.

A linguagem moderna do MMN é definida por citações ágeis e animadoras que você pode encontrar adornadas com babadinhos em letra cursiva no Pinterest: "Você consegue, boss babe"; "Canalize sua #girlboss interior"; "Construa um império feminino"; "Seja uma mãempresária"; "Ganhe dinheiro trabalhando de casa como a SHE-O* que você é sem precisar deixar os seus filhos de lado!!". Essas frases, inicialmente, funcionam com vendedores em potencial como bombardeios de amor; depois, ao longo do tempo, tornam-se carregadas com o peso do próprio sonho americano, condicionando os seguidores a acreditarem que "desistir" daquele negócio seria equivalente a desistir do propósito da vida. No passado, quem trabalhava com vendas diretas costumava apresentar suas bugigangas superfaturadas, fedendo a produtos químicos, em pessoa, realizando demonstrações de mercadorias nas chamadas "festas" em casa. Porém, hoje em dia, muitas mulheres escolheram inovar e expor suas mercadorias nas redes sociais, enquanto suas sarcásticas ex-colegas de classe morrem de vergonha alheia. Esther, minha melhor amiga, tem 26 anos de idade e sobreviveu a um linfoma de Hodgkins, por isso, posta muito sobre viver livre do câncer e irradia aquela

---

* Aqui a autora usa um trocadilho com a palavra CEO e o som do pronome feminino em inglês ("she" – "ela"). [NT]

aura de positividade e preocupação com a saúde que muitos praticantes do MMN amam explorar. Semanalmente, ela costuma receber uma ou duas mensagens no Instagram vindas de recrutadores de venda direta cujo objetivo é atraí-la para o rebanho. "E aí, girlboss?!! Amo seu conteúdo!!! Você é muito foda!!! Já pensou em transformar sua jornada contra o câncer em um negócio?!?!" Ela sempre tira prints de todas as mensagens, envia-as para mim, e depois as deleta.*[100]

Na minha opinião, o marketing multinível está para um esquema de pirâmide assim como um frappuccino de caramelo e baunilha do Starbucks está para um milk-shake: um é apenas uma versão glorificada do outro — uma constatação que, aliás, escandalizaria qualquer devoto do MMN. "Eu NUNCA me envolveria com um esquema de pirâmides. Eles são ILEGAIS", essa costuma ser a resposta de defesa. Essa frase é um clichê terminador de pensamento, um bem divertido, inclusive, porque se você for pensar logicamente, é óbvio que afirmar que algo é ilegal não significa que aquilo não é real ou que você não está envolvido no esquema. Você não pode roubar um banco e então, quando acusado, simplesmente dizer "Eu não fiz isso, roubar bancos é ilegal", para provar a própria inocência. Na cidade de Mobile, Alabama, jogar confete de plástico[101] é contra a lei, mas isso não significa que ele não exista ou que as pessoas não façam uso dele. Às vezes, cidadãos de Mobile jogam confete de plástico sem saber que é ilegal, e às vezes eles sabem, mas jogam do mesmo jeito porque não percebem que o confete que estão usando é feito de plástico. De qualquer forma, ainda é confete de plástico e ainda é ilegal.

Os esquemas de pirâmide são mesmo fora da lei — e por uma ótima razão. Eles têm a capacidade de roubar "só" 200 dólares de alguém ou então de levar essa pessoa à falência e ao desespero completos. Eles podem destruir comunidades inteiras, até mesmo economias nacionais, como ocorreu na Albânia e no Zimbábue, que foram devastados por esquemas Ponzi e esquemas de pirâmide.[102] Por isso, não é surpresa que os esquemas de pirâmide

---

* Os praticantes do marketing multinível estão sempre dispostos a transformar qualquer tragédia — desde um diagnóstico de câncer até uma pandemia mundial — em uma oportunidade de vendas e recrutamento. Assim que a Covid-19 começou a devastar os Estados Unidos, no início de 2020, os recrutas do MMN começaram a alegar publicamente que seus produtos podiam proteger tanto contra o vírus quanto contra a insegurança financeira. A Comissão Federal de Comércio enviou advertências para mais de quinze empresas de vendas diretas, incluindo Arbonne, doTERRA e Rodan + Fields, depois de seus afiliados encherem as mídias sociais com imagens de óleos essenciais que supostamente aumentariam a imunidade, legendas que diziam #covid #prevenção, seguidas de frases verborrágicas como: "RODAN e FIELDS está sempre aberta para negócios — mesmo durante a quarentena! Estou trabalhando de casa há mais de três anos e continuo ganhando dinheiro, enquanto outras pessoas estão passando necessidade! Você não acha que esse é o momento de descobrir com o que trabalho e como essa empresa funciona?... #trabalhedecasa #liberdadefinanceira".

não se anunciem sob essa denominação.[103] Em vez disso, essas empresas se escondem por trás de todo tipo de rótulo eufemista: mandalas da prosperidade (também chamadas de teares da abundância, mandalas da abundância e lótus), clubes de investimento, e, mais comumente, empresas de marketing multinível — MMN, para abreviar.

Assim como é desafiador diferenciar entre uma religião e um culto, há algumas distinções objetivas entre os esquemas de pirâmide e os MMN "legítimos". Na teoria, a diferença é que membros de MMNs, como Avon e Amway, recebem uma compensação financeira pelo serviço e pela venda de mercadorias, enquanto nos esquemas de pirâmide eles são pagos por recrutarem novos vendedores o mais rapidamente possível. Na prática, um esquema de pirâmide é, essencialmente, só um MMN que foi administrado porcamente e, por isso, acabou sendo descoberto (mais sobre isso em seguida).

> **Na minha opinião, o marketing multinível está para um esquema de pirâmide assim como um frappuccino de caramelo e baunilha do Starbucks está para um milk-shake: um é apenas uma versão glorificada do outro.**

A maioria das organizações é esquematizada assim: um fundador carismático começa a bombardear de amor um pequeno grupo de pessoas a fim de que elas aceitem um convite para iniciar o próprio negócio. Diferente do típico empreendimento, aqui não é preciso ter estudado ou ter experiência de trabalho para se envolver; a oferta está aberta a qualquer um que queira "mudar de vida".

Não há salário-base — isso transformaria esse esquema em um emprego comum no qual você é um funcionário. (Inclusive, o MMN trabalha para que essas palavras se tornem imagens de servidão e miséria burocrática.) Em vez disso, você ganha uma pequena comissão pelo produto que conseguir vender. Assim, temos uma "oportunidade de negócio" e você se torna um "empreendedor". Bem melhor.

Apenas dois passos são exigidos para que você inicie esse simples caminho de liberdade financeira: primeiro, compre um kit de iniciante contendo amostras e materiais de divulgação, algo que custará de 50 a 10 mil dólares (ou mais). Centavos, de qualquer forma, para alguém que está investindo em uma start-up e começando um novo negócio. Abrir uma loja ou lançar uma marca de e-commerce é algo caro demais... Mas para começar esse movimento? Se for parar para pensar, está saindo praticamente de graça.

Bom, próximo passo: todo mês, você deve recrutar dez novos membros (às vezes é menos, mas geralmente esse é o número) para comporem o seu time, ao qual você vai dar um apelido divertido, como O Esquadrão do Diamante, A Tribo das Good Vibes, ou algo ainda mais atrevido, como Um Pouco Você Ganha, Um Pouco Você Bebe. Isso fará com que as pessoas criem laços e se conectem. Então, você deve encorajar cada um desses membros a recrutar, mensalmente, outros dez vendedores. Você recebe uma pequena parte de todos os ganhos daqueles abaixo de você (vindos dos kits de iniciantes, das compras de inventário dos seus recrutas e também de parte das vendas dos seus produtos). A geração de vendedores abaixo de você é chamada de "parceiros de negócios", enquanto a pessoa que o recrutou é seu "patrocinador". Enquanto isso, o fundador do MMN, sentado bem no topo desse tetraedro, recebe uma imensa fatia de tudo.

A fim de vender produtos e conseguir muitos "parceiros de negócios", você precisa espalhar a palavra sobre esse novo empreendimento incrível para todas as pessoas que conhece. Para fazer isso, você precisará fazer vários encontros, tanto on-line quanto presencialmente. Você precisará comprar petiscos e vinho ou então passar horas planejando atividades virtuais fofas para incentivar a participação das pessoas. Você implorará para que os convidados folheiem as revistas, experimentem as loções, ou o que quer que esteja vendendo, na esperança de que comprem algo ou — melhor ainda — também desejem se tornar vendedores. Não importa se aqueles produtos são bons ou se cumprem a demanda do mercado; muito menos que a pessoa tenha zero experiência em vendas. As regras comuns da economia não se aplicam aqui. O sistema promete funcionar independentemente delas. Desde que você pague a taxa de compra, siga de olhos fechados o caminho da empresa e não faça muitas perguntas, o sonho americano será todinho seu.

Esse padrão de venda e recrutamento continua para cada novo grupo de recrutas, afiliados, consultores, distribuidores, guias, embaixadores, apresentadores, coaches, ou qualquer outro título escolhido pela empresa que soe empreendedor e faça seus inscritos se sentirem especiais e escolhidos, ainda que, literalmente, qualquer um que pague possa entrar. O dinheiro dos recém-chegados é desviado para os "patrocinadores", ajudando aqueles em uma posição superior a cumprirem suas cotas de vendas mensais ou quinzenais, que estão disfarçadas de rótulos amigáveis como "metas" ou "alvos". Não foi capaz de alcançar os mínimos periódicos? Então você será rebaixado ou chutado da empresa. Isso não pode acontecer. Você decepcionaria todo mundo, especialmente a si mesmo. Então, inevitavelmente, você acabará comprando todo o seu estoque e cobrindo os custos, com os olhos fixos no prêmio: crescer na estrutura da empresa, uma forma geométrica que, definitivamente, nunca poderia ser descrita como uma pirâmide, mas sim, talvez, como uma "escada" e seus "degraus". Sem dúvida, mês que vem você encontrará uma tonelada de recrutas, conseguirá cumprir com suas metas e, finalmente, será recompensada com um título mais elegante, como: Consultora Sênior, Coach Titular, ou Diretora de Vendas.

"Há muita discussão sobre o que eu descreveria como 'a compra da esperança'", analisa Stacie Bosley, uma professora de economia na Universidade de Hamline, Minnesota. Bosley é uma das únicas pesquisadoras financeiras do mundo que estuda MMN formalmente. Claro, o campo da economia, dominado por homens, não parece acreditar que uma indústria dominada por #girlbosses seria assunto suficiente para uma intriga acadêmica. (Eles estão errados... E como!) "Às vezes, a própria indústria de MMN reconhece que o que as pessoas estão comprando é uma forma de esperança", Bosley diz. É por isso, em parte, que a maioria da linguagem de recrutamento do MMN é tão grandiosa e indireta. Eles evitam termos técnicos, como "investimento" e "emprego", favorecendo frases inspiracionais como "oportunidade fantástica" e "atividade empoderadora".

Mas essas palavras codificadas, propositadamente doces como açúcar, escondem números muito imprecisos. Conforme essas gerações de "parceiros de negócios" crescem, o mercado rapidamente fica supersaturado, uma vez que todo mundo está minerando nas mesmas comunidades, tentando incansavelmente e falhando cada vez mais em alistar novatos abaixo deles. O número de pessoas esperançosas se expande exponencialmente, desde um pequeno grupo lucrativo no pico até uma massa de pessoas totalmente ferradas na base. Se o modelo de MMN que seu "patrocinador" e fundador endossou diversas vezes, em todas as apresentações de oportunidade de negócios e workshops milionários, seguir perfeitamente de acordo com o plano, então sim, com certeza, você enriquecerá dentro de um ano... Mas, segundo a matemática básica, adivinhe quantas pessoas teriam que estar abaixo de você no fim de doze meses? Mais de um trilhão. Isso é 142 vezes a população mundial e mais um monte de pílulas redutoras de peso.

Estudos após estudos têm mostrado que 99% dos recrutas do MMN nunca ganham um tostão, enquanto o 1% no topo só lucra às custas dos outros. Os cálculos falam por eles mesmos, mas mesmo se você estiver totalmente no vermelho, com uma conta bancária negativa e um depósito cheio de creme para os olhos que ninguém quer comprar, pelo menos continua sendo parte do time

— sua "família" —, cujos colegas-recrutas você talvez até chame de "irmãs e irmãos" ou os líderes de "Mãe" e "Pai". Ao chegar neste ponto, você já desenvolveu uma ligação emocional e codependente com essas pessoas. Você provavelmente troca mensagens com elas o dia todo. Talvez estejam nos mesmos grupos secretos de Facebook. É possível que participem de reuniões semanais por chamadas de vídeo, onde todas bebem vinho cor-de-rosa ("porque vocês merecem!") e abrem seus corações umas para as outras e guardam dinheiro o ano todo para comparecer às conferências da empresa a fim de ver as outras #bossbabes pessoalmente.

Mas essas palavras codificadas, propositadamente doces como açúcar, escondem números muito imprecisos. Conforme essas gerações de "parceiros de negócios" crescem, o mercado rapidamente fica supersaturado.

Levando tudo isso em conta, é muito possível que você opte por ignorar os danos, esquecer a matemática e aguentar firme, especialmente porque prometeram a você, com muita ênfase, um superpagamento no final disso tudo. Além disso, todo um grupo de pessoas acima — e abaixo — de você dependem do seu trabalho para fazer dinheiro. Se você desistir agora, decepcionará o Esquadrão do Diamante. Desapontará sua família e sua "família". Frustrará Deus. Você não será mais uma #girlboss. Você será nada. Sob esse tipo de pressão, as coisas podem se tornar inegavelmente cultistas.

MMNs são fraudulentos, mas não são como a maioria das fraudes. São organizações complexas, que consomem o tempo e a vida de seus apoiadores, e têm linguagem e cultura próprias. Possuem ideologias fortes e invasivas, de caráter missionário, em que os membros idolatram os líderes fundadores, pessoas cujos desejos não se restringem apenas a comandar uma empresa de sucesso, mas de governar o mundo, em um nível que chega a ser até mesmo religioso. O famoso sociólogo Edward Shils, da Universidade de Chicago, define o "carisma cultista" como "sempre que se acredita que um indivíduo está conectado a questões cruciais da existência humana". Nesse nível, líderes de MMN têm tanta influência quanto o Yogi Bhajan, do 3HO, e o Chögyam Trungpa da Shambhala. Eles te convertem usando elogios, pontos de exclamação e frases motivacionais enganosas. Eles te condicionam e coagem usando palavras de ordens de alta valência (geralmente usando o nome de Deus) e clichês terminadores de pensamento para silenciar dissidentes. Eles te treinam para que aplique as mesmas técnicas em todas as pessoas do seu convívio, sempre que for possível.

Os MMNS usam o palavreado do "nós versus eles" para que seus seguidores criem laços consistentes e se sintam melhores que os demais trabalhadores formais estadunidenses. Na Amway, a maior empresa de marketing multinível do mundo, afirma-se, com desdém, que todo mundo que trabalha para um "empregador", em oposição a um "patrocinador", tem um "Babaca Como Chefe". "Quando você trabalha para alguém, nunca será pago pelo que você vale" é a frase que a maioria dos recrutas da Amway é ensinada a dizer. Para os adeptos do MMN, a palavra "empreendedor" representa não só uma carreira, mas "uma maneira moralmente superior de fazer parte da economia",[104] comenta Nicole Woolsey Biggart, socióloga na Universidade da Califórnia em Davis e autora do livro *Charismatic Capitalism: Direct Selling Organizations in America* [Capitalismo Carismático: organizações de venda direta nos Estados Unidos].

A estratégia do MMN é manipular você para acreditar que, se seguir o sistema infalível deles e não se der bem, existe algo de errado com você. "Todas as pessoas trabalhadoras e motivadas se tornam bem-sucedidas neste negócio... *um bom sistema sempre funciona!*", diz um dos clichês terminadores de pensamento da Amway, citado diretamente do folheto de divulgação. Conhecida por sua extrema justaposição de palavras de ordem motivacionais e ameaças sombrias de derrota, a linguagem usada no MMN o condiciona a pensar que, se você não estiver nadando em dinheiro, a culpa não é da empresa — é sua. Você é que não teve fé ou perseverança suficiente para desbloquear seu potencial e ganhar o que deveria ser uma garantia. Há diversos quadros de visualização de MMN disponíveis na internet, a maioria deles exibindo chavões emocionalmente manipuladores, como "As pessoas falham no MMN antes mesmo de começarem porque a abordagem não é feita com a cabeça, mas sim, com o coração" e "Detesto quando gente falida, que não trabalha, reclama sobre não ter dinheiro #mindsetbilionário". Em um artigo intitulado "Top 50 Melhores Citações de MMN[105] de Todos os Tempos", o site On-lineMLMCommunity.com exibe uma longa lista de citações inspiracionais incorretamente atribuídas, incluindo este axioma, falsamente associado a Winston Churchill: "O pessimista vê dificuldade em cada oportunidade. O otimista vê oportunidade em cada dificuldade". (Como se o sucesso desse estadista britânico tivesse qualquer coisa a ver com vendas diretas, ainda que a citação realmente fosse dele.)

"É uma questão de saúde mental",[106] reflete Hannah, uma antiga "representante" da marca de maquiagem cristã Younique, sobre sofrer "gaslight" pela empresa. Quando ainda estava na faculdade, Hannah gastou 500 dólares compondo seu inventário antes de ser chutada pela empresa por não ter cumprido com a cota de vendas. "Se eu estivesse em uma situação na qual eu não tivesse a [minha] universidade, meu companheiro, ou não participasse de outros grupos... eu teria me sentido péssima comigo mesma. Ouvir, várias vezes ao dia, que não se é bom o suficiente pode arruinar a vida de algumas pessoas."

No fim das contas, os MMNs não estão no mercado com a intenção de vender start-ups para empreendedores. Longe disso; como a maior parte dos cultos destrutivos, eles estão no mercado com a intenção de vender a promessa transcendente de algo que sequer existe. A commodity deles não é a mercadoria, mas a retórica. Para muitos recrutas que nunca conseguiram vender um único produto, toda a experiência do MMN consiste em assumir um compromisso com uma comunidade, autodenominar-se orgulhosamente como consultor, fazer conferências animadas em vídeo com o time e participar de convenções caríssimas. Os números não fazem o menor sentido, mas as palavras forçam você a permanecer ali de qualquer maneira.

Vários meses depois de os posts de Becca Manners sobre perda de peso terem desaparecido do meu feed do Facebook, decidi mandar a ela uma mensagem cuidadosamente escrita. Eu sabia que precisava pisar em ovos. Será que Becca tinha perdido tudo e estava envergonhada de admitir publicamente que tinha sido enganada? Será que aquela empresa de MMN tinha silenciado minha ex-colega com ameaças veladas ou explícitas? Será que tinha virado, secretamente, uma criminosa, e não queria se revelar como golpista? "Sinto muitíssimo se isso te parecer aleatório demais, mas, se me lembro bem, você esteve envolvida com alguns empreendimentos de vendas diretas no passado, não é?", enviei. "Estou escrevendo um livro sobre a linguagem do marketing multinível e gostaria de saber sobre a sua experiência."

Em todas as fotos de Becca, ela exalava saúde e felicidade, mas se juntarmos as regras do MMN com o desejo universal que as pessoas têm de parecerem perfeitas nas redes sociais, tudo isso podia ser uma mentira. Para minha alegria, Becca respondeu em menos de uma hora:

"Ai, meu Deus, claro que podemos falar sobre isso! Fiz parte de um programa de perda de peso ano passado chamado Optavia. E aquela merda, sem sombra de dúvidas, era uma seita muito louca".

"Ah, ok", respondi.

ÉTICA
protestante
18.

"Eeeeei, #bossbabe! Muitooooo obrigada por responder!! Eu realmente acho que você vai ser um encaixe perfeito! Não posso te enviar muita informação via DM porque o único site que tenho é exclusivo para os meus clientes, mas temos vários planos disponíveis dependendo do que você tá querendo realizar. Nós tratamos nossos clientes como parte da família, então é muito importante que eu tenha as informações certas antes de seguir adiante... E eu não tenho como saber o que vai funcionar melhor até que a gente converse mais sobre isso. A chamada por telefone dura só vinte minutinhos. ☺ Tô super empolgada pra te contar mais!! bjs"

Para mim, o bizarro estilo discursivo do MMN — o excesso de pontos de exclamação e a baboseira do "É só acreditar em si mesmo para ficar rico" — fede a positividade tóxica... Força a existência de um lado positivo advindo de uma situação bastante complexa, decepcionante e que precisaria receber mais atenção.

Em todas as mensagens que analisei de empresas de MMN, de Amway até Optavia, percebi um hibridismo assustador entre bombardeio de amor sobre o poder da mente positiva e advertências ameaçadoras sobre os perigos da negatividade. Assim, à primeira vista, promover uma atitude de orgulho entre seus associados pode parecer uma coisa boa, mas o MMN condiciona seus recrutas a temerem a "negatividade" tão visceralmente que eles evitam proferir uma palavra crítica sequer sobre a empresa ou seus envolvidos. "Você não faz fofoca. Você não fala mal de outras pessoas. Se te escutarem fazendo isso ou descobrirem por terceiros que se comportou assim, você receberá uma advertência do seu diretor", alerta um ex-distribuidor da Amway. A empresa rotula qualquer atitude ou fala com que não concorda como "pensamentos fétidos". Ao fazer uso desse bordão enganosamente engraçado, eles são capazes de isolar seus seguidores dos "pensadores fétidos" no exterior, uma vez que eles representam uma ameaça ao sucesso da empresa. Aliás, se um amigo ou familiar expressar quaisquer dúvidas sobre a companhia, as instruções pedem que você o "corte de sua vida".

Desde cedo, os seguidores do MMN são condicionados a falar de um jeito anormalmente alegre em todos os lugares — com amigos, com a família, com estranhos e, especialmente, nas redes sociais. No Instagram ou no Facebook, é possível distinguir uma boss babe instantaneamente no meio da multidão, mesmo que ela não esteja vendendo nenhum produto no momento. Aquela sintaxe robótica e entusiasmada é mais que suficiente para denunciá-las. É quase como se alguém estivesse atrás delas enquanto digitam, estalando um chicote simbólico para garantir que estejam sempre vendendo e recrutando, mesmo quando estão só postando uma foto do cachorro. Como os seguidores de uma religião opressiva, os recrutas do MMN ficam constantemente presos na hora ritualística.

Sempre que escuto essa retórica boa-demais-para-ser-verdade, meus instintos me dizem pra correr o mais rápido que eu puder. Mas mesmo que seja tentador escrever que quem compra essa babaquice grandiloquente da venda direta é um idiota desesperado, a verdade é que tal retórica tóxica e positiva foi fundamentalmente incorporada na sociedade estadunidense. O culto do marketing multinível nada mais é que um produto direto do culto ao próprio capitalismo ocidental.

Nos Estados Unidos, a rede de marketing como a conhecemos começou no início da década de 1930, após a Grande Depressão, como uma reação às regulamentações empregatícias introduzidas pelo New Deal — embora a indústria de vendas diretas só fosse realmente explodir alguns anos mais tarde, depois da Segunda Guerra Mundial. Foi aí que ela se tornou um lance feminino.

Durante a Segunda Guerra Mundial, as mulheres entraram no mercado de trabalho enquanto os homens lutavam no exterior. Mas assim que a guerra acabou, aquelas mulheres foram enviadas de volta para casa para cuidar dos filhos e dos maridos veteranos. Na década de 1950, 20 milhões de americanos migraram para os subúrbios, onde havia pouquíssimas oportunidades de emprego para mulheres, muitas que, aliás, sentiam falta da empolgação, da independência, da satisfação e do dinheiro que ganhavam quando estavam envolvidas com a vida profissional.

Foi por volta dessa época que um homem de negócios chamado Earl Tupper inventou um tipo de recipiente resistente de polietileno para guardar alimentos. Ele o nomeou de Tupperware. O produto estava acumulando pó nas prateleiras, até que uma mãe solo de Detroit com talento para vendas chamada Brownie Wise (juro que é o nome verdadeiro dela) comprou uma certa quantidade de Tupperwares e decidiu que as mães suburbanas, além de serem as consumidoras perfeitas para o produto, também poderiam compor uma poderosa força de vendas. Então, Wise e Tupper uniram forças, e nasceram as "festas da Tupperware".*

Durante a Segunda Guerra Mundial, as mulheres entraram no mercado de trabalho enquanto os homens lutavam no exterior. Mas assim que a guerra acabou, aquelas mulheres foram enviadas de volta para casa para cuidar dos filhos e dos maridos veteranos.

Muito antes da invenção das hashtags, Wise já utilizava uma linguagem de falso empoderamento feminino a fim de recrutar mulheres para sua rede de vendedoras, administradoras e distribuidoras. Foi isso que preparou o terreno para o longo futuro de lenga-lenga pseudofeminista presente no MMN. "Fazer carreira na Tupperware é tão recompensador!", diz um pôster vintage, em letra cursiva vermelho-cereja. O pôster ilustrado retrata uma mulher da alta sociedade com cabelo cor de milho e brincos de pérolas vestindo um suéter de caxemira. Ela segura um livro (embora não esteja lendo) e sorri, delirantemente, enquanto seus olhos se voltam para um ponto acima e fora da moldura, mirando algo que só posso imaginar serem os sonhos dela. "Torne-se uma vendedora de Tupperware e seus ganhos serão imediatos!", chilreia outro desenho da década de 1940 retratando mais uma mulher branca feliz. "Você pode ganhar quanto dinheiro quiser. Inclusive enquanto aprende. Você é uma dona

---

* "As festas da Tupperware" se referem à situação na qual uma "consultora" da Tupperware convida amigos e familiares para uma reunião festiva na própria casa a fim de vender produtos e fazer recrutamento. [NT]

de negócios independente. Sua própria chefe... Não há nada parecido com a oportunidade e com os ganhos que você terá caso opte por se tornar uma vendedora de Tupperware — AGORA!"

Ao longo das décadas seguintes, os mandachuvas da venda direta seguiram os passos de Wise, direcionando seus produtos e sua linguagem para mulheres brancas, especialmente mães e donas de casa. Eles encheram os ouvidos das mulheres com promessas de independência financeira, o tipo de independência que não ameaçaria suas imagens de esposas tradicionalmente femininas. Até hoje, mulheres desempregadas, especialmente aquelas que vivem em cidades operárias, continuam sendo a maioria dos recrutas de MMN.[107]

Mais que depressa, a indústria da venda direta descobriu como atingir outras comunidades às margens do mercado de trabalho digno. Alguns alvos, por exemplo, foram os imigrantes de língua espanhola, estudantes universitários inexperientes e pessoas negras economicamente marginalizadas. A indústria, inclusive, tirava vantagem da confiança já existente dentro de grupos muito unidos, como igrejas, bases militares e campus universitários. Para eles, o recruta ideal é o que luta por estabilidade financeira e tem um histórico de fé e otimismo, seja na esperança de um novo começo em um novo país, no entusiasmo juvenil pelo futuro, ou na crença em um poder superior. O típico ingressante no MMN dificilmente é um babaca ganancioso desesperado para enriquecer rapidamente; em vez disso, costuma ser uma pessoa comum tentando pagar as contas do dia a dia. A mina de ouro dos patrocinadores é composta por uma combinação de luta monetária, proximidade com a comunidade e idealismo.

Comunidades cristãs costumam ser uma incubadora de empresas de MMNs, uma vez que muitas empresas se autodenominam "baseadas na fé": Mary & Martha, Christian Bling, Younique, Thirty-One Gifts e Mary Kay são apenas algumas das muitas organizações de MMN que têm um credo explicitamente religioso. Em dúzias de bairros dos Estados Unidos, você encontrará pessoas boas e honestas, o próprio sal da terra, segurando a Bíblia em uma mão e amostras grátis de loções caríssimas na outra. Não é à toa que o estado de Utah tem mais sedes de MMN que qualquer outro lugar no mundo — os mórmons, como os líderes de vendas diretas descobriram,[108] são a força de venda ideal. "Membros da Igreja dos Santos dos Últimos Dias nascem e são criados para serem missionários... Então, por pregarem a palavra para os amigos, acabam vendendo produtos de MMN com a mesma naturalidade", uma fonte disse ao podcast investigativo *The Dream*. "Quando seu tio vem até você e diz: 'Tenho uma oportunidade que vai mudar sua vida', essa mensagem parece muito com algo que você ouviria na igreja."

A religião está emaranhada ao MMN — e à cultura de trabalho estadunidense em geral — desde antes de o país existir oficialmente. O casamento entre bênçãos divinas e bênçãos monetárias existe há meio milênio, desde a Reforma Protestante. Sociólogos atribuem a ascensão do capitalismo moderno a esse movimento do século XVI, que deu origem a tantos de nossos valores contemporâneos existentes no mercado de trabalho nacional, como os conceitos "um bom dia de trabalho", "trabalhar duro"[109]* e "um bom pagador é senhor da bolsa alheia". Reformistas protestantes, especialmente o teólogo francês João Calvino, conceberam a ideia de que Deus tinha um papel importante não só no sucesso e nas falhas espirituais dos seres humanos, mas também nas questões financeiras. Essa ideia ajudou a criar a "ética protestante", marcada por trabalho diligente, esforço individual e acumulação de riquezas, algo que se alinhava perfeitamente com a economia capitalista emergente da Europa.

Logo, todo mundo começou a aspirar pelo novo ideal de um empreendedorismo piedoso e autossuficiente. Uma vez que o trabalho se tornou um elemento central na vida cristã, a habilidade de se autodenominar um habilidoso, esforçado, ganhador de pão, indicava que era um dos eleitos de Deus. Assim, o "espírito do capitalismo", com todos os seus altos grandiosos e baixos indecorosos, foi acoplado à maioria dos sistemas de valores ocidental. Muito do vernáculo capitalista — desde o "sagrado" mercado de ações até o "todo-poderoso" dólar — continua a ter conotações religiosas... São fantasmas da Reforma Protestante.

Por volta de 1800, a ética protestante já tinha se espalhado pela América, mas tinha mudado um pouquinho. Agora as riquezas não eram mais percebidas como presentes de Deus, mas sim como recompensas por conquistas pessoais e sinal de ótimo caráter. Essa nova visão da ética protestante enfatizava ambição, tenacidade e competição, o que combinava com o surgimento do capitalismo industrial (definido pela manufatura em massa e uma clara divisão de trabalho). O século XIX também viu o nascimento de um movimento filosófico chamado Novo Pensamento, que nos presenteou com ideias populares de autoaperfeiçoamento, como a lei da atração. Durante esse período, histórias que retratavam pobres ascendendo à riqueza, como *O Príncipe e o Mendigo*, de Mark Twain, e *Grandes Esperanças*, de Charles Dickens, tornaram-se best-sellers. O primeiro livro de "autoajuda", aliás — intitulado apropriadamente como

---

* A expressão idiomática de onde este "trabalhar duro" supostamente deriva (*keep your nose to the grindstone*) diz o seguinte: "Para ler a mensagem, apoiaram seus narizes com tamanha força contra a pedra de amolar, que lhes desfiguraram as faces", uma referência a trabalhar duro para evitar punição. Ela foi escrita em 1532, por John Frith, um padre protestante que foi queimado na estaca alguns meses após questionar publicamente a Igreja católica. Está vendo como é superdivertido misturar Igreja e Estado?

Autoajuda —, foi publicado em 1859, alcançando o sucesso de um blockbuster. Ele começava com a frase "Os céus ajudam aqueles que ajudam a si próprios" e clamava que a pobreza era resultado de irresponsabilidade individual. Essa nova atitude, de colocar a mente sempre acima da matéria, afirmava que, ao acreditarem nelas mesmas, as pessoas podiam estar no controle de tudo — do próprio destino, da carreira e até da saúde física —, o que contribuiu muito para o que hoje conhecemos como o "sonho americano".

> ## Muito do vernáculo capitalista — desde o "sagrado" mercado de ações até o "todo-poderoso" dólar — continua a ter conotações religiosas... São fantasmas da Reforma Protestante.

Durante o século seguinte, o ideal protestante mudou mais uma vez com a ascensão do grande negócio estadunidense:[110] Carnegie Steel, Rockefeller's Standard Oil, Chicago's Union Stock Yards, os bairros de luz vermelha. No século XX, o sucesso e a competitividade individuais foram minimizados uma vez que se tornou admirável ter uma boa relação com seus colegas de trabalho, tornando-se íntimo deles, a fim de galgar os degraus da escada corporativa. Nesse estágio, o Novo Pensamento podia ser encontrado em livros ou cursos focados em como se tornar um grande empresário: as obras *Como Fazer Amigos e Influenciar Pessoas*, *Pense e Enriqueça* e *O Poder do Pensamento Positivo* foram todas publicadas entre 1935 e 1955.

Da metade do século XX em diante, a mensagem que varreu as igrejas dos Estados Unidos era a seguinte: basta ter pensamentos felizes e um ego saudável para ficar bem de vida. *O Poder do Pensamento Positivo* foi escrito pelo famoso ministro Norman Vincent Peale, que comandava uma igreja protestante na cidade de Nova York chamada Marble Collegiate. Ali, Peale pregava o "evangelho da prosperidade" para uma congregação de (em sua maioria) ricos moradores de Manhattan —entre eles, um jovem Donald Trump. (Não é coincidência que Trump tenha se tornado um entusiasta radical do MMN.) Conhecido por sua oratória inspiradora de autoajuda, Peale evangelizava sentimentos como "Bolsos vazios não impedem ninguém. Só cabeças e corações vazios podem fazer isso", e "Acredite em si mesmo! Tenha fé nos seus talentos! Sem uma confiança humilde, porém sensata, em seus próprios poderes, você nunca será bem-sucedido ou feliz".

É possível ouvir a influência de Peale nos discursos de Donald Trump e em posts de suas redes sociais mesmo que meio século tenha se passado. "Dica de sucesso: veja-se como uma pessoa vitoriosa. Isso fará com que você se foque na direção certa. Use suas habilidades e seus talentos — seja persistente", Trump tuitou em 2013. Após lançar sua campanha para a presidência em 2016, os desabafos de Trump sobre autoconfiança se tornaram mais paranoicos. Mais cedo naquele ano, quando perguntado sobre a pessoa com quem se consultava sobre questões de política externa, ele respondeu: "Estou falando comigo mesmo, em primeiro lugar, porque tenho um ótimo cérebro e já disse muitas coisas. Eu sei o que estou fazendo... Meu maior conselheiro sou eu mesmo".

Ao longo dessa complexa história, o marketing multinível — a cria perturbadora do protestantismo, do capitalismo e da empresarialização — foi concebido. A ética protestante continua sendo parte da cultura profissional nos Estados Unidos, por isso todos crescemos internalizando sua retórica — trabalhe duro, jogue duro; mais um dia, mais um dólar. Meu companheiro e eu temos uma extensa coleção de canecas adornadas com ditados e, outro dia, depois de olhar para elas, percebi pela primeira vez que todas, descaradamente, evangelizam o dogma da produtividade tóxica: uma delas diz "Dormir é para os fracos", outra afirma "Um bocejo é só um grito silencioso por café". Sério? Um grito silencioso? Estamos todos tão condicionados a acreditar que é romântico estar sobrecarregado e exausto, com medo de perdermos tempo com lazer ou com a ideia de sermos "preguiçosos", que achamos razoável imprimirmos piadinhas sobre isso nas nossas canecas? Aparentemente sim, pelo menos nos Estados Unidos do século XXI.

A linguagem do capitalismo protestante está em todos os lugares — até nas nossas canecas de café — mas representa um papel muito especial na indústria de MMN, uma vez que sacia as aspirações mais quixotescas e os medos mais apavorantes dos estadunidenses. Isso está especialmente claro na maneira como o MMN evidencia a meritocracia, a ideia de que dinheiro e status são coisas individualmente conquistadas. A meritocracia é baseada no princípio de que as pessoas são capazes de controlar completamente as próprias vidas, e desde que tentem com afinco, podem vencer na vida unicamente por meio do próprio esforço. Os estadunidenses amam a mitologia de que as pessoas bem-sucedidas merecem extremo sucesso, enquanto os demais seres humanos são menos dignos. Recrutas de MMN, cujo "sucesso" é inteiramente baseado na comissão recebida por meio de vendas e recrutamento, desfrutam ainda mais dessa noção. Segundo a ideologia do MMN, nenhuma vitória é imerecida, independente do que ou de quem foi sacrificado para que ela tenha ocorrido. Seguindo a mesma lógica, também não há fracasso que não tenha sido merecido.

A maioria da propaganda de vendas diretas que li enfatiza o quanto "sangue, suor, lágrimas, coração e alma" são necessários para construir um time de vendas, o que impele os vendedores a enxergarem seus esforços como um distintivo de honra patriótica que merece ser vestido com um sorriso. Múltiplas empresas de MMN invocam slogans nacionalistas para reforçar a ideia de que se alistar para ser uma #bossbabe é quase como se alistar para servir ao seu país. Um suplemento para perda de peso, aliás, é literalmente chamado de American Dream Nutrition (O Sonho de Nutrição Americano); outro, United Sciences of America (Ciências Unidas da América); e, claro, Amway, que vende produtos para o lar e para a higiene pessoal, como sabonete e pasta de dentes, é uma junção de "American Way" (O Jeito Americano).

Muitas empresas modernas tentam vender mercadorias ao associá-las a benefícios de identidade, como se, por exemplo, ao comprar o brilho labial da moda, ou uma toalha de praia feita de plástico reciclado, você se tornasse uma pessoa moderna, saudável, sexy e ecológica. Os sociólogos chamam isso de "ideologias organizacionais", mas elas não são totalmente ruins. Muitos donos de marcas de sucesso concordam que ter uma cultura de empresa "meio cultista", com valores e rituais[III] intensos, é algo muito necessário para assegurar a permanência dos consumidores e a lealdade dos funcionários no mercado dúbio e transitório de hoje. Essas ideologias organizacionais, claro, não devem ser vistas de forma literal, uma vez que basear posição política, saúde, ou a própria identidade de alguém no que marcas movidas pelo lucro têm a dizer, mesmo (e especialmente) aquelas que se autoidentificam como "éticas", "sustentáveis" etc., é algo muito arriscado. O "capitalismo desperto" não se iguala à justiça social, assim como oferecer pílulas de emagrecimento para os seus amigos de Facebook não faz de você alguém abençoado pelos céus.

O MMN, por natureza, leva suas ideologias organizacionais mais longe que a maioria das empresas, associando a companhia não só a benefícios terrenos e cotidianos, mas ao próprio sentido da vida.[112] Slogans de venda direta costumam bombardear promessas carregadas de espiritualidade,[113] como "Ser Younique* é melhor que ser perfeito" e "Existir e viver não são a mesma coisa. Escolha uma delas". Um gráfico no Pinterest criado pela doTERRA, uma empresa de óleos essenciais, lista a receita para uma sinergia de "perdão" que fará com que os consumidores "se tornem empáticos, misericordiosos, libertos, leves, carinhosos, tolerantes, compreensivos". Antes de sua morte, um dos

---

* O som da palavra "younique" é muito semelhante à do adjetivo "unique", que significa "único". (E, claro, a intenção é essa.) [NT]

cofundadores bilionários da Amway, Jay Van Andel, jurou que o envolvimento com sua empresa "colocava as pessoas em uma nova vida de empolgação, compromisso, lucro e esperança".

Era de se pensar que uma indústria tão retrógrada como a das vendas diretas já tivesse saído de moda. Chega a ser difícil acreditar que tenha sobrevivido à internet, onde muitos ex-recrutas expõem essas empresas, vomitando histórias de abuso psicológico e perda de dinheiro. Uma rápida pesquisa por "MMN é uma fraude" no YouTube vai render infindáveis páginas de vídeos como "A narrativa da 'Girl Boss' dentro do MMN é uma mentira", "Declarei falência por causa de LuLaRoe e hoje trabalho em 2 empregos" e "AMWAY: a gota d'água (com EVIDÊNCIAS em áudio!) — Como desisti da seita de MMN" acumulando milhões de visualizações. Anti-MMNs ocupam apaixonadamente diversos recantos do Instagram e do TikTok. Inclusive, em 2020 o TikTok baniu, em conjunto, todos os recrutadores de MMN da plataforma. As evidências incriminatórias contra o complexo industrial das #bossbabes não são escassas.

No entanto, mesmo assim, a retórica do MMN ataca o espírito humano de forma tão bem-sucedida, de maneira tão consistente, adaptável e atraente, que essas empresas continuam a prosperar. Em 2010, assim que os millenials começaram a se tornar conscientes dos ingredientes usados em produtos de beleza, tomaram o mercado consumidor e, com isso, passaram a exigir mais produtos "naturais" e "não tóxicos" — e os fundadores mais astutos de MMN se adaptaram. As vendas diretas já não eram só para as Suzy Homemakers* da velha-guarda, mas também para a juventude esclarecida. Empresas focadas em "beleza natural" apostaram em embalagens mais elegantes e modernas e dinamizaram suas bases de venda usando "microinfluenciadores". Mulheres com pequenos blogs e alguns milhares de seguidores, e que poderiam se sentir tentadas ao receberem uma DM untuosa dizendo como o feed delas é *maravilhosooo* e perguntando se gostariam de investir em uma segunda fonte de renda enquanto, ao mesmo tempo, se tornariam parte de um novo "movimento" de beleza natural. Combinando com a imagem glamorosa da influenciadora autônoma, essa geração turbinada de MMNs se apresenta como a atividade paralela perfeita. Ou seja, a ágil indústria das vendas diretas sempre encontra uma forma de se reinventar — ela é a barata capitalista que não desiste de reencarnar.

---

* Suzy Homemaker, criada em 1966, era uma linha de brinquedos infantis, voltada para meninas, que fazia eletrodomésticos funcionais em miniatura. [NT]

POLÍTICA
em multinível

19.

> "Ei, moça! Só queria te lembrar que estamos trabalhando com um negócio transformador de vidas aqui!! Sim, estamos ganhando dinheiro, mas é muito mais que isso... é um MOVIMENTO. As pessoas merecem fazer parte disso... Elas só não nos conhecem ainda, então só depende de você mostrar a elas a luz!! Você precisa contar para TODO MUNDO... Família, amigos, seguidores do Insta, aquela pessoa atrás de você na fila do Starbucks. Comece uma conversa e se conecte com essas pessoas. Nossos produtos praticamente se vendem sozinhos, então, se você não estiver cumprindo com as suas metas, você precisa trabalhar MAIS e MELHOR como a grande #bossbabe que você é. Você tem tanto potencial... Não me decepcione, mas, mais importante que isso, não SE decepcione!! bjs"

Quando Becca e eu finalmente fizemos uma chamada para conversarmos sobre sua experiência com o MMN, fazia mais de uma década que eu não escutava a voz dela. Minha ex-colega de escola, naquela época com 28 anos, vivia em uma pequena casa branca de campo, em Maryland, com o marido, dois cachorros e quatro gatos. Ela trabalhava em um emprego formal e ainda cantava, como fazia no ensino médio, em um show local toda sexta à noite, no Backstage BBQ Cafe. Ela frequentava o AA várias vezes por semana e passava a maior parte das noites brincando com sua sobrinha, que ainda era um bebê. "Eu sei, eu sei... Olha só o que me tornei", Becca gracejou, mostrando seu velho sarcasmo e as vogais frontais acolhedoras de seu sotaque natal, que pareço nunca mais ouvir em lugar nenhum.

Becca soube logo de início que a Optavia (inicialmente chamada de Medifast) era uma fraude. Ela pôde ouvir. "Toda aquela conversa fiada? Era muito constrangedor", ela afirmou. Acho que eu já previa que Becca não seria uma daquelas pessoas deslumbradas e esperançosas que de repente se encontram no fundo do poço de um esquema de pirâmide. Ela estava bem consciente da armação da Optavia, mas também estava confiante de que conseguiria vencer o jogo uma vez que conseguisse vendê-la para sua massiva rede de amigos do Facebook. "Eu tinha 100% de certeza que era um culto", ela disse. "Mas fiquei tipo, 'Ah, tanto faz... Vou entrar na onda'. Tipo, vamos dar um golpe então, sabe?"

"Claro, claro", engoli em seco.

Optavia é um programa de perda de peso que entrega refeições pré-preparadas para as casas de seus clientes, como Nutrisystem ou BistroMD. "Eles definitivamente tentam te fisgar com aquele papinho de merda: 'Seja sua própria chefe. Trabalhe de casa'." Pude sentir Becca revirar os olhos do outro lado do telefone. Muitos dos amigos de Becca estavam envolvidos com a controversa LuLaRoe, uma bilionária empresa de leggings que o procurador-geral do estado de Washington processou por atividades envolvidas com esquemas de pirâmide em 2019. (No momento em que escrevo este livro, o caso ainda está pendente.) Becca presenciou como esse MMN consumiu ferozmente a vida dessas pessoas, quanto dinheiro foi extraído delas. Mesmo assim, quando a sogra dela pediu que se tornasse uma recruta da Optavia, cujas taxas de vendas e cotas eram relativamente baixas, isso lhe pareceu uma boa ideia.

Um ano antes disso, o noivo de Becca foi diagnosticado com um raro câncer de sangue antes dos 30 anos de idade. Quando ele finalmente terminou a quimioterapia e entrou em remissão, Becca estava esgotada: "Eu ganhei uma tonelada de peso porque só o que eu fazia era cuidar dele. Eu estava deprimida, tinha acabado de ficar sóbria. E, além disso, tinha parado de fumar, o que engorda ainda mais". A mãe de seu marido era uma vendedora da Optavia e tinha perdido muito peso seguindo o programa, mas por ser tão caro, cerca de 400 dólares por mês, Becca nunca sequer considerou aderir. Então, sua sogra soprou uma ideia: se Becca se alistasse como "coach", postasse sobre sua jornada de peso no Facebook algumas vezes por semana e conseguisse que outras pessoas participassem, isso pagaria por suas refeições. "Ela não veio com aquele papo de boss babe pra cima de mim, só me falou o esquema", disse Becca. "Eu fiquei tipo: 'Ah, legal, eu consigo fazer algumas pessoas se inscreverem, investir na lenga-lenga'."

Então, ela começou a trabalhar como coach, pagou 100 dólares como taxa de entrada, e começou sua dieta: "Do jeito que funciona, você perde peso rápido. Perdi 25 quilos em quatro meses", ela confessa. "Quer dizer, no exato segundo que parei de comer aquela comida, eu olhei para uma pizza e ganhei dois quilos imediatamente. É impossível continuar com aquilo. Mas você tira aquelas fotos de 'antes e depois', posta junto com o papo furado e as hashtags e as pessoas querem saber o que você está fazendo pra perder peso."

A estratégia de recrutamento do MMN requer sigilo logo no começo, então eles impõem regras severas sobre o que seus "coaches" (ou recrutas) podem revelar para quem não faz parte do grupo. Becca, por exemplo, nunca postou o nome Optavia no Facebook, porque a empresa proíbe explicitamente. Em vez disso, ela recebia roteiros instruindo como realizar seus posts, palavra por palavra, a fim de fazer o programa parecer um mistério exclusivo, tudo para impedir as pessoas de pesquisarem sobre ele na internet e descobrirem algo que os cientologistas chamavam de "campanha negativa".

> **A estratégia de recrutamento do MMN requer sigilo logo no começo, então eles impõem regras severas sobre o que seus "coaches" (ou recrutas) podem revelar para quem não faz parte do grupo.**

Na década de 1970, os Moonies se referiam a suas ardilosas táticas de recrutamento e angariação de fundos com uma expressão quase cavalheiresca, "engodo celestial".[114] De maneira similar, os envolvidos com MMN induzem gentilmente seus amigos e familiares a enganarem outras pessoas junto com eles. Na Mary Kay, uma política da empresa nomeada, eufemisticamente, de "Plano de Desconhecimento do Marido" encoraja esposas a se envolverem com a marca sem a "permissão" de seus maridos[115] e depois as ensina como manterem seus gastos em segredo. Uma *Mary Kay Executive Senior Cadillac Sales Director* deu sua versão do Plano de Desconhecimento do Marido em um manual de instruções dedicado às consultoras: "Se você quiser comprar algo hoje, quero que você saiba que aceito DINHEIRO, cheque, VISA, Mastercard, Discover, American Express. Também me interesso por planos de pagamento livres, como no Plano de Desconhecimento do Marido ou outros tipos de finanças criativas; um pouquinho no dinheiro, um pouquinho no cheque e um pouquinho no cartão. Ninguém vai saber quanto você gastou no total".

Becca foi instruída a reter todas as informações específicas até que tivesse vários "parceiros de negócios" em potencial. A partir daí ela faria sua "admissão de saúde" — um teste valendo vinte pontos que continha perguntas íntimas como: "Se você não fracassasse, quanto peso gostaria de perder? Quando foi a última vez que você teve esse peso? O que mudou daquela época para agora? Você se lembra de como se sentia então? Como você se sentiria se voltasse a ter aquele peso? Existe algum membro da família que você gostaria de ajudar a emagrecer? Muito obrigada por compartilhar isso comigo... Eu realmente acredito que tenho algo que te ajudará a alcançar esses objetivos para a sua saúde; estou muito empolgada por poder dividi-los com você".

Essas admissões não eram exames médicos conduzidos por nutricionistas registrados. Eram táticas traumáticas e com o propósito de criar laços realizadas por pessoas comuns, como Becca e sua sogra. Quando a empresa concede a seus recrutas títulos como "coach", "coach sênior", "diretor presidencial" e "embaixador global da saúde", ela sabe o quanto isso os enche de um senso de autoridade. "Acho que a maior parte dessas mulheres se convenceu de que são realmente coaches de saúde", Becca afirma. "Dizem que você está dando às pessoas um incrível presente de vida. Se sua coach te humilhar publicamente no grupo secreto do Facebook, as pessoas ficam todas: 'Uau, que trabalho incrível! Ela está salvando vidas!'." Todo mundo sabe, lá no fundo, que a diferença entre ser um coach e um coach sênior não tem nada a ver com conhecimento na área da nutrição; é sobre quantos pessoas foram convertidas a "parceiros de negócios" naquele mês. Ainda assim, como a empresa te bombardeia de amor, te presenteia com um título chique, e te adula como se fosse uma salvadora de vidas, se quiser, você pode se condicionar a interpretar isso como verdade.

Todas as empresas de MMN dão festanças de autoajuda à lá Tony Robbins* cujos convites custam milhares de dólares. A Tupperware apresenta o Jubileu anual. As Conferências de Carreira da Mary Kay são conhecidas por suas cerimônias de reconhecimento magistralmente orquestradas. Os recrutas não vão só por diversão; essas convenções são tidas como compulsórias se um recruta realmente quiser "se dar bem". Embora — devo deixar claro — o objetivo não seja fornecer conselhos sobre vendas, e sim pintar o retrato mais extravagante e lisonjeador possível da empresa, a fim de atrair e aprisionar ainda mais recrutas já comprometidos. O evento padrão da Amway, por exemplo, parece um

---

* Um guru da autoajuda responsável pela popularização da Programação Neurolinguística. [NT]

cruzamento entre uma tenda do avivamento,* um comício político, um jogo de futebol americano e uma reunião familiar de dimensão colossal. Aliás, algumas das conferências da Amway são literalmente chamadas de "reuniões de família".

Mais que qualquer outra família de MMN, a Amway detém um poder inacreditável — não só sobre as pessoas diretamente envolvidas com a empresa, mas sobre todo o sistema político estadunidense. Fundada em 1959, a Amway opera em mais de uma centena de países e lucra mais de 9 bilhões por ano, graças à sua rede de mais de 4 bilhões de distribuidores, chamada de International Business Owners (IBO). Ela é uma empresa cristã cuja principal mensagem é dizer que os estadunidenses se distanciaram das características que, no passado, tornaram-nos gigantes: liberdade individual para alcançar o que se deseja, "valores da família americana" e devoção completa ao ideal inabalável: "Deus abençoe a América".** "Vou dizer a vocês o que está errado com esse país", berrou Dave Severn, funcionário unicórnio, um Executivo Diamante da empresa, em um comício de 1991. (Os títulos mais altos da Amway sempre recebem nomes de gemas e outros tesouros: Rubi, Pérola, Esmeralda, Diamante, Diamante Duplo, Diamante Triplo, Coroa, Embaixador da Coroa.) "Eles permitiram que tudo pelo que lutamos... vá pelo ralo por escolherem PESSOAS NÃO CRISTÃS para comandar uma sociedade baseada na fé cristã... A Amway foi construída tendo como base as leis de Deus."[116]

Dois fundadores fervorosamente conservadores da Amway, Jay Van Andel e Rich DeVos, morreram em 2004 e 2018, respectivamente. O segundo nome talvez soe familiar: os "DeVos" eram uma família de Michigan de bilionários com muita influência política; Rich era o sogro da secretária da educação de Donald Trump, Betsy. Com uma rede pessoal valendo mais de 5 bilhões de dólares, Rich DeVos atuou como presidente de finanças do Comitê Nacional Republicano, foi melhor amigo de Gerald Ford, garantiu à Amway isenção de impostos de centenas de milhões de dólares e encaminhou somas prodigiosas para os cofres de candidatos republicanos à presidência. A Amway financiou as campanhas de Ronald Reagan, dos dois George Bush, e, naturalmente, do presidente mais favorável às vendas diretas de todos os tempos, Donald Trump. Ao longo da década de 2010, Trump fez uma fortuna com seu apoio a diversas empresas de MMN.[117] Isso incluiu uma empresa de vitaminas e uma empresa de seminário que, juntas, pagaram a ele sete dígitos em troca de permissão para usá-lo como mascote e para renomear as organizações de Trump Network e

---

* Tenda onde se dão reuniões de cristãos e ocorrem eventos evangelistas. [NT]

** A ideia de "valores da família americana" é um clássico modelo de linguagem carregada utilizada como arma por políticos de direita para condenar o aborto, o casamento gay e as políticas feministas como coisas inerentemente antiamericanas.

Trump Institute. (Em 2019, um juiz federal decretou que Trump e suas filhas podiam ser processados por fraude[118] em virtude da conexão com essas organizações.) Para retribuir os favores de DeVos, todos os presidentes nomeados anteriormente louvaram publicamente a Amway e a Associação de Vendas Diretas em geral como empreendimentos louváveis e profundamente patrióticos.[*]

A interpretação de Rich DeVos de prosperidade teológica, vinda lá do século XVII, sugere que, se você não é rico, então Deus não te ama. Como declarado: "O sistema do livre mercado... é um presente de Deus para nós, e nós devemos compreendê-lo, abraçá-lo e acreditar nele". De acordo com DeVos, se você sente que o sistema fechou as portas para você a vida toda, então você seria um imbecil se não decidisse desistir da burocracia e tentar o MMN.

> **A interpretação de Rich DeVos de prosperidade teológica, vinda lá do século XVII, sugere que, se você não é rico, então Deus não te ama.**

Essa é a retórica que permeia os comícios lendários da Amway, nos quais a sequência de eventos costuma funcionar assim: usando a cadência hínica de um pastor pentecostal, o mestre de cerimônias começa fazendo uma piada sobre um ou dois dos IBOS mais bem-sucedidos da Amway. Então, eles apresentam o orador. Tendo como trilha sonora a música-tema de *Rocky*, ele aparece enquanto a plateia vai à loucura. O orador — geralmente um homem branco, do mais alto nível de IBO, embolsando dezenas de milhares de dólares pela presença — narra sua emocionante história de sucesso enquanto usa slides de PowerPoint para mostrar todas as casas, iates, carros e férias que conquistou graças a seu trabalho na Amway. Gritos de "Isso não é demais?" e "Eu acredito!" ecoam pelo local. Diamantes e Pérolas clamam "Que coisa mais linda!". Uma premiação se segue e, no encerramento, o público participa, até às lágrimas, de uma performance de "God Bless America". No final, os patrocinadores olham seus parceiros de negócios nos olhos e dizem, literalmente, "Eu te amo".

---

[*] Até os democratas aceitaram o dinheiro de DeVos em troca de enaltecimento público: Bill Clinton levou para casa 700 mil dólares, em 2013, depois de um discurso em uma das conferências da Amway, em Osaka, no Japão.

Não é preciso ser um sociólogo para enxergar como é desonesto usar a palavra "amor" com um de seus subordinados — especialmente sabendo que eles nunca ganharão um tostão nesse relacionamento, muito menos um iate. A maioria dos recrutas, na verdade, nem ao menos quer um iate. Eles não têm motivo para ter um iate. Novamente, a razão pela qual entraram na empresa, em primeiro lugar, e participaram dessa conferência exagerada, era por serem mães e donas de casa ou imigrantes tentando construir uma vida decente.

Imagine que você seja um recruta que está nos negócios há algum tempo, tendo participado de uma ou duas conferências, e que está finalmente sentindo que quer sair dessa empresa de MMN. Se der indícios disso a qualquer pessoa lá dentro, você pode ter certeza de que seu patrocinador vai encher seu inbox de mensagens carregadas de frases forjadas para que você sinta culpa e peso na consciência, sendo manipulado para permanecer lá. Becca teve sorte por sua sogra ser uma patrocinadora muito tranquila, pois quando ela decidiu desistir, depois de um ano na Optavia, só precisou ignorar algumas ligações de telefone. Contudo, no que diz respeito a outros participantes de MMNs, o custo da saída pode ser gigantesco. Embora provavelmente não aconteçam ameaças envolvendo alienígenas invasores de corpos, como na Cientologia, é possível que você sofra de uma culpa agonizante e tenha sentimentos de ansiedade sobre desistir dos próprios sonhos e perder uma família postiça. Uma ex-membro da IBO da Amway lamentou sobre como foi terrível ver pessoas que, no passado, tinham dito que a amavam, fingirem que ela não existia, sem nenhum remorso: "Já no começo você recebe muito amor... [e] atenção dos membros da Amway. Você fica com a impressão de que essa gente está realmente interessada em você como pessoa. O que não é verdade. É apenas uma forma de te amarrar ao grupo".

INTUIÇÃO
versus reflexão
20.

"Ei, gata! Recebi sua mensagem no chat do Facebook. Sei que você está pensando em nos deixar. Está se sentindo frustrada e sem inspiração. Eu entendo. ACREDITE EM MIM. Mas a maior parte das pessoas de sucesso nesse negócio são aquelas que se forçam a seguir adiante. Pense nisso como um teste. Você vai provar a si mesma que é uma #bossbabe completa e virar o jogo ou vai desistir? Pense em quanto tempo e trabalho você dedicou à empresa! Será que você realmente quer jogar tudo isso fora? Pense em todo o dinheiro que você vai receber se continuar conosco só por mais alguns meses. Pense nas despesas médicas, pense nos seus filhos... Não seja EGOÍSTA. Seja FORTE!! Você sabe que todos somos parte de uma grande família aqui, então, por favor: ME ajude a ajudar VOCÊ. Vamos discutir isso por telefone antes de você tomar uma decisão da qual vai se arrepender, certo? bjs"

Há outra justificativa para o que faz a linguagem adotada pelo MMN soar enganosa e constrangedora para algumas pessoas e convidativa e crível para outras. O fato de associarmos afirmações como "Você quer nadar em dinheiro?" e "Você pode se tornar milionário em um ano!" a fraudes não tem nada a ver com as palavras em si (que, sozinhas e sem contexto, soam bem atraentes). Em vez disso, tem relação com as diferentes maneiras que os humanos desenvolveram para processar informação. Isso tem a ver com a ciência social da ingenuidade.

De acordo com o psicólogo ganhador do Prêmio Nobel Daniel Kahneman, a ingenuidade[119] existe porque dois sistemas opostos de processamento de dados se desenvolveram no cérebro humano: Sistema 1 e Sistema 2 de pensamento. O Sistema 1 é rápido, intuitivo e automático. Quando alguém nos conta algo, esse sistema se apoia na experiência individual e na evidência anedótica para emitir uma opinião. Entre os humanos do passado, que viviam em pequenos grupos e cuja confiança era construída baseada em relacionamentos cara a cara que duravam uma vida toda, esse método era mais que suficiente. Naquela época, você não precisava ser muito cético quando alguém contava alguma coisa, porque esse alguém provavelmente era sua mãe, um primo, ou qualquer outra pessoa que conhecesse desde sempre. Hoje em dia, sempre que temos uma resposta heurística como reação a alguma notícia e tomamos uma decisão instantânea sobre isso, é um sinal de que o Sistema 1 está operando.

Contudo, também temos o Sistema 2, que envolve um julgamento mais lento, deliberado e racional. Esse sistema foi desenvolvido recentemente. Na "era da informação", em que bilhões de pessoas interagem umas com as outras anonimamente on-line, espalhando correntes questionáveis e teorias da conspiração perniciosas, o Sistema 2 se torna bastante útil, pois, se alguém soar suspeito, não precisamos nos basear no instinto para tomarmos uma decisão. Podemos tirar um tempo para pensar, fazer perguntas, investigar minuciosamente, e só então decidir como reagiremos. Infelizmente, como esse processo é muito mais novo que o Sistema 1, nem sempre ele funciona. Em parte, porque temos algumas falhas de raciocínio profundamente enraizadas,[120] como o viés de confirmação e algumas divisões de trabalho cognitivo difusas, que contribuem para a disfunção do nosso Sistema 2. Resumindo, os seres humanos estão evoluindo para se tornarem capazes de lidar com um excesso de informações sobre muitas coisas diferentes; mas, como não somos robôs ou inteligências artificiais, não estamos fazendo isso perfeitamente.

Na contemporaneidade, quando alguém é abordado por todas aquelas elucubrações bombásticas de MMN, a maior parte das pessoas tem uma reação instintiva. Elas não precisam fazer uma lista de prós e contras ou pensar sobre a questão de forma crítica (afinal, a abordagem geralmente vem de alguém que já conhecem, por isso podem emitir uma opinião facilmente). As pessoas são capazes de decidir, logo de cara, se: A) isso realmente soa como uma ótima oportunidade; ou B) isso é lixo e não serve para elas. Isso é o Sistema 1 funcionando. Mas outras pessoas podem precisar de mais tempo para refletir cuidadosamente. Para isso, por sorte, temos o Sistema 2.

A economista Stacie Bosley uma vez criou um experimento que demonstrava como os Sistemas 1 e 2 funcionavam com o recrutamento do esquema de pirâmide. Ela montou um estande em uma feira estatal e, a cada transeunte que passava, ela entregava 5 dólares em dinheiro, dizendo que eles poderiam ou ficar com o dinheiro ou tentar o "Jogo do Avião" (uma versão condensada de um esquema de pirâmide). Algumas pessoas responderam de primeira: "Nem pensar, moça. Vou ficar com os 5 dólares. Isso aí é um golpe". Outras pessoas levaram mais tempo para processar o fato, escutaram novamente as regras, avaliaram, e finalmente responderam: "Não, isso é um mau negócio". Elas chegaram à mesma conclusão, mas usando o Sistema 2 em vez do Sistema 1. Então, havia o grupo de pessoas que deliberaram cuidadosamente, mas não tinham as ferramentas necessárias para tomar a melhor decisão — a cognição, o estudo —, por isso decidiram jogar o "Jogo do Avião". E, por fim, havia aquelas que optaram impulsivamente pelo jogo e se ferraram. "A impulsividade", diz Bosley, "é um indicador comum de diagnóstico da vulnerabilidade de certas pessoas à fraude."

Ainda não é totalmente clara a razão pela qual algumas pessoas têm um Sistema 1 tão desenvolvido, quase um senso de aranha, para detectar esquemas de pirâmide, tratamentos de saúde falsos e outras situações boas-demais-para-ser-verdade, enquanto outras não têm. Alguns pesquisadores acreditam que isso possa estar relacionado a diferenças na confiança[121] que se originam cedo na infância. A teoria afirma que o desenvolvimento de uma boa confiança logo na primeira infância define uma expectativa vitalícia de que o mundo sempre será honesto e gentil com você. Todo tipo de exposições na infância pode fazer com que alguém se torne mais ou menos crédulo. Algumas pessoas, como meu pai, podem ter seu nível de confiança danificado por um genitor ausente ou qualquer outro tipo de trauma. Certamente, ao adicionar fatores como estresse e dificuldade financeira, a maioria das pessoas escolhe ignorar seus instintos céticos e de repente se encontra coberta de extorsão até o pescoço. Por mais que eu queira dar a mim todo o crédito intelectual por ter um nariz requintado e supersensível para farejar golpes, estou bem consciente de que meu desdém por esquemas de pirâmide provavelmente está relacionado com o fato de que sou privilegiada o suficiente por não precisar urgentemente daquilo que prometem.

Os sociólogos também dizem que ter ensino superior e um treinamento com método científico geralmente torna as pessoas menos ingênuas. E, por bem ou por mal, estar de mau humor também. Em diversos experimentos, estudiosos descobriram que, quando estamos de bom humor, nos tornamos mais inocentes e menos desconfiados, enquanto, se estivermos mal-humorados, nos tornamos melhores para perceber todo tipo de farsa.[122] O que, convenhamos, é o superpoder mais ranzinza que já existiu.

DISCURSOS
corporativos
21.

A melhor frase que já ouvi adeptos de MMN dizerem para defender esse negócio é: "Isso não é um esquema de pirâmide. Os empregos corporativos é que são o VERDADEIRO esquema de pirâmide". Essa alegação não só é um clichê terminador de pensamento absurdo, como também um sinal gritante de condicionamento "nós versus eles". Contudo, embora os envolvidos com MMN falem um monte de merda sobre o corporativismo estadunidense e o corporativismo estadunidense ache que o MMN não é nada além de uma piada fraudulenta, ambos derivam do mesmo histórico capitalista protestante. E a fábula toxicamente positiva de que nossa sociedade é uma verdadeira meritocracia — que é possível subir a escada, de baixo até o topo, se trabalhar duro e tiver fé — também domina a retórica do trabalhador "comum".

Muitas empresas modernas visam a ativamente ganhar um culto de seguidores na mesma linha de organizações como Trader Joe's, Starbucks, ou Ikea — marcas que conseguiram cultivar extrema solidariedade e lealdade entre funcionários e patrões. Para aprender mais sobre a linguagem das corporações que dividem algumas semelhanças com cultos, contatei um pesquisador alemão de negócios e consultor de gerenciamento chamado Manfred F.R. Kets de Vries. Uma vez que estuda estilos de liderança no ambiente de trabalho desde a década de 1970, Kets de Vries confirma que a linguagem é uma pista crítica para determinar se uma empresa se tornou cultista demais para o próprio bem. Alguns sinais de alerta são discursos motivacionais, slogans, músicas, palavras codificadas e uso de jargão corporativo sem necessidade, ele diz.

A maioria de nós já se deparou com dialetos vazios ou linguagem sem nexo no ambiente de trabalho. É muito fácil encontrar geradores de jargões corporativos na internet (e superdivertidos de brincar), formando frases como "orquestrando rapidamente entregas impulsionadas pelo mercado" e "turvando progressivamente capital humano de classe internacional". No meu antigo emprego em uma revista de moda, os funcionários estavam sempre atirando metáforas místicas como "sinergia" (pelo fato de estarmos todos na mesma página), "mova a agulha" (faça um notável progresso) e "mindshare"* (algo sobre a popularidade da marca? Ainda não tenho certeza). Se tinha uma coisa que minha chefe amava era quando todo mundo transformava, completamente sem necessidade, substantivos em verbos e vice-versa — como modificar o substantivo "lousa" para o verbo "lousar", "crepúsculo" em "crepuscular" ou o verbo "perguntar" para o substantivo "pergunta". As pessoas faziam isso mesmo que fosse óbvio que não soubessem o que estavam dizendo ou o porquê. Naturalmente, esse tipo de conformismo sempre me assustou, embora eu gostasse de parodiá-lo no meu tempo livre.

Em seu livro de memórias, *Uncanny Valley*, a repórter de tecnologia Anna Wiener batizou todas as formas de vernáculo corporativo de "linguagem lixo". A linguagem lixo está ao nosso redor desde antes do Vale do Silício, embora seus temas tenham mudado com a passagem do tempo. Na década de 1980, ela fedia a bolsa de valores:[123] "adesão", "alavancar", "volatilidade". Os anos 1990 trouxeram consigo o imaginário dos computadores: "banda larga", "me manda uma mensagem", "vamos deixar isso no off". No século XXI, com a cultura das start-ups e o fim da separação entre vida e trabalho (vide os funcionários do Google e suas piscinas de bolinhas e massoterapeutas de escritório) em combinação com movimentos voltados para a "transparência" e a "inclusão", encontramos uma linguagem mística, politicamente correta, empoderada: "holístico", "concretizar", "alinhamento".

O jargão não causa danos apenas por existir. Como sempre, as palavras precisam de contexto. E quando usadas em ambientes competitivos de start-up, quem está no poder pode facilmente tirar vantagem da ânsia da equipe em vencer (e da necessidade básica por emprego). Uma "linguagem lixo" excessiva pode sinalizar que a alta gerência está suprimindo a individualidade, colocando os funcionários em uma visão de mundo na qual toda a realidade deles é governada pelas regras da empresa, que, provavelmente, não foram criadas tendo muita compaixão ou justiça em mente. (Algumas pesquisas

---

* "Mindshare", no Marketing, tem a ver com o posicionamento da marca. É o espaço mental que ela deve ocupar na mente de seus consumidores. [NT]

mostram consistentemente que um entre cada cinco CEOs apresenta traços de psicopatia.)[124] "Todas as empresas têm seus termos especiais, e às vezes eles fazem sentido, mas às vezes são pura bobagem", diz Kets de Vries. "Por ser consultor, às vezes entro em uma organização onde as pessoas usam codinomes e acrônimos, mas nem sabem o que é que estão falando. Estão apenas imitando o que a gestão de topo diz."

Na Amazon, por exemplo, os ideais de Jeff Bezos são assustadoramente similares aos de líderes de MMN: desdém pela burocracia, fixação em hierarquias, incentivos a alcançar o topo independentemente de quem será prejudicado para que isso aconteça, e uma sobreposição de linguagem motivacional arrogante com metáforas de derrota. Bezos, aliás, criou sua própria versão dos Dez Mandamentos chamada os Princípios da Liderança. Ele é uma espécie de código sobre como os funcionários da Amazon devem se comportar, pensar e falar. Há catorze desses princípios — todos vagos lugares-comuns como "pense grande", "mergulhe de cabeça", "tenha iniciativa" e "entregue resultados". Os empregados da empresa os recitam como mantras. De acordo com uma explosiva reportagem-denúncia sobre a Amazon publicada pelo *New York Times* em 2015, essas regras fazem parte da "linguagem diária da empresa... são utilizadas no processo de contratação, durante as reuniões, e até nas filas dos food-trucks durante o horário de almoço. Alguns empregados da Amazon dizem até que as ensinam para os filhos".

Assim que um funcionário da Amazon é contratado, ele recebe a tarefa de decorar todas as 511 palavras dos Princípios da Liderança. Alguns dias depois, ele passa por um teste, e aqueles que recitam os princípios perfeitamente recebem um prêmio simbólico: permissão para proclamar "Sou peculiar", o bordão da Amazon para aqueles que forçam, admiravelmente, os próprios limites no ambiente de trabalho. Daí em diante, é esperado dos funcionários que destruam as ideias uns dos outros nas reuniões (algo muito parecido com os confrontos perversos do Jogo de Synanon), "mesmo quando for desconfortável ou cansativo" (de acordo com o Princípio de Liderança[125] #13). Se um subalterno dá uma opinião ou responde a uma pergunta de um jeito que não agrade ao gerente, ele é chamado de idiota ou interrompido no meio da frase enquanto recebe ordens para parar de falar. De acordo com alguns ex-funcionários, as máximas repetidas no escritório incluem: "Sempre que bater de frente com um muro, escale-o" e "O trabalho vem em primeiro, a vida vem em segundo, e tentar encontrar o equilíbrio entre as duas coisas vem por último". Como o próprio Bezos escreveu em uma carta a um acionista, em 1999: "Sempre faço nossos funcionários se lembrarem de sentirem medo, de acordarem toda manhã apavorados".

Embora deixar funcionários petrificados a ponto de serem altamente obedientes possa ajudar a empresa a cumprir suas metas mais rápido em curto prazo, Kets de Vries afirma que a rigidez paralisa a inovação, o que, em longo prazo, é ruim tanto para a empresa quanto para seus funcionários. (Isso sem mencionar ética ou empatia.) Durante suas consultas de gerenciamento, Kets de Vries aconselha executivos sêniores a se perguntarem: A empresa incentiva a individualidade e o não conformismo para impulsionar avanços? Ela encoraja seus funcionários a terem vida e linguagem própria? Ou todo mundo fala exatamente no mesmo tom, usando o mesmo palavreado, estranhamente parecido com o da pessoa em comando? "Quando você está em uma posição de gerenciamento de alto nível, se não tomar cuidado, vai entrar em uma câmara de ecos", Kets de Vries explica. "As pessoas começam a te dizer exatamente o que você quer ouvir, então você sempre se safa de problemas causados pela sua loucura. Assim, essa loucura pode se tornar institucionalizada muito rápido."

Entrevistei uma antiga funcionária de uma start-up de "moda sustentável", perguntando, inicialmente, sobre seu envolvimento com The Class, de Taryn Toomey (um estúdio de "culto fitness" sobre o qual falaremos com mais detalhes na parte v), e ela me disse que o único motivo pelo qual se envolveu com o "culto" dos exercícios físicos, em primeiro lugar, foi por ter finalmente pedido demissão de um trabalho infernal. Por três anos seguidos, ela trabalhou na já mencionada empresa de moda, e sua chefe fisicamente estonteante, porém psicologicamente sádica, a impedia de dormir, de ganhar um salário decente ou de manter relacionamentos fora da companhia. Essa situação a levou a um colapso nervoso e ela abandonou a empresa para se focar na espiritualidade — foi quando encontrou The Class, que acabou se tornando uma experiência superpositiva. "O grupo não se parece em nada com o meu antigo emprego, que tomava conta de toda a minha existência", ela conta. "Minha chefe queria que tratássemos a empresa dela como se fosse a nossa religião. Isso meio que arruinou minha vida por um tempo."

Milhões de estadunidenses já trabalharam para empresas com traços cultistas em algum momento, e alguns de nós até já sofremos atmosferas tão tirânicas quanto as da Amazon. Na escada ilusória do capitalismo estadunidense, esses são apenas alguns degraus galgados de uma corporação que paga não com dinheiro, mas com mentiras... O célebre marketing multinível.

a principal
PISTA

22.

Eu disse antes que o MMN é só um esquema de pirâmide que não foi pego pelas autoridades. Então, como flagrar um deles?

Para achar a resposta, vamos dar uma olhada sobre como a Comissão Federal de Comércio (FTC) fechou sua primeira empresa de MMN. No início da década de 1970, uma companhia de cosméticos de péssima qualidade chamada Holiday Magic começou a acumular ações judiciais. O negócio tinha sido fundado apenas uma década antes por William Penn Patrick, uma das cobras mais untuosas e tagarelas que já encontrei no mercado das vendas diretas. Nascido no Norte da Califórnia, aos 30 anos esse cara era um senador republicano tão presunçoso e pretensioso que o *Los Angeles Times* uma vez se referiu a ele como "o político mais esquisito do estado".[126]

Como a maioria dos fundadores de MMN, Patrick era aficionado por teologia da prosperidade e Novo Pensamento, sendo famoso por transformar lemas inspiradores em ameaças: "Diga [aos recrutas] que eles vão ser mais felizes,[127] mais saudáveis, mais ricos e receberão tudo o que desejam na vida graças ao programa Holiday Magic", ele escreveu. Na sequência, acrescentando: "Qualquer pessoa que falhe no programa Holiday Magic deve se encaixar em uma das seguintes categorias: preguiçosa, burra, gananciosa ou morta". Patrick também foi conhecido por organizar a conferência mais bizarra da história do MMN. Chamada de Dinâmica de Liderança, essa conferência ocorreu em Bay Area, em um hotel de quinta categoria, custando mil dólares o ingresso. Por dois dias seguidos, Patrick fez com que seus recrutas participassem de uma série de bizarros jogos de poder: ele fez com que entrassem em caixões e os amarrou em gigantescas cruzes de madeira, onde ficaram pendurados a tarde toda. Como Jim Jones, Chuck Dietrich e (em um nível mais brando) Jeff Bezos, ele também os forçou a sessões de "terapia em grupo" nas quais coagiu os participantes a se atormentarem por horas a fio.

O comportamento de Patrick era descontrolado em todos os sentidos, mas quando a FTC o levou à corte, o argumento mais convincente que tinham contra ele — e o que depois permitiu que acabassem com o Holiday Magic — foi o seu discurso. Em última instância, a corte decidiu que as hipérboles enganosas, os chavões carregados e o gaslighting disfarçado de inspiração eram o que o definiam como um esquematizador de pirâmides. Isso faz muito sentido, pois em todas as áreas da vida, seja no mundo dos negócios ou não, quando você é capaz de sentir que algo é eticamente errado mas está tendo dificuldade em encontrar exatamente o porquê, a linguagem é a sua principal pista. Foi a ela que o FTC recorreu para derrubar o Holiday Magic, e nos anos seguintes os advogados da Comissão se referiram ao mesmo tipo de mensagem estranha e fraudulenta para processar uma litania de empresas de MMN — inclusive a maior que já perseguiram, a Amway.

> **[...] em todas as áreas da vida, seja no mundo dos negócios ou não, quando você é capaz de sentir que algo é eticamente errado mas está tendo dificuldade em encontrar exatamente o porquê, a linguagem é sempre o melhor lugar para se encontrar evidências.**

Em 1979, o FTC finalmente acusou Jay Van Andel e Rich DeVos de trabalharem com esquemas de pirâmide, o que levou a um caso massivamente prolongado. Porém, como sabemos, a Amway nunca fechou as portas. (Reitero, os fundadores dessa empresa jogavam golfe com chefes de estado importantes — o governo jamais os derrubaria.) O juiz multou a empresa em 100 mil dólares (praticamente uma ninharia para uma corporação bilionária) e deixou que seguissem alegremente com seus negócios.

No fim das contas, como a FTC perdeu o caso contra a Amway, isso ofereceu à indústria de vendas diretas uma medida de proteção dali em diante. Desde 1979, a FTC só fechou o negócio de pequenas empresas de MMN, nunca uma das megacompanhias. Agora, sempre que alguém relacionado ao MMN é confrontado, ele pode afirmar: "Não, não, não, você entendeu errado. Não somos um esquema de pirâmide. Não somos um culto. Somos como a Amway. Somos uma meritocracia. Somos a sua chance de se tornar empreendedora, de ser dona do próprio negócio, de se tornar uma #bossbabe. Não somos uma fraude — somos o Sonho Americano".

Portanto, no que diz respeito aos tribunais, essa opinião seria suficientemente verdadeira para acreditarmos que essas empresas não são cultistas.

"Ei, moça. Detesto ter que fazer isso. Mas acabei de ter uma conversa com meu patrocinador e, infelizmente, precisaremos te dispensar. Quando você se juntou ao time fiquei animadíssima com todo o seu potencial. No entanto, apesar de todo esforço e tempo que depositamos em você, acho que você é que não se empenhou o suficiente. Algumas pessoas não estão aptas para aproveitar essa oportunidade e, acredite em mim, como sua patrocinadora, lidar com isso é mais difícil para mim do que para você. Precisarei te remover do grupo de Facebook e desativar a sua conta. Acho que, no fim das contas, você não era uma #bossbabe. bj"

CULTO FITNESS
PARTE V

ACADEMIA:
um espaço sagrado
23.

Estou marchando vigorosamente no mesmo lugar, como se fosse um soldadinho de brinquedo. Parece idiota, e minha vontade é de me movimentar do jeito mais meia-boca possível, mas disse a mim mesma que, ou me esforço totalmente, ou simplesmente não faço. Enquanto giro meus antebraços e pulsos à frente com o máximo de força que meus músculos permitem, fecho os olhos com força enquanto repito a frase "O meu poder é imensurável".

Meus pais estão cada um de um lado, em ziguezague para que haja espaço para todos, realizando os mesmos movimentos e repetindo a mesma afirmação comigo: "O meu poder é imensurável". "Encarne-o, desperte-o!", grita nossa radiante líder, Patricia Moreno, projetando simultaneamente ferocidade e doçura. Ela chama esse movimento de força de vontade.

Oito contagens depois, estamos dando soquinhos no ar à nossa frente, girando o tronco com cada gancho de esquerda ou direita. Esse movimento se chama FORÇA. "Isso é um lembrete para que você pare de falar sobre o que não consegue fazer e invoque sua força", narra Moreno. "Você vai decidir que hoje você é forte o suficiente para operar a mudança que quiser. Diga: 'Eu sou mais forte do que pareço'." Ainda socando o ar e girando o tronco, repetimos: "Eu sou mais forte do que pareço". "Lindo! Sinta-se um guerreiro!", cantarola Moreno.

Mais dois movimentos completam nossa rotina de quatro passos: o próximo se chama CORAGEM. Pulando em um pé só e chutando com a outra perna, fechamos nossas mãos no formato de esferas cerradas e as lançamos para o céu, uma de cada vez. "Sempre que estiver sob estresse, faça esse movimento, ele interromperá pensamentos preocupantes, dúvidas e medos!", estimula

Moreno. "Assim, você mudará a sua linguagem e dirá: 'Sou mais corajoso do que penso!'." Meus pais e eu ecoamos a frase, explodindo nossos corpos contra o ar: "Sou mais corajoso do que penso!".

Último movimento: ABUNDÂNCIA. Encostamos as palmas das mãos no coração, depois as lançamos para cima, em um v amplo sobre nossas cabeças, devolvendo-as para o coração, então estendemos nossos braços para os quadris, imitando a postura de repouso. Enquanto isso, repetimos: "Eu sou abençoado por ter tudo o que preciso". "Gratidão é a atitude que vai MUDAR. A. SUA. VIDA!", ruge Moreno. "Você precisa pensar sobre isso, falar sobre isso, se focar em todas as bênçãos que possui". Agora estamos finalizando o movimento com polichinelos, erguendo os braços o mais alto possível e depois tocando a ponta dos dedos no chão, berrando: "Eu sou abençoado por ter tudo o que preciso!".

[...] até a década de 1950, a comunidade médica mundial não recomendava exercícios para mulheres (muito menos que ficassem suadas dos pés à cabeça, gritando frases empoderadoras em público, múltiplas vezes na semana).

"Agora vamos fazer todos os movimentos juntos!", convida Moreno, e repetimos os quatro movimentos em sequência: FORÇA DE VONTADE, FORÇA, CORAGEM, ABUNDÂNCIA.

E então, do nada, lágrimas. Estou há menos de cinco minutos praticando os movimentos e afirmações de Moreno quando minha voz se quebra em um trinado. Minha mãe se vira e sorri com claro incômodo. "Amanda, você tá... chorando?". Ouço sua tentativa de não parecer crítica. Meus pais não me veem chorar há pelo menos dois anos. "Todo mundo disse que isso ia acontecer", eu grito em autodefesa, rindo e chorando ao mesmo tempo, traída por esse reflexo líquido.

Basta isso para quebrar o feitiço. "Tá certo, pra mim já chega", meu pai murmura, abandonando o exercício como se tirasse uma fantasia que finalmente percebesse ser ridícula. "Vou pra garagem andar na minha ergométrica. Eu gosto de me exercitar SOZINHO!".

"Pois é, já sabemos disso, Craig. Leve o lixo reciclável com você", mamãe retruca, ainda marchando no mesmo lugar e girando as mãos.

O clima é de travessuras no lar dos Montell: meus pais cientistas e eu — a mais cínica do trio ao gritar a frase "Eu sou abençoada por ter tudo o que preciso!" durante um polichinelo — estamos fazendo uma aula on-line gratuita de intenSati. Esse programa de exercícios proclamado pela mídia como um dos "cultos fitness favoritos"[128] foi criado no início de 2000 pela ex-campeã aeróbica e atualmente instrutora virtual Patricia Moreno. Uma mulher de 55 anos de idade com um rabo de cavalo preto reluzente e um sorriso radiante que, no momento dessa cena, está sendo transmitida pelo iPad no jardim de inverno dos meus pais. Batizada pela Cosmopolitan.com como uma mistura de "Oprah mexicana e super em forma" com "uma versão jóquei de J.Lo", Moreno faz com que esporte e iluminação pareçam um combo inevitável. Sua técnica de alto-astral combina elementos de dança, kickboxing e yoga com afirmações faladas, por isso, cada movimento tem um mantra que o acompanha. Na linguagem do intenSati, essa combinação de movimento-afirmação é chamada de "encantamento" — um conceito que Moreno aprendeu em uma conferência de Tony Robbins na virada do milênio. O nome intenSati (uma brincadeira com "intensity", "intensidade", em inglês) é uma junção de "intention" ("intenção") e "sati" (a palavra "mindfulness" em páli).* Algo que pode ser definitivamente classificado como riponga.

Aos 58 e 64 anos, mamãe e papai estão em ótima forma, muito melhores do que eu, graças a todo o ciclismo e nado que praticaram em Santa Bárbara, para onde se mudaram depois de Baltimore, sete anos atrás. Eles não são pessoas que praticam "exercício em grupo", como adoram me lembrar, mas como decidi fazer uma visita no fim de semana, consegui convencê-los a experimentar uma das aulas de "culto fitness" que estivesse pesquisando para a escrita deste livro. "Já conheço tudo o que você pode imaginar sobre se exercitar em casa", mamãe sorri, arrumando o cabelo em um coque impecável. "Eu me inscrevi no Peloton, você sabe."

O intenSati foi recomendado a mim por Natalia Petrzela, uma aluna que se tornou instrutora e tem seguido Moreno (tanto física quanto ideologicamente) desde 2005. Fiquei bastante inclinada a escutar o que tinha a dizer, pois ela parecia muito mais racional que o estereótipo que estou acostumada a ver em Los Angeles: a guerreira do bem-estar, que se inscreveu no outono ou na primavera, que pratica SoulCycle três dias na semana e CorePower Yoga nos outros quatro dias restantes, só veste leggings Lululemon e não ingere um

---

* No Brasil, a palavra mindfulness foi adotada em sua versão inglesa e pode ter múltiplos significados, como: "atenção plena", "consciência plena" ou um "estado total de controle sobre sua capacidade de concentração". Páli, por sua vez, é uma língua morta indiana, muito próxima do sânscrito e presente nas escrituras budistas. [NT]

carboidrato simples desde a 12ª temporada de *The Bachelor*. Natalia é uma historiadora fitness na New School de Nova York, com doutorado em Stanford, que se identifica como "nem um pouco atlética" nem "louca por esportes". Ela prometeu que, se eu, uma feminista estraga-prazeres que se sente intimidada por exercícios, fosse me apaixonar por algum "culto de treino", tinha certeza de que seria pelo intenSati. "Eu era tão cética sobre treinos desse tipo quanto você", jura Natalia. "Lembro a primeira vez que descreveram intenSati para mim; disseram que 'ela usa vozes e visualizações para transformar sua visão interna e seu corpo', e eu fiquei tipo, 'Deus me livre, isso é hippie demais'."

"Tá bom, tá bom", respondi. "Vou dar uma chance."

Hoje em dia, o casamento entre mensagens místicas de autoajuda com exercício de alta intensidade pode não parecer grande coisa, mas quando Natalia encontrou o intenSati no meio da década de 2000, os dois conceitos tinham acabado de ser familiarizados. Quando criou esse treino em 2002, Moreno ainda não sabia, mas seu lançamento ocorreu no tempo perfeito: na virada do século XXI, as academias de boutique estavam começando a se tornar uma grande indústria. Nos anos 1980 e 1990, a maioria dos estadunidenses fazia seus exercícios em ginásios ou centros comunitários como o YMCA (Associação Cristã de Moços); classes menores, mais caras, ministradas por instrutores carismáticos, patrocinando marcas fortes e prometendo benefícios transcendentais ainda não eram a norma.

Por incrível que pareça, até a década de 1950, a comunidade médica mundial não recomendava exercícios para mulheres (muito menos que ficassem suadas dos pés à cabeça, gritando frases empoderadoras em público, múltiplas vezes na semana). Nas décadas de 1920 e 1930, um dos únicos estúdios fitness de sucesso nos Estados Unidos era uma franquia chamada Slenderella,[*] cuja filosofia era totalmente baseada em emagrecer os corpos femininos delicadamente, sem suor, e puramente para propósitos cosméticos. Elas ofereciam aulas de ritmo (alongamento e dança), prometendo emagrecer as clientes "nos lugares certos" sem "a labuta e o sofrimento" de um esforço real, algo que, acreditava-se, era insolentemente muito pouco feminino, pois levava a músculos "masculinos" e riscos reprodutivos. As mulheres estadunidenses, a partir daí, desenvolveram uma fixação por "redução de medidas" (e, desde então, a perda de peso se tornou um sombrio "culto" próprio).

Foi só a partir da década de 1960 que os estadunidenses perceberam que fazer exercícios até transpirar talvez fosse bom para todo mundo. Em 1968, o livro best-seller fitness *Aerobics* ajudou a convencer o público de que os exercícios

---

[*] Uma junção da palavra *slender* (magra) com Cinderela. [NT]

eram, de fato, tão benéficos para homens quanto para mulheres. Nas duas décadas seguintes, as mulheres abraçaram os exercícios físicos com prazer e logo descobriram o que estudos antropológicos cognitivos ainda demorariam um pouco para revelar: que era muito mais divertido se exercitar em grupo.[129] (A liberação de endorfina se torna muito mais poderosa[130] quando nos exercitamos em conjunto.)

Nos anos 1970 e 1980, com o movimento de liberação feminina em andamento, a passagem do Título IX e a invenção do sutiã esportivo, as mulheres estavam prontas para se reunirem e entrarem em forma. Foi bem nessa época que o Jazzercise decolou (e, em 1984, se tornaria uma das franquias de maior crescimento do país, perdendo só para a Domino's Pizza). Inventado pela dançarina profissional Judi Sheppard Missett, o Jazzercise trouxe milhões de mulheres para a comunidade fitness. Celebridades como Jane Fonda e Raquel Welch, com suas roupas de poliéster em cores vibrantes e movimentos joviais, tornaram-se algumas das primeiras "influenciadoras fitness".

No fim dos anos 1980 e começo dos anos 1990, ginásios e academias de ginástica como o 24 Hour Fitness and Crunch dominaram o mercado de exercícios por um tempo — ao mesmo passo em que a yoga encontrou seu caminho na vida do estadunidense comum. Claro, ela já existia há milênios;[131] há referências à sua prática em textos indianos escritos há mais de 2.500 anos. Porém, pela maior parte da história da yoga, seus únicos praticantes eram os ascetas religiosos. Para os yogis orientais, não havia acrobacias para saudar o sol ou motivo para subir a temperatura do termostato. A yoga era mais sobre meditação, inteiramente centrada em ficar parado. (Até hoje, alguns monges indianos continuam a fazer maratonas de imobilidade, passando vários dias na mesma posição, sem terem uma contração muscular sequer.) Foi somente após 1800 que o Ocidente passou a fazer algumas de suas suposições mais populares sobre a yoga. Foi mais ou menos nessa época que certas evoluções na fotografia permitiram que algumas posições da yoga chegassem ao estrangeiro. Os europeus ficaram obcecados por aquelas imagens e, a partir daí, fundiram algumas posições indianas com noções preexistentes de ginástica e fisiculturismo. Estudantes da história da yoga dizem que muito do que os estadunidenses reconhecem como yoga hoje em dia nada mais é que um resultado dessa combinação.

Perto do fim do século XX, a yoga plantou nos estúdios fitness a ideia de que eles poderiam ser mais que lugares para modificar o corpo; eles também podiam ser templos íntimos de bem-estar emocional, até mesmo de iluminação espiritual. Mas os rituais necessários para criar esse senso de misticismo — como afirmações, mantras e cânticos, cujas raízes estavam calcadas na religião — ainda não estavam ligados a exercícios intensos. A ideia de misturar o físico com o metafísico ainda estava tão distante das mentes das pessoas quanto mesclar um donut com um croissant. O que é um modo de dizer que, embora estivesse chegando o momento, e ele viesse a se tornar gigantesco, a receita ainda não estava totalmente pronta.

Até que... o século XXI aconteceu. Logo após a última badalada da meia-noite de 2000, todas as peças da história fitness dos Estados Unidos pareceram se fundir em uma só e decolar, lançando a indústria do "culto fitness" como a conhecemos. Em 2000, ganhamos o Bar Method, o estúdio que catalisou a fixação estadunidense por um treino fitness inspirado em balé. No mesmo ano, surgiu o CrossFit, que acontecia em uma área demográfica bem longe da barra, mas cujos boxes também tinham um clima de boutique, antiacademia. (No seu auge, em 2020, o CrossFit já mantinha mais de 10 mil boxes, gerando 4 bilhões de dólares anualmente. Isso foi antes de muitos se desfiliarem da marca após Greg Glassman se mostrar, sem vergonha nenhuma, um completo racista.[132] Mais sobre isso em breve.) Em 2001, veio a Pure Barre, que chegou a ter cerca de quinhentos estúdios na América do Norte. O ano seguinte trouxe consigo a CorePower Yoga, que cresceu até chegar a mais de duzentas locações. Então, a SoulCycle, com sua iluminação de clube noturno, música alta e instrutores enérgicos, chegou em 2006, apenas alguns meses antes da instrutora fitness de Los Angeles, Tracy Anderson, ajudar Gwyneth Paltrow a perder o peso ganho na gravidez, o que impulsionou Hollywood a investir em personal trainers específicos para celebridades.

Nos quinze anos seguintes, mais ou menos, os estúdios e academias multiplicaram e se desmembraram, causando uma fixação na sociedade estadunidense. De acordo com a International Health, Racquet & Sportsclub Association, em 2018, nos Estados Unidos, a indústria fitness e da saúde valia mais de 32 bilhões de dólares.[133] Assim, temos treinos para todo e qualquer interesse. Esteja você interessado em ciclismo, treinamento de circuito, corrida, yoga, dança, pole dancing, boxe, jiu-jitsu, pilates sobre uma prancha de surfe mecânica,* ou praticamente qualquer outra coisa, seria possível encontrar uma devotada comunidade fitness sobre o assunto. Além de SoulCycle, CrossFit, treinos de barra incontáveis, pilates e salões de yoga, nós temos o Barry's Bootcamp (treino intervalado de alta

---

* Esse é um treino verdadeiro que existe em Los Angeles em um estúdio chamado Sandbox Fitness. Em uma sala coberta de areia de verdade, clientes montam pranchas de surfe fixas e realizam uma seleção de exercícios de força praticamente impossíveis, seguros por faixas de resistência penduradas do teto. Descobri sobre essa tortura incomum por uma estrela glamorosa de um filme de ação que entrevistei para um artigo de revista em 2017. "Você fica tão 'trincado'", ela disse, emocionada, as pupilas dilatando. "Eu faço toda manhã. Você *precisa* experimentar."

intensidade — também conhecido como HIIT — com uma reviravolta ousada), Orangetheory (como Barry's, porém mais competitivo), November Project (práticas ao ar livre inspiradas em circuito militar que começam às seis da manhã), The Class, de Taryn Toomey (algo como uma mistura de November Project com yoga... e berros), modelFIT (aquilo que todas as modelos fazem), Platefit (como o modelFIT, mas em cima de um enorme aparato vibrador), intenSati (você já conhece), Rise Nation (como a SoulCycle, mas focado em subir escadas), LIT Method (a SoulCycle do remo), LEKFIT (a SoulCycle dos trampolins), Peloton (SoulCycle, mas via Zoom) e mais dúzias e dúzias de treinos.

[...] todas as peças da história fitness dos Estados Unidos pareceram se fundir em uma só e decolar, lançando a indústria do "culto fitness" como a conhecemos.

Diferente dos YMCAS e aulas de Jazzercise do passado, essas academias intimistas se posicionaram como espaços sagrados — como *movimentos* — oferecendo uma potente experiência ideológica e profundamente pessoal. Dentro desses lugares santificados, cheios de mensagens motivacionais enfeitando as paredes, você não só aperfeiçoará seu agachamento e diminuirá sua frequência cardíaca em repouso, como também encontrará seu próprio mentor, conhecerá seus melhores amigos, superará o ex, reunirá a confiança necessária para pedir um aumento, manifestará a sua alma gêmea, ficará sóbria, superará a quimioterapia, e provará para si mesma, de uma vez por todas, que seu poder é imensurável e você é abençoada por ter tudo de que precisa.

"A SoulCycle sempre fala sobre como as pessoas 'vêm pelo corpo, mas permanecem pela descoberta'", diz Casper ter Kuile, um pesquisador da Harvard Divinity School e autor do livro *The Power of Ritual* [O Poder do Ritual]. "É um ótimo treino, mas isso é apenas o começo." Nessas aulas, os devotos do fitness encontram um senso de libertação, têm insights sobre o que é importante para eles e enxergam aquele espaço como um santuário distante das pressões cotidianas da existência. "É mais seguro e mais poderoso que a própria igreja", um praticante absoluto de SoulCycle, que pedala no bairro Castro, em São Francisco, disse ao estudo da Harvard Divinity School. "Na SoulCycle", ele diz, "me sinto em casa."

Não foi por acaso que a indústria fitness estourou, repentinamente e com tanta força, no início da década de 2010 — uma época na qual a confiança das pessoas, tanto na religião tradicional quanto na medicina, teve um evidente declínio. Uma pesquisa nada chocante, realizada em 2018 pelo Centro de Pesquisa de Múltiplas Doenças Crônicas, descobriu que 81% dos millenials estadunidenses estão insatisfeitos com sua experiência relacionada ao serviço de saúde,[134] desde os altos custos dos planos de saúde até o racismo institucional e os preconceitos de gênero. Isso sem mencionar a falta de programas públicos de saúde (como, por exemplo, as transmissões de "rádio calistenia"[135] do Japão, que as pessoas podem acompanhar de casa ou em parques comunitários todas as manhãs, de graça). Os jovens dos Estados Unidos sentem que não têm escolha; a única coisa que podem fazer é lidar com a saúde por conta própria.

Se combinarmos esse distanciamento da medicina popular com a desilusão dos jovens sobre a fé tradicional,[136] percebemos que o culto fitness surgiu para preencher esses vazios corpóreos e espirituais. Em 2015, em um estudo chamado "How We Gather" [Como nos Reunimos], Ter Kuile explora as formas como os millenials encontram um senso de comunidade e transcendência[137] além das comunidades religiosas convencionais, afirmando que os estúdios fitness estavam entre os dez espaços mais profundos e formadores de caráter dos jovens. Ao menos em certos territórios... porque assim que as pessoas passaram a cobiçar o estilo de vida fitness mais intensamente, também começaram a exigir mais exclusividade.

No ensino médio, eu pagava 99 dólares ao ano pela minha carteirinha de sócia da academia Planet Fitness (que, admito, quase nunca usei), contudo, dez anos depois, em alguns lugares, chegam a cobrar metade desse valor por uma única aula. (Isso sem contar o uniforme implicitamente exigido — 100 dólares pelas leggings da Lululemon e 80 pela garrafa de água com cristal de quartzo-rosa, um produto real que encontrei na Net-A-Porter.) Uma bicicleta ergométrica da Peloton custa 2 mil dólares, e o aplicativo cobra uma taxa mensal de pagamento. Certamente, existem movimentos fitness menos elitistas pelo país — alguns, inclusive, próximos do estereótipo de Malibu obcecado pelo site Goop:* uma etnografia realizada em 2014 sobre as "moças da zumba"[138] em El Monte, Los Angeles, documenta uma comunidade bastante unida de mulheres latinas de todas as idades e tipos físicos cujas aulas estilo

---

* "Goop" é o nome de um site criado por Gwyneth Paltrow onde ela compartilha dicas de saúde e estilo de vida. Muitas delas bizarras, como usar papel de ouro para enrolar cigarros, receitas de óleos essenciais para repelir vampiros e enemas de café. [NT]

flashdance-mais-música-tradicional-mexicana, cheias de elastano neon superkitsch, custam apenas 4 dólares e são santuários femininos divinos. Mas, claro, esses não são os espaços fitness populares que chegam às manchetes da *Cosmopolitan*.

O público-alvo que os cultos fitness atendem — millenials da área urbana com dinheiro para gastar — coincide precisamente com a contingência que renunciou à religião tradicional. Para essa parte da população, as start-ups de "bem-estar" e os influenciadores passaram a realizar o trabalho dos líderes espirituais e comunitários. É sempre arriscado depositar tamanha confiança nas mãos de alguém cuja principal preocupação é vender a própria marca, mas para consumidores que sentem não ter a quem recorrer, o risco parece valer a pena.

No início da década de 2010, as empresas de maior crescimento dos Estados Unidos, em geral, eram não só as que ofereciam produtos e serviço desejáveis, mas também transformação pessoal, pertencimento e a resposta para grandes perguntas existenciais, como: Quem sou eu neste mundo cada vez mais solitário? Como me conecto com as pessoas ao meu redor? Como posso encontrar o meu verdadeiro eu e me tornar essa pessoa? Em muitos recônditos da cultura estadunidense, as pessoas se voltam para os estúdios fitness em busca dessas respostas. "A indústria da criação de sentido está em crescimento", diz Ter Kuile. Assim como as igrejas, as marcas fitness se tornaram tanto uma identidade social quanto um código sobre como levar a vida. O "movimento" fitness[139] engloba costumes e rituais, expectativas sociais, e traz consigo consequências caso seu praticante pare de comparecer aos encontros. Muitas pessoas encontram seus melhores amigos e companheiros amorosos nas academias; os mais obstinados desistem do emprego para se tornarem instrutores fitness. "Eu não quero andar de bicicleta. Eu nunca quero andar de bicicleta. Aliás, acordar com o cabelo bonito é uma ótima desculpa para não me exercitar. Mesmo assim, pratico ciclismo cinco ou seis vezes na semana porque construímos uma comunidade muito acolhedora", diz, efusivamente, uma devotada usuária do Peloton[140] em uma entrevista publicada em 2019 na revista *New York*. "Isso vai muito além da bicicleta."

Estúdios fitness podem parecer até sagrados, em certo nível. Afinal de contas, eles se tornaram os únicos espaços físicos onde pessoas jovens e religiosamente ambivalentes deixam os celulares de lado e encontram conexão verdadeira em uma comunidade de carne e osso. "Estamos vivendo tempos sombrios",[141] comenta Sam Rypinski, dono de uma academia "radicalmente inclusiva" de Los Angeles chamada Everybody. "Estamos todos segregados e isolados... Fomos separados pela tecnologia. Nós não nos conectamos com nossos corpos... [ou] uns com os outros. Então, quando existe um espaço que encoraje isso em algum nível, as pessoas se sentem muito felizes de estarem ali."

Sobre as noções cerebrais de "criação de sentido" e solidão existencial devemos acrescentar o surgimento dos influenciadores fitness nas redes sociais (e os padrões corporais desejados que eles tanto promovem), além das inovações tecnológicas no campo dos exercícios físicos (roupas de ginástica para exercícios de alta performance, tênis especializados e aulas on-line), portanto, não é nenhuma surpresa que o negócio dos exercícios tenha crescido de forma quase olímpica.

Em algum momento, na metade da década passada, a frase "culto fitness" entrou nos nossos vocabulários — um rótulo sucinto para descrever o papel intensificado da indústria na sociedade. Participantes do estudo de Casper ter Kuile para a Harvard Divinity School disseram a ele coisas como "A SoulCycle é como a minha seita",[142] fazendo tal afirmação de um jeito positivo. As comparações com cultos e seitas eram algo com que as marcas não sabiam como lidar no início. Em 2015, entrevistei a vice-presidente sênior da SoulCycle, responsável pela "Estratégia de Marca e Relações Públicas", sobre o status da empresa enquanto um culto fitness. Cheia de cautela, ela respondeu: "Não usamos essa palavra. Preferimos 'comunidade'". Para mim, ficou muito claro que ela não queria deixar às pessoas qualquer espaço para fazer comparações entre seus funcionários e a Cientologia.

Entretanto, ao longo dos anos, os estúdios fitness realmente abraçaram o papel religioso que teriam dentro das vidas de seus membros. No site da SoulCycle, por exemplo, está escrito explicitamente: "A SoulCycle é mais que um treinamento. É um santuário". Chorar em público, louvar entes queridos mortos, confessar os pecados e testemunhar sobre como o grupo mudou a vida de alguém são situações que, além de serem acolhidas, ocorrem regularmente entre as paredes desses estúdios. "Quero que a próxima respiração de vocês seja um exorcismo",[143] esse é apenas um entre os muitos lemas "sobrenaturais" que alguns dos instrutores da SoulCycle pregam em sala de aula.

Alguns anos atrás, falei com Taylor e Justin Norris, os fundadores do Método LIT, uma marca que vende aparelhos de remo para se exercitar em casa. A dinâmica dupla de marido e mulher estreou seu primeiro estúdio em West Hollywood, em 2014, com a intenção de imitar o sucesso da SoulCycle. (Ainda estão trabalhando nisso.) Quando perguntei como se sentiam sobre associarem seu negócio à palavra "culto", eles responderam, em uníssono: "Nós amamos". "As pessoas nos chamam de O Culto do Raio, no Instagram, porque nosso logo é um raio." Taylor se ilumina, mostrando um sorriso fotogênico. "Sei que existe uma conotação negativa à palavra 'culto', mas escolhemos enxergá-la de um jeito mais positivo."

vulnerabilidade que
NOS UNE
24.

Quando comecei a investigar os cultos fitness, foi a linguagem agressivamente idólatra — os cânticos e gritos, os jargões místicos e monólogos exagerados — que engatilhou os instintos do meu Sistema 1. *Seitas são como pornografia. Basta uma olhadinha para saber exatamente do que se trata.* As máximas usadas teatralmente pela SoulCycle para incentivar seus alunos ("Você consegue escalar essa montanha!", "Você é o maior!", "Mude seu corpo, mude sua mente, mude sua vida!") parecem o lenga-lenga vazio de um vigarista da autoajuda. Como algo saído do filme *Midsommar*, The Class, de Taryn Toomey, é um treino conhecido por encorajar seus alunos a gritarem o mais alto que conseguirem, enquanto realizam *burpees* e flexões *pike* e seus instrutores murmuram encorajamentos da Nova Era, como: "Perceba como está se sentindo", "Liberte-se do que está estagnado e acenda uma nova fogueira". A mistura da intenSati de afirmações enérgicas rimadas com vocabulário metafísico de yoga, por sua vez, soa exatamente como um ocultista lançando um feitiço.

Para indivíduos com baixa tolerância à vergonha alheia, que têm dificuldade de deixar de lado suas descrenças (como os Montell, por exemplo), a torcida e o cântico fanático ativam imagens de extremismo religioso e comícios de esquemas de pirâmide. Para pessoas que observam de fora, perceber que seus amigos ou familiares são capazes de aceitar participar desse tipo de comportamento pode ser um pouco perturbador.

No geral, o cultês fitness costuma ser ritualístico e rarefeito porque isso é bom para os negócios. Os mantras e monólogos de alta valência são modelados para criar uma experiência tão instigante que as pessoas não conseguem deixar de voltar e de espalhar a palavra ao mundo. É claro que as marcas de esportes sempre capitalizaram em cima da pressão dos pares para garantir que os clientes voltassem — pesagens em grupo, relógios rastreadores etc. Quando meus pais compraram seus relógios da Apple, eu os vi competirem implacavelmente para ver quem conseguiria o maior número de passos diários durante todo o verão. Mas só a competição, pesquisadores sugerem, não é o suficiente para manter as pessoas comprometidas. Pessoas que se exercitam motivadas unicamente por números tendem a desistir depois de doze meses. É aí que os elementos de pertencimento, autovalorização e empoderamento entram em cena, e os membros se sentem impelidos a renovar suas carteirinhas ano após ano. A linguagem é a cola que liga esse combo "viciante" de comunidade e motivação.

> **Pessoas que se exercitam motivadas unicamente por números tendem a desistir depois de doze meses. É aí que os elementos de pertencimento, autovalorização e empoderamento entram em cena.**

Com isso em mente, é importante não exagerar, pois, como um todo, os mantras ripongas fitness são muito diferentes dos dogmas enganosos, que distorcem a realidade, de líderes como Marshall Applewhite ou Rich DeVos. Posso dizer, com segurança, que a retórica da maioria dos cultos fitness que encontrei não camuflava razões malignas e, mais importante que isso, havia fronteiras que a separavam do restante da vida de seus membros. Em geral, obedeciam às regras do momento ritualístico. No fim de uma aula de culto fitness, você pode sair e falar como você mesmo de novo. E a maior parte das pessoas faz isso, porque, sempre que esses participantes decidem se envolver com a linguagem do culto, eles o fazem de forma consciente. Diferentemente da Amway ou do Heaven's Gate, a maioria dos seguidores sabe que está participando de uma fantasia — que não são "empreendedores" ou estão em "uma nave espacial" (ou que são "campeões" ou "guerreiros" de verdade, nesse caso). Estejam os instrutores usando a linguagem de monges do passado, oradores motivacionais, coaches olímpicos, do exército, ou uma mistura disso tudo, isso nada mais é que uma forma de criar uma ilusão. As palavras e a entonação colocam os praticantes de exercício em um espaço transcendental dentro das próprias cabeças, mas somente durante o tempo da aula. Se, de repente, parecer exagerado demais, os seguidores são livres o suficiente para desistir a qualquer momento sem sofrer com custos que possam arruinar suas vidas. Voltando à analogia do fetiche, os estúdios fitness têm o consentimento de seus seguidores. Ou pelo menos é o que se espera deles.

Contudo, como temos descoberto, sempre que há líderes magnéticos cobrando dinheiro em troca de sentido, há muita chance de as coisas darem errado. Há uma razão para o cultês fitness parecer tão transcendental — é para que as aulas pareçam essenciais não só à saúde do seguidor, mas à sua vida como um todo. Assim como está ali para fornecer uma experiência estimulante ao seguidor, a intenção também é que ele se ligue psicologicamente a esse instrutor, como se essa aula e esse guru tivessem posse da resposta definitiva para a felicidade. Quando a linguagem consegue confundir as linhas que separam professor fitness de celebridade, terapeuta, líder espiritual, sex symbol e amigo, então o momento ritualístico deixa de existir. Quando isso acontece, o poder que os instrutores detêm pode se tornar um território de abuso. É óbvio que nenhuma marca fitness vai pensar: "Sabe de uma coisa? Talvez nossa marca esteja se tornando influente *demais*. Talvez devêssemos pegar mais leve na gritaria". No fim das contas, o objetivo delas é justamente conquistar esse status de culto cheio de seguidores. Esse é o objetivo. As marcas sabem que a linguagem é a chave para conseguir isso — por isso elas não a contêm.

Como sua própria versão dos Dez Mandamentos, as paredes dos estúdios fitness da SoulCycle são adornadas de mantras que levam seus praticantes a uma unificação de "nós". "Nós aspiramos para inspirar", diz um pôster de quase um metro de altura. "Inalamos intenção e exalamos expectativa... O ritmo nos impulsiona cada vez mais, de formas que nunca pensamos serem possíveis. Nossa própria força nos surpreende todos os dias. Viciados, obcecados, anormalmente ligados às nossas bikes." Tudo o que você está fazendo, objetivamente, é andar em uma bicicleta ergométrica dentro de uma sala barulhenta que cheira bem, mas quando a narrativa o envolve — escrita, literalmente, nas paredes — falando sobre uma força que você não sabia que tinha, e estando ao lado de outras pessoas tão "viciadas, obcecadas", você sente que é parte de algo maior. Se adicionarmos uma bomba de endorfina nessa combinação, você se descobrirá em um estado de euforia tão misteriosa que vai querer espalhar a palavra, como um missionário, para todos os seus amigos e colegas de trabalho.

"Sou uma pessoa estudada e cética, mas é tão bom, é gostoso pra caralho deixar tudo pra trás por 45 minutos e entrar nessa sala escura onde ninguém vai te ver chorar porque disseram que você vale a pena", diz Chani, uma amiga da faculdade, em defesa de sua obsessão pela SoulCycle. Ela não se identifica como "religiosa"; na verdade, quando perguntei, ela zombou da minha insinuação. "A SoulCycle é só um lugar onde você pode escapar do que acha que tem de ser, como uma mulher exigente, dona de si, tentando ter sucesso na vida", ela qualifica. "Você pode se doar completamente à moça cultista ali, dizendo a você exatamente o que tem que fazer. Aquele lugar é como um retorno ao útero. Você fica tipo, 'Eu sou um bebezinho assustado', e aí sai de lá e fica tipo, 'É, eu gastei 120 dólares comprando leggings da Lululemon, foda-se'."

Para ser justa, assim como nas questões sexuais, os gemidos e gritos podem parecer bizarros para quem está vendo de fora pelo mesmo motivo que os torna tão deliciosos para quem está participando: é esse aspecto da entrega, de baixar a guarda como indivíduo a fim de se mesclar à vulnerável, amorfa, agradável bolha da experiência. Naturalmente, isso vai parecer estranho a todos que espiarem. ("Ninguém parece 'foda' na SoulCycle", ri Chani.) E mesmo com o potencial para dar errado, a linguagem do cultês fitness pode ter poderes incrivelmente curativos.

Alterar a linguagem da indústria fitness, geralmente centrada no discurso patriarcal de ódio ao corpo, para focar em uma narrativa de poder feminino divino foi a razão pela qual Patricia Moreno decidiu fundar o intenSati. No fim dos anos 1990, a retórica dos grupos fitness era basicamente sobre se livrar dos pecados da comida que você consumia e esculpir sua barriga e abdômen para se encaixar em alguma visão normativa de "um corpo de biquíni". Após passar uma vida toda lutando contra transtornos alimentares e mau uso de remédios para perda de peso, Moreno decidiu alterar essa narrativa condenatória. Ela optou por usar sua expertise atlética e combiná-la com afirmações positivas para que seus alunos pudessem ficar "tanto física quanto espiritualmente em forma".

Moreno criou um vocabulário de sessenta nomes metafóricos para movimentos de ginástica, então em vez de dizer "soque", "agache" ou "estoque", os movimentos seriam chamados de "força", "gratidão" ou "compromisso". Cada mês, ela escolheria um tema para as suas aulas com encantamentos para reflexão. Moreno se inspirou no dharma yoga e, por isso, iniciava cada aula com uma história de superação de dificuldades da própria vida. "Então, se vamos falar de força naquele mês, conto uma história sobre quando precisei ser muito forte, como quando sofri um aborto", ela me explicou durante nossa entrevista. "Então os encantamentos seriam: 'Consigo fazer coisas difíceis. Hoje sou melhor do que ontem. Eu nasci para persistir. Estou feliz de estar viva!'." Ela cospe uma sequência de mantras que soam como poesia falada.

No começo, os alunos de Moreno reviravam os olhos para essa história de "encantamentos". Os moradores durões de Manhattan não estavam interessados em sessões de terapia; eles queriam era levar uma surra. Ser xingados por seus pneuzinhos não era a única maneira de conseguir isso? Natalia era uma amarga trainee de Nova York — até que, algumas semanas depois, ela se viu gritando, com toda a verdade do mundo, "Meu corpo é meu templo. Eu sou a guardiã da minha saúde. Eu sou o amor em ação. Tudo está bem", em todas as aulas de intenSati que conseguia participar. Logo, tornou-se uma convertida.

A SoulCycle também mescla movimentos-linguagens específicos para catapultar seus praticantes, metaforicamente, na direção de seus sonhos. Na SoulCycle, toda "jornada" segue um curso parecido, com o clímax acontecendo em uma extenuante odisseia "nas montanhas" narrada em um sermão de arrepiar os cabelos. Os ciclistas aumentam a marcha de suas bicicletas e "escalam" com todo o seu ímpeto até atingirem a simbólica linha de chegada, enquanto seus instrutores os encharcam de inspiração verbal. Eles são treinados para esperar esses momentos, nos quais os alunos estão fisicamente destruídos, por isso estarão mais receptivos a se tornarem núcleos de espiritualidade, a fim de entoarem as melhores frases.

Uma estrela da SoulCycle, conhecida por seus monólogos "da montanha",[144] era Angela Manuel-Davis, nascida em Los Angeles e instrutora de spinning da Beyoncé e da Oprah. Uma cristã evangélica orgulhosa, Manuel-Davis declamava discursos explicitamente religiosos em cima da bicicleta — falava de gênesis, anjos e milagres.

"'Entusiasmo' vem da palavra grega[145] *enthous*, que significa 'em Deus'", ela pregava, erguendo os braços em direção aos céus. "Inspiração divina. Inspiração divina. Quero que vocês fiquem entusiasmados e empolgados... com essa oportunidade de fechar a lacuna entre o lugar onde você está na sua vida do lugar que você invocou, criou e pretende estar... Cada um de vocês foi criado com um propósito,[146] de propósito, para alcançarem um propósito." Usando seu profundo conhecimento sobre o poder dos discursos performáticos religiosos, Manuel-Davis dizia ao público: "A língua detém poder sobre a vida e a morte. Você é capaz de desbloquear a grandeza de alguém por meio de suas palavras... não só a de outras pessoas, mas a sua própria. Você é quem você diz ser".

Eis aí um exemplo hardcore do uso de palavras de ordem evangélicas, mas Manuel-Davis garante que não as usava para criar a ideia de "nós versus eles" ou para induzir outras pessoas a concordarem com a sua ideologia. "Dou espaço às pessoas para que transformem o treino naquilo que precisam", ela conta à Harvard Divinity School. "Isso é sobre fé individual e espiritualidade." Aqueles que não se identificavam não precisavam aceitar as crenças de Davis fora do estúdio ou escolhiam não voltar às aulas — mas muitas pessoas continuavam. As aulas de Manuel-Davis eram conhecidas, aliás, por esgotarem suas vagas dentro de minutos.*[147] "Eu não vou até Angela para praticar exercícios; vou para ouvir uma mensagem",[148] um ciclista professou. "Angela te enxerga... Ela fala diretamente com a sua alma."

Até mesmo com instrutores mais agnósticos, os rituais linguísticos das aulas fitness de boutique imitam os serviços religiosos. Sejam esses rituais sobre Deus ou sobre alcançar suas metas, eles ajudam as pessoas a sentirem que fazem parte de algo maior. Como afirma Casper ter Kuile, eles são uma "ferramenta de tecido conjuntivo". O ritual tira alguém, temporariamente, do centro de seu próprio e minúsculo universo — suas ansiedades, suas prioridades cotidianas. Ele ajuda seus seguidores a fazerem uma transição mental de humanos mundanos e autocentrados para se tornarem uma peça dentro de um grupo santo. Depois disso, teoricamente, eles seriam capazes de fazer a transição de volta para a vida real.

Assim como congregados cristãos rezam o Pai Nosso, no mesmo horário, na igreja, toda semana, os instrutores e participantes do intenSati iniciam todas as aulas fazendo algo que Moreno chama de A Declaração do Guerreiro: "Todos os dias, de forma muito verdadeira, eu cocrio minha própria realidade. Como é em cima, assim é embaixo, isso é o que eu sei". Como padres convidando sua paróquia para confraternizar antes de uma missa, os instrutores de SoulCycle encorajam seus alunos a fazerem o mesmo. "No início de cada aula, todo mundo precisa se virar, dizer olá, falar o próprio nome, e conversar um pouco", explica Sparkie, uma "instrutora mestra" de Los Angeles que está na SoulCycle desde 2012. "'Você vai suar ao lado dessas pessoas. Tente conhecê-las.' Isso dá às pessoas a oportunidade de se conectarem, afinal, a conexão é a chave."

Todos os treinamentos ao ar livre do November Project começam do mesmo jeito, esteja você em Baltimore, Amsterdã ou Hong Kong: às seis e meia da manhã, os participantes iniciam um ritual em grupo chamado "o salto". Reunidos em um círculo apertado, todos seguem o mesmo roteiro, suas vozes berrando em um crescendo espartano:

"Bom dia!"

"Bom dia!!!"

"Todo mundo bem?"

"Pra caralho!"

---

* Então, em 2016, um participante se machucou em uma das aulas de Manuel-Davis e entrou com um processo. Deixando muitos de seus acólitos devastados, ela se demitiu da SoulCycle em 2019 e lançou um outro culto fitness por conta própria chamado AARMY, em parceria com um ex-ídolo da SoulCycle chamado Akin Akman, cujo leal e sinistro bando de ciclistas era conhecido como "O Exército de Akin".

"Todo mundo bem?!"

"Pra caralho!!!"

Então todos gritam, em uníssono, "Vamos lá!!!!!". No fim da aula, os participantes tiram uma foto em grupo, procuram alguém que não conheçam, se apresentam, e vão embora dizendo a mesma frase de encerramento: "Tenha um ótimo dia".

Até mesmo com instrutores mais agnósticos, os rituais linguísticos das aulas fitness de boutique imitam os serviços religiosos. Sejam esses rituais sobre Deus ou sobre alcançar suas metas, eles ajudam as pessoas a sentirem que fazem parte de algo maior.

O ideal seria que meus pais e eu tivéssemos participado do intenSati pessoalmente, mas em abril de 2020 isso não era possível por conta da quarentena de Covid-19. Eu imaginei, contudo, que se minha tese sobre linguagem e poder estivesse correta, os encantamentos de Patricia funcionariam comigo mesmo por meio de uma tela. Mas é claro que não pensei, a sério, que eles realmente iriam funcionar. Na teoria, aquele treino amalgamava duas coisas que eu detestava profundamente: exercícios aeróbicos (blérgh) e atividades grupais que exigem de seu praticante que grite, bizarramente, coisas em voz alta. Em Los Angeles, onde vivo, novas marcas de culto fitness surgem todos os dias, e sempre reviro meus olhos para todas elas.

Porém, lá estava eu, quatro encantamentos após o início da minha primeira aula de intenSati, pulando sem parar e rindo e chorando ao mesmo tempo, como os idiotas de quem sempre desdenhei. Depois de nosso minitreino, mamãe saiu para fazer alguns movimentos de yoga de saudação ao sol, enquanto procurei imediatamente a agenda virtual de Patricia Moreno, pensando: *Merda, será que é assim que nos sentimos depois de sermos convertidos?*

O NOVO
CLERO

25.

Se o fitness é uma nova religião, os instrutores são o novo clero. Esse império do culto fitness não seria nada sem suas Patricias Morenos e Angelas Manuel-Davis, que fazem muito mais do que guiar o andamento das aulas. Os instrutores aprendem os nomes de seus seguidores, seus arrobas no Instagram, e outros detalhes de suas vidas pessoais. Eles distribuem seus números de telefone e aconselham seus seguidores sobre questões sérias, como pedidos de divórcio ou de demissão. Eles dividem histórias íntimas e difíceis de suas próprias vidas e confundem seus seguidores para que façam o mesmo em troca. Assim, os seguidores formam laços profundos de lealdade com seus professores favoritos e passam a se referir às aulas não pelo nome da marca, mas sim pelo nome do instrutor. Não dizem "Vou pra SoulCycle às quatro da tarde hoje e às seis amanhã", mas sim "Vou pra aula da Angela hoje e pra da Sparkie amanhã".

Uma marca fitness não é "tanto um 'culto', mas sim uma coleção deles", diz Crystal O'Keefe, gerente de projetos durante o dia e apóstola do Peloton à noite. Crystal gerencia um podcast sobre a Peloton e tem um blog chamado *The Clip Out*,* sendo conhecida por seus milhares de seguidores como Clip-Out Crystal. "No dia 15 de julho de 2016, recebi a minha Peloton. Lembro-me direitinho", ela escreveu, sentimentalmente, como se fosse o primeiro parágrafo de um livro de memórias. "Atualmente, estou completando quase setecentas voltas."

---

* Uma referência ao fim da aula de SoulCycle, quando os participantes desencaixam os tênis do pedal da bicicleta. Os praticantes de SoulCycle chamam o início da aula de "Clip in" e o final de "Clip Out", baseado nesse movimento de encaixe dos ímãs da sola do sapato com o pedal da bicicleta. [NT]

Lançado em 2013, com a ajuda do Kickstarter, um site de financiamento coletivo, o Peloton é um aplicativo fitness por assinatura que oferece todo tipo de exercícios físicos on-line ("shows", na linguagem corporativa da Peloton). Há dança aeróbica, yoga, pilates e, sem dúvida, a oferta mais popular, spinning. Milhares de participantes fazem login de suas garagens ou porões a fim de pedalar em bicicletas ergométricas da Peloton, cerca de 2 mil dólares cada uma, transmitindo as aulas em monitores touchscreen. Como essas classes são todas on-line, em oposição aos espaços limitados das academias, milhares de praticantes podem fazer a aula ao mesmo tempo. Em 2018, o aplicativo transmitiu uma aula de "Queima de Peru", no Dia de Ação de Graças, à qual cerca de 19.700 usuários compareceram.

Os instrutores aprendem os nomes de seus seguidores, seus arrobas no Instagram, e outros detalhes de suas vidas pessoais [...] Assim, os seguidores formam laços profundos de lealdade com seus professores favoritos e passam a se referir às aulas não pelo nome da marca, mas sim pelo nome do instrutor.

Cinco anos após a campanha inicial de financiamento coletivo, a Peloton tinha acumulado quase um bilhão de dólares e foi considerada o primeiro "unicórnio fitness". Um editor de bem-estar com o qual costumava trabalhar me assegurou que o modelo virtual do Peloton, simples e sem dono específico, é, sem dúvida alguma, o futuro do fitness de boutique (uma previsão que parece ainda mais provável após a pandemia de Covid-19, uma vez que a maior parte dos estúdios foi forçada a se digitalizar da noite para o dia ou deixariam de existir).

No aplicativo da Peloton, cada ciclista escolhe um nome de usuário (quanto mais divertido, melhor; há diversos fóruns no reddit dedicados a ideias de apelidos fofos para usar no Peloton: @pedaloemtrocadechocolate, @vou_pedalar_com_gosto, @nomedeusuario_esperto) e tem acesso à velocidade, aos níveis de resistência e aos rankings de todo mundo. Essas estatísticas aparecem no quadro do líder em um lado da tela, o que acrescenta um direcionamento diferente à experiência. Depois da aula, os praticantes trocam elogios, tiram selfies virtuais com seus amados instrutores e postam seus números nas redes sociais — com hashtags em massa, como #pelofã, #mamaepeloton, #umpeloton etc. — para que seus colegas de internet possam curtir, compartilhar e comentar: "Mantenha essa energia!!!!" ou "Qual o seu instrutor favorito?!?!".

Clip-Out Crystal tem vários. Ela reveza entre cinco ou seis instrutores e descreve cada um deles com adoração e muitos detalhes. Ela já falou de Robin, uma instrutora "realista e sem papo furado" que diz coisas como "Não dá pra comprar energia e entusiasmo em lojinha de 1,99" e "Só pedalo com a realeza, ajeite aí essa coroa". Também há os mais gentis, que narram a aula de forma mais descontraída, com frases como "Não precisa ir tão rápido", "Só faça o seu melhor" e "Se você não consegue nem sorrir, é porque está se esforçando demais". Crystal também me contou sobre a instrutora das joias da coroa da Peloton, Jenn Sherman, conhecida como JSS por seus milhares de fanáticos. JSS é tema de uma robusta página de fãs no Facebook chamada "Tribo JSS", repleta de groupies que a seguiriam para qualquer lugar — praticamente um culto dentro de um culto dentro de um culto.

Ostentando um carisma otimista e um jeitinho de quem seria sua melhor amiga, Sherman canta em cima da bicicleta (sempre de forma cativantemente desafinada) os maiores hits das playlists escolhidas e xinga durante subidas difíceis. "Cada palavrão com a letra 'f' me deixa mais motivada", fala Clip-Out Crystal, que reconhece que, sem um forte estilo oratório, um instrutor da Peloton nunca conseguiria construir um culto de seguidores. O discurso é o que constrói aquele mundinho dentro da tela, fazendo com que o "relacionamento" entre guru e seguidor pareça íntimo, como Joaquin Phoenix e a voz de Scarlett Johansson no filme *Ela*.

Empresas como a Peloton e a SoulCycle sabem que a mística cultista de figurões como JSS é tudo o que importa. Então, os superiores dedicam um esforço tremendo ao recrutamento de instrutores magnéticos, treinando-os para desenvolverem um estilo e vocabulário únicos — um miniculto particular. Naturalmente, nem toda gostosona fitness de Los Angeles é capaz de ensinar spinning. É preciso ser uma estrela; é preciso ter inspiração. E as marcas desenvolveram estratégias formidáveis de recrutamento para conseguir isso. A SoulCycle, por exemplo, não contrata treinadores fitness — eles buscam artistas: dançarinos, atores, influenciadores. Tipos extrovertidos e experientes, que adoram socializar e sabem exatamente como cativar o público. Gente que persevera dentro dessa dinâmica. Os instrutores precisam cultivar uma persona nas redes sociais, para "viver e respirar" a marca mesmo fora do horário de trabalho. Até com gente estranha no telefone. Quando liguei para Sparkie, uma veterana da SoulCycle, pela primeira vez, comecei com o costumeiro "Oi, como você está?", esperando a resposta padrão, "Bem" ou "Tudo bem". Que otária.

Sparkie,* como seu nome sugere, nunca deixa de brilhar. "Eu estou FABULO-SA, MEU BEM!", ela explodiu, com tanta rapidez e alegria que fiquei cansada só de ouvir. "Melhor do que nunca, mais ocupada do que nunca. Aliás, estou tão cheia de coisas pra fazer que nem lembro sobre o que é essa entrevista! Prazer em te conhecer!! Quem é você mesmo?!"

A busca da SoulCycle para compor seu time de talentos é intensa — envolve audições teatrais ao estilo da Broadway,[149] em que, na primeira fase, os principais aspirantes à vaga têm trinta segundos para subir em uma bicicleta, ligar uma música e mostrar que têm o que é preciso. Os finalistas, então, passam por um rigoroso programa de treinamento, na duração de dez semanas, no qual aprendem a linguagem da SoulCycle. Eles decoram toda a terminologia exclusiva — "party hills" ("curtição na montanha", exercícios de aquecimento), "tapbacks" ("toque reverso", um exercício envolvendo movimentos pélvicos ousados), "roosters" ("galos", aulas que começam às cinco da manhã, as pessoas de alto nível decidem frequentá-las), "noon on Monday" ("segunda ao meio-dia", um slogan relativo às aberturas de inscrições semanais) e como fazer tudo soar "emotivo" com E maiúsculo.

O processo de recrutamento exclusivo da Peloton, entretanto, é indiscutivelmente mais intenso, uma vez que seu modelo on-line permite que mantenham um limite de no máximo vinte instrutores de primeira linha. Para merecer uma iniciação e fazer parte da nata da família Peloton, os aspirantes devem suportar muitas horas de entrevistas e chamadas de telefone com toda a equipe, desde os especialistas de marketing até os produtores, além de meses de treinamento para garantir que tenham o magnetismo necessário para atrair milhares de pessoas para cada show.

Sparkie, uma vegana nascida e criada em Los Angeles, dona de cabelos lilases e braços cobertos de tatuagens coloridas, ganhou seu séquito de seguidores SoulCycle graças a seu repertório de lemas bregas e ultrapassados inspirados por seu avô ("Se for fazer alguma coisa, faça bem feito!" ou "Não é como você começa, mas como você termina, porra!"). Ela passou diversos anos comandando o programa de treinamento da SoulCycle, ajudando novatos a "encontrarem suas vozes" como instrutores. "A chave para conseguir seguidores é soar autêntico. Quando você é artificial, as pessoas percebem de primeira", revela. Ela se lembra de uma jovem de 19 anos em treinamento, preocupadíssima sobre quais palavras de sabedoria poderia oferecer aos ciclistas: "E eu fiquei, tipo, você não vai parar na frente de uma mulher que está lutando contra o câncer

---

* "Sparkie", em inglês, é diminutivo de "spark" que pode ser traduzido como "brilho", "chama", "fulgor", "clarão". [NT]

ou de um pai se esforçando pra sustentar toda a família e falar de sabedoria de vida. Se você virar e falar, 'Ah, eu sei que é difícil! Você vai superar isso!', eles só vão te olhar e pensar, 'O que você sabe da vida, criança?'. Em vez disso, seja a pessoa jovem, divertida e cheia de vida que você é. Se você virar e perguntar 'Vocês querem se divertir pra caralho?', eles vão ficar, tipo, 'Claro! Minha vida é uma merda agora, a única coisa que eu quero é me divertir, porra!'".

Os instrutores precisam cultivar uma persona nas redes sociais, para "viver e respirar" a marca mesmo fora do horário de trabalho. Até com gente estranha no telefone.

Essa combinação ótica — desde mensagens melodramáticas estampadas nas camisetas de seguidores (como "levantar peso é minha religião", "só me importo com a Peloton nessa vida — e, sei lá, mais umas duas pessoas, no máximo") até rituais litúrgicos e relacionamentos superíntimos entre seguidores e instrutores — pode parecer excessiva. A maior parte dos aficionados por fitness com os quais conversei, aliás, concorda com isso. Porém, ao mesmo tempo, também afirmam que os benefícios superam significativamente os pontos negativos. Uma vez que você passe a fazer parte de uma comunidade focada em exercícios físicos, você não apenas continuará frequentando o grupo, como também evangelizará a palavra do fitness para todos os seus amigos a fim de provar que esse esporte é mesmo incrível e que você não está participando, *de verdade*, de um culto. Ou, pelo menos, não de um culto pior do que a cultura na qual você foi criado...

modo MONSTRO

26.

Nos Estados Unidos, fomos ensinados a enxergar o autoaperfeiçoamento de forma quase fetichista. O fitness é uma forma especialmente atraente de autoaperfeiçoamento porque contém nele mesmo os clássicos valores estadunidenses, como produtividade, individualismo e comprometimento com os padrões de beleza normativos. A linguagem do culto fitness ("Seja a melhor versão de si mesmo", "Mude seu corpo, mude sua mente, mude sua vida") ajuda a conectar aspectos religiosos — como a devoção, a submissão e a transformação — a ideais seculares, como perseverança e beleza física. Procurar voluntariamente por uma comunidade religiosa à margem da sociedade não é algo que a maioria dos cidadãos modernos faria, mas seguir um pouco de misticismo combinado a uma dose de ambição capitalista é algo um pouco mais fácil de engolir. Com grupos como o intenSati e o CrossFit, criamos os cultos seculares que merecemos.

No passado, houve um período da história em que os exercícios e o protestantismo americano[150] se sobrepuseram de forma mais explícita. No século XIX, bem antes de a prática de exercícios se tornar comum, uns dos poucos grupos que se dedicavam devotamente ao esporte eram os cristãos pentecostais, que promoviam abertamente a forma física como um processo de purificação religiosa. Para eles, a ociosidade e a gula eram ofensas que deviam ser punidas por Deus, enquanto o ato de disciplinar a carne por meio de força, treinamentos extenuantes e jejum era um sinal de virtude. Para eles, ficar de preguiça pela casa comendo porcarias não era só um pecado metafórico, mas literal. Ao contrário, hoje em dia, algumas igrejas condenam a cultura fitness moderna como uma supercelebração do eu em oposição a Deus. "O CrossFit não é como a igreja;[151] está mais para um hospital, até mesmo um necrotério", critica um padre episcopal da Virginia em uma postagem escrita para um blog, em 2018. "A academia não é um lugar onde as pessoas más vão para se tornarem boas, mas sim onde as pessoas más são amadas por sua maldade. A graça de Deus é o único plano de salvação que não leva ao esgotamento completo."

É difícil ter uma conversa produtiva com alguém que insiste em afirmar que seu entendimento de espiritualidade é o "único" possível. Por outro lado, é inegável que a cultura de exercícios estadunidense carrega consigo uma carga protestante de alta valência.

A linguagem do culto fitness ("Seja a melhor versão de si mesmo", "Mude seu corpo, mude sua mente, mude sua vida") ajuda a conectar aspectos religiosos — como a devoção, a submissão e a transformação — a ideais seculares, como perseverança e beleza física.

Preste atenção no vocabulário que geralmente usamos para falar sobre cultura fitness: limpeza, detox, purificação, obediência, disciplina, perfeição. Esses termos têm conotações inquestionavelmente bíblicas, e quando repetida, dia após dia, essa linguagem da limpeza e da purificação pode condicionar seus ouvintes a acreditarem que alcançar a "perfeição" é algo possível, se tentar o suficiente, e que essa força de vontade os manterá "perfeitos" para o restante de suas vidas. Essa mentalidade pode parecer um bálsamo calmante em uma sociedade que deixa tantos de seus cidadãos se sentindo existencialmente impotentes. Ao mesmo tempo, pode tornar seus seguidores mais abertos e vulneráveis a se envolverem (e permanecerem envolvidos) com gurus potencialmente abusivos.

Não fui a primeira pessoa a notar como o discurso envolvendo o trabalho com o corpo tem confluência com a forma como nossa humanidade é valorizada e soa assustadoramente parecido com o que prega a Amway[152] e outras empresas de MMN. É possível notá-lo em afirmações como "Você é capaz de conquistar a paz interior e um abdômen chapado em uma hora"[153] — uma promessa que Tess Roering, ex-diretora de marketing do CorePower Yoga, fez sobre a marca, em 2016. O *ethos* maximalista da indústria fitness ao afirmar que, ao se dedicar de corpo e alma ao programa — trabalhando duro e rápido, sem desistir e sempre acreditando em si mesmo —, você conseguirá uma barriga chapada e paz interior, por exemplo, é uma reminiscência perturbadora do evangelho da prosperidade. Essa atmosfera é mais sutil em alguns estúdios do que em outros, mas em todas as plataformas uma única promessa ressoa: seu percentual de gordura corporal vai cair, seus glúteos vão levantar, e acontecerá o mesmo com o valor da sua vida, mas isso só vai rolar depois de muito trabalho caro e suado.

Dentro do CrossFit, é possível ouvir toques de Novo Pensamento na retórica inabalável do mais-é-mais. Capitalizando em cima do vernáculo atlético e se expressando como sargentos bélicos durante treinamentos militares, os treinadores de CrossFit (ou "coaches", como são chamados lá dentro) berram slogans como "Modo monstro", "Sem raça, sem glória", "Está suando ou está chorando?", "O fardo da derrota é muito mais pesado que essa barra" e "Vomitar é aceitável... Sangrar é aceitável. Desistir não é". Evocando rituais como os TDD Heroicos ("treinamentos heroicos do dia", sequências de movimentos cunhados em homenagem a membros da polícia ou do exército mortos em serviço)[154], eles criam para os alunos uma atmosfera de soldados em treinamento.

O CrossFit possui uma atmosfera fortemente libertária, derivada das posições políticas pessoais de seu fundador, Greg Glassman,[155] que já proferiu citações famosas como "A rotina é o inimigo" e "Não me importo que me digam o que fazer. Eu simplesmente não vou obedecer". Não é coincidência, portanto, que o clima dentro do CrossFit seja de desordem, onde dentro do universo anárquico do box, aos seguidores seja não só permitido, como encorajado, treinar tão pesado a ponto de vomitar, urinar nas calças ou parar no hospital.

Jason, um sobrevivente de câncer e ex-praticante de CrossFit[156] que começou a frequentar o box local em uma busca por empoderamento após o fim da quimioterapia, se viu forçado a desistir depois de desenvolver uma dor crônica no ombro e uma lesão tão severa no joelho que precisou de cirurgia. Em 2013, em um post na plataforma Medium sobre sua experiência, ele escreveu: "O primeiro ano foi extasiante... Comecei a me gabar sobre levantamento de peso, e rapidamente aumentei a frequência de treinos de três para quatro e, finalmente, para cinco dias na semana. Sem nem perceber, eu estava me tornando um cretino evangelizado". A retórica ingovernável do CrossFit, que condiciona seus membros a acreditarem que forçar seus corpos a ponto de se lesionarem era algo inevitável e até admirável, arrebatou Jason. "A parte problemática é que as lesões causadas pelo CrossFit são vistas como medalhas de honra, como o preço de ficar merecidamente trincado, mano", revelou.* [157] Então, quando Jason reclamou para seus coaches sobre a dor no ombro e no joelho que estava sentindo, ambos o manipularam a pensar que era tudo culpa dele. "Você deve se forçar até o limite", Jason escreve, "mas quando você atinge o limite e paga o preço, você é um idiota por ter ido longe demais." "Sem raça, sem glória" pode ser um slogan, mas está entre um dos principais clichês terminadores de pensamento usados no CrossFit para silenciar as queixas de seus membros.

Muitos dos fanáticos por estilo de vida fitness com quem falei argumentaram que o grupo do qual faziam parte não podia ser um culto verdadeiro porque lá "todos são bem-vindos". Mas enquanto concordo que não podemos comparar a SoulCycle e o CrossFit com o Heaven's Gate e a Cientologia, a razão não é o fato de serem inclusivos. Aliás, será que dedicariam tanta energia criando um código exclusivo de linguagem se fossem mesmo inclusivos? Não é preciso dizer, mas a maioria dos estadunidenses não tem dinheiro para gastar milhares (se não dezenas de milhares) de dólares com exercícios ao ano. Isso sem mencionar as milhões de pessoas que são negras, indígenas ou não brancas, deficientes e/ou que usam roupas acima de PP, a quem as mensagens desses estúdios geralmente ostracizam — sutilmente ou abertamente. Muitas academias de alto nível adotam uma comunicação muito parecida com a da feminista branca #girlboss que pode ser encontrada nas empresas de MMN. (Eu não deveria ter me surpreendido quando, alguns meses após nossa entrevista, Sparkie, a instrutora de SoulCycle, tornou-se distribuidora para uma empresa de MMN, a Arbonne, vendendo produtos "não tóxicos" de cuidados com a pele, postando #bossbabe no Instagram e tudo o mais.)

O evangelho da prosperidade diz que, se você não tiver sucesso em se tornar o retrato fitness infalível — se não conseguir o seu tanquinho e a paz interior (caso você seja pobre, marginalizado, e não consiga se livrar dos obstáculos estruturais que o mantém longe dessas coisas) —, então você merece ser infeliz e morrer cedo. Você não "manifestou" o que queria. É a mesma mensagem de Rich DeVos, mas transmitida em dialeto levemente modificado.

---

*   Em alguns casos, ficar "trincado de verdade" pode custar os seus órgãos vitais. Especialistas perceberam uma forte associação entre CrossFit e rabdomiólise, uma rara condição médica que acontece quando alguém esforça tanto os músculos que eles se rompem e liberam proteínas tóxicas na corrente sanguínea, o que pode causar danos aos rins ou, até mesmo, falência renal. Os coaches de CrossFit estão tão familiarizados com essa doença que já a apelidaram: Tio Rabdo. Em alguns boxes, você encontrará representações de Tio Rabdo como um palhaço doentio conectado a uma máquina de diálise, os rins espalhados no chão. ("Vomitinho", um outro tipo de palhaço macabro, é um mascote mais famoso.) Encontrei um monte de camisetas para vender on-line estampadas com o slogan "Continue até encontrar o Tio Rabdo".

Pode parecer uma coisa exageradamente sentimental rugir "Meu poder é imensurável" enquanto soca o ar o mais forte que puder, mas isso não é nem um pouco assustador em comparação com estúdios de yoga cheios de mulheres brancas usando as mesmas roupas caríssimas de ginástica, possivelmente enfeitadas com uma piadinha idiota em sânscrito — "Om is where the heart is",* "Namaslay",** "Meus chakras são alinhados pra caralho" — enquanto se autodenominam uma "tribo". Mercantilizar a linguagem de práticas espirituais indígenas e orientais[158] para uso de um público branco e elitista enquanto, simultaneamente, apagam e silenciam esses povos originários pode não parecer algo muito cultista — em vez disso, é "apenas" o senso comum, o que é justamente o problema.

Por anos, a sede da CrossFit negou quaisquer sugestões[159] de que sua cultura fosse pouco amistosa com pessoas negras. Contudo, durante os protestos do Black Lives Matter, em junho de 2020, Greg Glassman escreveu uma série de tweets e e-mails racistas (em um, ele respondeu um post sobre o racismo ser uma crise de saúde pública com a frase "É Floyd-19"), instigando crossfiteiros brancos a finalmente começarem a bradar aquilo que muitas pessoas negras escutam há décadas: que aquele lugar, na verdade, nunca foi para "todo mundo". Os sinais de alerta linguísticos sempre estiveram ali: na glorificação da polícia durante os Treinamentos Heroicos, por exemplo, o CrossFit já estava se revelando. Centenas de academias se desafiliaram da marca, muitas empresas de roupas fitness cancelaram seus contratos, e Glassman desceu algumas posições como CEO.

Alguns meses após Glassman cair em desgraça, foi a vez da SoulCycle se envolver em um escândalo. No final de 2020, as coisas já estavam indo mal para a empresa por causa da Covid-19 e da quarentena, que forçou vários locais a fecharem, quando diversas postagens de denúncia surgiram on-line: de acordo com uma matéria da *Vox*, debaixo de toda a fala motivacional da SoulCycle, muitas academias ao redor do país abrigavam registros de toxicidade.[160] Coisas como cultos de personalidades formados ao redor de certos "instrutores mestres", que tiravam vantagem disso criando hierarquias de clientes favoritos ou menos favoritos, dando aulas privadas "por fora" e, até mesmo, dormindo com alguns dos alunos.[161] ("Seus alunos só devem ter dois sentimentos: querer ser você ou querer trepar com você" era um dos mantras que os instrutores aprendiam e internalizavam diariamente. Uma estrela da marca se referia

---

* "Home is where the heart is" ("Lar é o lugar onde o coração está") é um ditado da língua inglesa. A palavra "Om", em sânscrito, mantra universal do yoga, tem a mesma sonoridade de "Home", por isso a piadinha. [NT]

** Uma mistura de "Namastê" com "slay" ("arrasar", em inglês). [NT]

abertamente aos alunos como "minhas putinhas".) Alguns instrutores de alto nível eram conhecidos por agredirem verbalmente alguns alunos e funcionários "inferiores", além de alimentarem todo o drama que os circundava,[162] saboreando a deificação, como as Meninas Malvadas do ensino médio.

Supostamente, a sede da SoulCycle tinha conhecimento de tudo e tolerava esse mal comportamento, encobrindo reclamações[163] sobre seus instrutores mais importantes fazerem comentários preconceituosos a alunos e outros membros da equipe. (Digamos que alguns deles envolviam as palavras "tia Jemima",[*] "bichinha" e dizer que algumas pessoas mais curvilíneas da equipe "não representavam a marca".) Alguns rumores de assédio sexual foram supostamente ignorados. A empresa "tratava [instrutores] como estrelas de Hollywood, afinal", diz uma manchete que recebi de Natalia Petrzela na mesma hora em que saiu. Membros relataram que seus superiores jogavam as reclamações no lixo, ao mesmo tempo em que bancavam uma associação à Soho House no valor de 2.400 dólares e o aluguel de uma Mercedes-Benz para um de seus instrutores, como se nada tivesse acontecido. Essas notícias não chocaram as pessoas nem um pouco. "Quando você eleva instrutores à categoria de deuses, o abuso de poder vai acontecer em seguida", Natalia tuitou. "Faz sentido que tenhamos visto esse tipo de acerto de contas primeiro na yoga, onde os líderes têm sido reverenciados há muito tempo como 'gurus'; portanto, era só uma questão de tempo para que os instrutores tivessem os seus próprios seguidores e o seu próprio culto."

Li um estudo de 2020, publicado no *European Journal of Social Psychology*, que revelava que pessoas que recebiam "treinamento espiritual" em artes sobrenaturais, como cura energética e *lightwork*, eram mais inclinados a exibirem traços narcisistas (confiança inflada nas próprias habilidades, fome de sucesso e aprovação social, difamação de quem não partilhava dos mesmos superpoderes autoavaliados etc.). Eles foram comparados com todos aqueles que não tinham tido nenhum treinamento espiritual e com alunos de disciplinas menos performáticas, como meditação e mindfulness. O estudo mostrou que, mesmo que esses gurus encorajassem a compaixão e a autoaceitação nos outros, seus egos permaneciam inflados. Instrutores-mestres da SoulCycle parecem exibir uma resposta semelhante: orgulho e carisma natural combinados com o treinamento extremo da empresa são a receita para um complexo de deus mais próximo ao de um Swami do 3HO do que de um mortal cujo emprego é pedalar em uma bicicleta ergométrica.

---

* Uma marca de massas e xaropes de panquecas estadunidense que foi tirada do mercado após ser acusada de reforçar estereótipos racistas. [NT]

No momento da escrita deste livro, a SoulCycle ainda não fez comentários sobre essas acusações específicas ou demitiu qualquer um dos abusadores. Além disso, aqueles leais ao CrossFit garantem que sua amada cultura — Treinamento Heroico, Modo Monstro e tudo o mais — continua existindo, independentemente do nome da marca. Alguns dizem que a característica principal de um verdadeiro culto de sucesso é o poder de sobreviver à morte ou ao cancelamento de seu fundador. Nesse caso, o CrossFit e a SoulCycle, junto à Cientologia e à Amway, prevaleceram — pelo menos até agora.

A empresa "tratava [instrutores] como estrelas de Hollywood, afinal", diz uma manchete que recebi de Natalia Petrzela na mesma hora em que saiu. [...] "Quando você eleva instrutores à categoria de deuses, o abuso de poder vai acontecer em seguida."

Certamente, a linguagem branqueada, protestante, carregada de capitalismo do "namaslay", "detox" e "mais duro, mais rápido, mais..." reflete (e perpetua) padrões opressivos que vão além da cultura fitness. Encontramos esse papo de tribos e "se esforce ao máximo" em muitas indústrias estadunidenses, de Wall Street e Hollywood até o Vale do Silício. Essa linguagem é dominante e problemática, sem dúvidas, mas seus motivos e seu impacto também são muito diferentes do causado por Jim Jones, L. Ron Hubbard e Rich DeVos. No caso desses líderes, o objetivo não era reforçar as estruturas de poder problemáticas da sociedade em geral, mas sim explorar seus seguidores de maneiras que beneficiassem diretamente o guru — e somente o guru. Um tipo de líder usa a linguagem (talvez até mesmo involuntariamente) para apoiar um quadro que já existe; o outro usa a linguagem, sempre deliberadamente, não para manter a ordem das coisas, mas, em vez disso, para investir nela e criar algo tiranicamente novo. No fim, alguns líderes problemáticos são apenas seguidores de um sistema maior. Mas um líder verdadeiramente destrutivo e cultista é aquele que deseja subverter o sistema e substituí-lo por algo que garanta a ele o poder supremo e definitivo.

GURUS
da yoga

27.

Se uma marca fitness ou um líder fitness estiver próximo da Cientologia no espectro cultista, você saberá disso pelo ouvido. Fique atento à linguagem carregada, ao uso de "nós versus eles", clichês terminadores de pensamento e abuso verbal que componham a linguagem da influência cultista e, assim, as motivações deste líder soarão altas e claras. Examinemos, por exemplo, o discurso do (infame e popular) guru do yoga Bikram Choudhury...

Antes de ser processado por assédio sexual e fugir dos Estados Unidos, o epônimo fundador da yoga Bikram já era bastante conhecido por ser um valentão egomaníaco. No início da década de 1970, Choudhury se mudou de Calcutá para Los Angeles, onde criou seu império da yoga, que tinha mais de 1.650 estúdios abertos ao redor do mundo no seu auge, em 2006. Durante seus dias de glória, Choudhury desfrutou de uma litania de apelidos que refletiam seu culto belicoso de personalidade — o anti-yogi, o Walter White da yoga,[164] a cabeça coroada do McYoga. Ele quebrou paradigmas sobre o mestre yoga ser uma figura tranquila e meditativa ao ser visto gritando, xingando e dizendo palavrões em aula. Seu repertório de profanidades não era motivacional, aos modos da Peloton, mas sim descaradamente misógino, racista e gordofóbico.

"Prenda a respiração e segure essa porra dessa barriga gorda para dentro. Eu não gosto de ver sua gordura balançando."

"Sua puta preta."

"Cagão."

Essas frases são citações diretas, frases que foram ditas, em voz alta, em público.

Em seus famosos treinamentos de professor, Choudhury pregava para salões apilhados de mais de quinhentos aspirantes a se tornarem instrutores do yoga Bikram, cada um deles, aliás, tendo pagado entre 10 e 15 mil dólares pela oportunidade de segui-lo. Sentado em um trono alto (sempre equipado com um ar-condicionado particular), ele berrava perguntas-e-respostas sem fazer o menor esforço para esconder sua megalomania. Choudhury exclamaria "É do meu jeito ou...", e o grupo responderia, em uníssono, "da porta pra rua!".

"A melhor refeição é...?"

"Não comer nada!"

Mas, é claro, ninguém nunca permaneceria próximo de Choudhury se tudo o que fizesse fosse insultar as pessoas; como a maioria das figuras tóxicas, os gritos e xingamentos eram combinados com a linguagem sedutora do bombardeio de amor. Em um só minuto, Choudhury poderia decretar seu potencial de se tornar um professor brilhante, xingaria você de puta, e depois faria uma serenata com sua voz melíflua, tudo isso enquanto você contorcia seu corpo em poses quase impossíveis debaixo de um calor escaldante.

No entanto, alguns devotos de Choudhury juram de pés juntos que ele era como "uma criança grande". Suas canções de ninar e seu temperamento inconstante, até mesmo suas birras, davam a ele uma característica "inocente e adorável", alguns atestavam. O viés de confirmação permitia que alguns de seus fãs interpretassem as mentiras descaradas do Choudhury (como se gabar de ter vencido competições de yoga que nem mesmo aconteceram) e suas declarações de grandeza ("Eu não durmo trinta horas de sono nem em um mês", "Sou o homem mais esperto que você conhecerá neste mundo", "Sou o único amigo que você vai ter na vida") mais como algo "infantil" que perturbador. É a falácia do custo irrecuperável dizendo a eles que se continuassem e participassem de só mais um treinamento conseguiriam ter sucesso na carreira.

Durante seus escaldantes workshops de yoga, os pupilos de Chouldhury desmaiavam, sofriam de desidratação e desenvolviam infecções respiratórias das vias superiores. Como foram condicionados a confiar em seu amado guru como se ele fosse onisciente, aprenderam a desconsiderar a própria dor e os próprios instintos. Choudhury também foi acusado de aliciar e assediar sexualmente pelo menos meia dúzia de alunas do sexo feminino. Em 2016, ele respondeu a acusações de estupro[165] utilizando mais xingamentos, linguagem de "nós versus eles", hipérboles e gaslighting: uma paródia dele mesmo, Choudhury denunciou suas acusadoras de "psicopatas" e "lixo", acrescentando a seguinte frase: "Por que eu precisaria assediar mulheres? As pessoas pagam um milhão de dólares para conseguir uma única gota do meu esperma". Em 2016, Choudhury fugiu dos Estados Unidos sem pagar um centavo dos quase 7 milhões de dólares que ele devia aos sobreviventes por danos morais e, um ano depois, um juiz de Los Angeles emitiu um mandado de prisão contra ele. (No momento da escrita, ele ainda não foi trazido à justiça e continua conduzindo treinamentos para professores fora dos Estados Unidos.)

Assim que o império estadunidense de Choudhury ruiu, outro culto controverso de yoga assumiu o seu lugar: CorePower. Após a queda de Bikram, o Yoga CorePower, fundado em Denver, apareceu e rapidamente se tornou a maior franquia de yoga da América do Norte. Enquanto Bikram clamava, orgulhosamente, ser "o McDonald's da yoga", o cofundador do CorePower, o (agora falecido) magnata da tecnologia, Trevor Tice, autodenominou a marca como a "Starbucks da yoga".

Como foram condicionados a confiar em seu amado guru como se ele fosse onisciente, aprenderam a desconsiderar a própria dor e os próprios instintos.

Assim, na década seguinte, a CorePower enfrentou cinco processos federais pela exploração financeira de seus instrutores e clientes, tendo de abrir mão de 3 milhões de dólares em estabelecimentos. Não tão diferente de um esquema de pirâmide, o estúdio paga aos instrutores um salário vergonhoso por hora, prometendo aumentos e promoções somente aos que recrutam alunos para o programa de treinamento de professores que custa 1.500 dólares. Aos instrutores é dito que ofereçam esse programa no final da aula, após a Savasana, a pose final de descanso. Enquanto os praticantes deitam em uma posição relaxada, totalmente descontraídos, os professores oferecem o que a CorePower chama de "partilha particular" (uma divulgação íntima das próprias vidas) e devem fazer isso para "abalar a alma".

"Abalar a alma" é apenas um demonstrativo da linguagem carregada usada na CorePower. A performance dos instrutores é, então, julgada de acordo com quantas "almas" eles conseguem "abalar" (ou seja, quantos alunos se inscrevem para o treinamento de professores). Depois da partilha particular, os instrutores são incentivados a mirar em alunos específicos, bombardeando-os de amor com elogios sobre suas habilidades e dedicação e convidando-os para irem ao Starbucks a fim de falarem sobre a possibilidade de se tornarem professores.

"Era como se tivessem visto algo especial em mim", Kalli, uma aluna da Co-rePower do Minnesota, disse ao *New York Times* em 2019. Kalli tinha acabado de sair da aula um dia e estava feliz da vida quando sua instrutora favorita se aproximou dela com um sorriso largo e disse que achava que Kalli tinha o que era preciso para fazer seu trabalho. Ela não dividiu com ela o custo do treinamento de professores (eles dizem aos instrutores que devem manter essa parte "em aberto"); apenas encheu Kalli de elogios e continuou fazendo isso tanto dentro quanto fora do estúdio. "Era quase como se tivéssemos uma amizade que, na verdade, nunca foi real", Kalli reflete.

> **Uma das frases que a CorePower distorceu com maior sucesso foi "reverter o karma" [...] invocada para coagir professores a substituírem as aulas de outros e a realizarem longas horas de trabalho obrigatório fora do estúdio — preparação de aulas, respostas de e-mails de serviços ao consumidor, realizar o marketing da marca —, tudo sem pagamento.**

Quando finalmente descobriu o valor de 1.500 dólares do curso, Kalli já estava fantasiando há semanas sobre sua futura carreira de professora de yoga. Ela não podia recusar agora. Então, preencheu o cheque e seguiu o programa de oito semanas. Só no final ela descobriu que o treinamento, na verdade, não a capacitava para se tornar uma professora. Como nos infindáveis níveis da Cientologia, a CorePower aguardava até que seus participantes soubessem que não podiam voltar atrás para mencionar que precisavam realizar um curso de "extensão" no valor de 500 dólares. Kalli topou mais uma vez. Mas, mesmo depois disso, a CorePower nunca ofereceu um emprego a ela. E isso porque seu programa de treinamento produz uma quantidade tão absurda de professores certificados que acaba saturando o mercado, exatamente como uma empresa de MMN. Em 2016, uma pesquisa mostrou que há duas pessoas com certificado de professor para cada instrutor empregado. "Te ensinam a manter a calma e táticas de respiração, e, além disso, a permitir que se aproveitem de você", Kalli disse à imprensa.

Uma das frases que a CorePower distorceu com maior sucesso foi "reverter o karma" — um eufemismo de alta valência emocional e um clichê terminador de pensamento ao mesmo tempo. No hinduísmo, a karma yoga é um dos três caminhos para a libertação espiritual: é sobre aprender a levar uma vida de serviço altruísta, sem esperar nada em troca. Mas, na CorePower, a frase "reverter o karma" era invocada para coagir professores a substituírem as aulas de outros e a realizarem longas horas de trabalho obrigatório fora do estúdio — preparação de aulas, respostas de e-mails de serviços ao consumidor, realizar o marketing da marca —, tudo sem pagamento. Ao usarem uma frase de tamanha profundidade espiritual e implicações eternas, a empresa podia, sucintamente, fomentar sentimentos de culpa e lealdade em seus funcionários. Se alguém, por exemplo, questionasse uma política injusta, a CorePower usaria o termo "karma" para suavizar a reclamação.

Documentos de justiça revelam que os próprios advogados da CorePower desqualificavam o uso do termo karma como um vago "preceito metafísico" na mesma categoria de "abalar a alma". Mas, para os seguidores, eram expressões tão carregadas de emotividade que foram suficientes para que se mantivessem submissos mesmo quando já sabiam que a empresa os estava prejudicando. Kalli abandonou seus sonhos de carreira na CorePower para se tornar uma enfermeira registrada, mas ainda assim continua a fazer aulas de yoga no estúdio local da empresa. A fim de pagar a mensalidade de 120 dólares (ela não recebe nenhum desconto mesmo tendo passado pelo programa de treinamento), ela trabalha como faxineira em uma unidade diferente da CorePower por semana. Além disso, ela ensina yoga com cabras (hoje em dia existe de tudo) em uma pequena fazenda nos subúrbios de Mineápolis. Em sua bio do Instagram podemos ler a frase, cheia de orgulho: "Instrutora Formada da CorePower".

PODER
para as pessoas
28.

Após descobrir que você está participando de uma comunidade centrada em um culto fitness, que pode ou não ser saudável, eis algumas perguntas que devem ser feitas: Este grupo é genuinamente acolhedor com todas as pessoas? Ou você sente uma pressão excessiva para se vestir ou falar como todo mundo (às vezes até fora da aula)? É permitido que você só participe casualmente e se envolva com outras atividades? Ou você sente que está depositando todo o seu tempo e a sua fé neste grupo, tomando todas as suas decisões de acordo com ele? Você confia que o instrutor lhe dirá para ir com calma, talvez até tirar algumas semanas de folga ou tentar outro tipo de exercício, caso o seu corpo precise? Ou sente que ele dirá a você que se esforce mais, vá mais rápido, faça mais? Se você faltar a uma aula ou desistir do curso, qual o custo da sua saída? Orgulho? Dinheiro? Relacionamentos? O seu mundo todo? Você está disposto a pagar esse preço?

Para mim, é muito fácil notar a diferença entre um galpão com quinhentos estudantes de yoga chorando e gritando que ou é do jeito do líder ou é rua (ou um instrutor de spinning se referindo aos alunos como "suas putinhas") e uma academia de dezesseis mulheres, onde cada uma se veste como quiser e se sente livre para cancelar a inscrição sem correr o risco de ameaças, humilhações, ou ter que ficar entoando a frase "Sou mais forte do que pareço". Os dois negócios estão usando a linguagem para lucrar, mas também estão nomeando, literalmente, quem querem empoderar: em um caso, é o guru, em outro, são as pessoas.

"Sinto que o que o 'culto fitness' realmente significa é que as pessoas se emocionam muito quando encontram algo que as ajuda a crescer e a mudar", conclui Patricia Moreno, da intenSati. Como o objetivo de Moreno é tão transparente, ensinar seus alunos a reconquistarem o próprio poder, em oposição a ganhar poder sobre eles, ela nunca sentiu a necessidade de defender o intenSati da classificação de "culto". Para mim, essa falta de uma atitude defensiva fala por si só.

De um modo geral, especialistas de novas religiões tampouco estão preocupados com a possibilidade de que cultos fitness se tornem parecidos com seitas como a Cientologia. "Eu realmente penso que alguns desses grupos são 'cultistas', mas digo isso entre aspas", comenta a antropóloga de Stanford, Tanya Luhrmann. O maior sintoma cultista que Luhrmann encontra no mundo fitness tem relação com a crença de seus praticantes de que, se participarem das aulas regularmente, suas vidas melhorarão dramaticamente. Desde que frequentem às aulas cinco dias da semana e recitem os mantras, isso mudará o mundo e a forma como se envolve com eles. É, novamente, esse excesso de idealismo — a convicção de que o grupo, o instrutor, esses rituais, têm o poder de realizar mais do que essas pessoas conseguiriam sozinhas.

É possível explorar esse tipo de fé. Contudo, o que me impede de detonar a indústria fitness completamente é que, no fim das contas, é você que está no comando da própria experiência. Na aula de spinning, é você que controla a marcha da bicicleta; se você quiser ignorar o que diz a moça cultista na frente da sala (ou na tela da TV) e diminuir o ritmo, você pode. Se você crê em uma força superior, você pode pensar nela enquanto entoa cânticos sobre inspiração divina. No entanto, se você só quiser pular de um lado pro outro e se divertir, você pode fazer isso também. E se, após seis meses, as coisas lhe parecerem meio tóxicas, ou você quiser experimentar algo novo, você pode ir embora. Se os laços que você construiu nos aparelhos da academia forem mesmo tão fortes, eles vão durar mesmo depois que você decidir trocar as aulas de surfe pelas de pilates.

Afinal, o estúdio não é o que dá sentido à sua vida. Claro que ele pode lhe trazer muita satisfação e conexão com outras pessoas durante 45 minutos, mas você ainda seria você mesmo sem a existência dele. Sabe por quê? Porque você já é abençoado por ter tudo o que precisa.

SIGA PARA SEGUIR

PARTE VI

29.
seguidores de
MASSARO

É junho de 2020, um dos mais controversos meses da história estadunidense contemporânea, e o algoritmo do meu Instagram está avariado. Entre postar sobre a pandemia global de Covid-19, o movimento Black Lives Matter, ao mesmo tempo em que tentava acompanhar o que estava rolando com os swamis da Nova Era, os recrutamentos de MMN, e teoristas da conspiração que vinha seguindo por pelo menos um ano, minha página de busca do Instagram não sabia se eu era uma justiceira social, uma conhecedora da verdade sobre a *plandemia*,* uma antivacina, uma bruxa, uma distribuidora da Amway, ou alguém muito obcecada por óleos essenciais. Sinto uma satisfação presunçosa em pensar que confundi o Olho do Instagram, cuja presença tão onisciente e misteriosa (indispensável para mim) às vezes parece ser o único Deus que já conheci.

Depois de perder duas horas da minha vida usando as redes sociais, encontrei o perfil de um guru espiritual chamado Bentinho Massaro. Com uma bio do Instagram na qual encontramos descrições como "Sintetizador de Caminhos", "Cientista de Verdade", "Filósofo" e "Espelho", Massaro é um cara caucasiano, de trinta e poucos anos, que afirma vibrar em uma frequência mais alta que outros humanos, mais alta até que a de Jesus Cristo. Exibindo cerca de 40 mil seguidores no Instagram, dono de olhos azul-gelo, um guarda-roupa robusto, cheio de camisetas pretas justas, e uma voz confiante disfarçando um

---

* Referência aos dois vídeos conspiracionistas, lançados em 2020, pela produtora Elevate, da Califórnia, que promovem várias informações erradas sobre a pandemia do Covid-19 e se espalharam na velocidade da luz pelo mundo. Os vídeos foram removidos de várias plataformas e detalhadamente rebatidos por cientistas e profissionais de saúde. [NT]

sotaque europeu indeterminado, Massaro parece um cruzamento entre Teal Swan e Tony Robbins. Um dos irmãos Hemsworth definitivamente seria escalado para interpretá-lo no cinema. Ao vê-lo, cerca de uma dúzia de sinais de alerta se acendem no meu córtex frontal. Eu clico em Seguir.

Uma análise um pouco mais aprofundada revela que Bentinho Massaro nasceu em Amsterdã, mas depois se mudou para Boulder, Colorado, e daí para a meca do oculto, Sedona, Arizona, onde administra retiros espirituais caríssimos. Além disso, ele se esforça espetacularmente para aumentar sua presença nas redes. Fazendo uso de uma estratégia astuta, nos moldes do Vale do Silício, e um portfólio elegante, ele pretende vender a você... bem, a sua alma.

Custando tão pouco quanto clicar no botão Seguir do Instagram, ou tanto quanto 600 dólares a hora via Skype, você pode ganhar acesso a doses da ciência sagrada de Massaro — há respostas para tudo, desde como cultivar relacionamentos profundos até se tornar um "deus humano". Em seus vídeos do YouTube, Massaro se senta perto da câmera, criando a atmosfera aconchegante de um encontro em casa, ou uma conversa entre duas pessoas, enquanto disserta sobre assuntos como "O Buraco Negro Interno", "Vibração e Presença Energética" e "Rompendo a Ilusão da Mente". Se você navegar por um tempo no Instagram dele, encontrará vídeos de até cinco minutos nos quais Massaro apenas encara as lentes da câmera intensamente, sorrindo, quase sem piscar, enquanto murmura "Eu te amo" intermitentemente. Ele chama esses momentos de contemplação parassocial de "unidade — nenhuma separação entre você e eu". Centenas de apoiadores inundam sua seção de comentários com elogios: "Você é inteligência/amor/luz infinita", "Obrigada, Ben, por essa onda de consciência", "Mestre, professor... você tem uma habilidade maravilhosa... Por favor, guie-nos".

A ideologia de Massaro é, digamos, eclética. Ele acredita em alienígenas do passado, afirma que é capaz de mudar o clima com o poder da própria mente, e já anunciou que não quer ter filhos, pois ele já tem 7 bilhões. Nessa altura do livro, já deve soar familiar a forma como Massaro insiste que ele, e somente ele, possui a "visão de Deus" necessária para guiar a humanidade em direção à "verdade absoluta" do paraíso. Seus ensinamentos, ele proclama, levarão ao "fim do sofrimento e à felicidade eterna". Massaro jura que, ao longo da vida de qualquer terráqueo, ele não seria capaz de acessar nem "10% do que ocorre na consciência [dele] em um único dia". Sua visão suprema? Encontrar seus seguidores da internet pessoalmente, comprar um baita pedaço de terra em Sedona e construir uma nova cidade iluminada.

Entre palestrar sobre caminhos, vibrações e aumento de frequência, a retórica de Massaro dá uma reviravolta sombria. Seu vernáculo místico é cheio de clichês terminadores de pensamento usados com a intenção de praticar gaslighting com seus seguidores com a intenção de que acreditem em fatos distorcidos da ciência, além de duvidarem dos próprios pensamentos ou emoções. Em uma lição, ele comanda: "Pensar sobre alguma coisa[166] é a melhor maneira de deixar passar a beleza dessa coisa... Tente enxergar onde está a sua lealdade à lógica, à forma como racionaliza, à descrição linear, e então comece a destruí-las". Em outro vídeo, ele grita com uma aluna do sexo feminino depois de ela se sentir desrespeitada pelo uso da frase "Foda-se", dizendo: "Se você não achasse que o mundo gira em torno do seu umbigo sobre essa porra de conceito de respeito, você perceberia quanto amor há por trás da frase que estou te dizendo".

> **Entre palestrar sobre caminhos, vibrações e aumento de frequência, a retórica de Massaro dá uma reviravolta sombria. Seu vernáculo místico é cheio de clichês terminadores de pensamento [...]**

Massaro sempre encontra uma forma distorcida de justificar o seu uso de agressão verbal. Uma vez, no Facebook, ele postou: "Ser amigo de um ser desperto e elevado é algo praticamente impossível, porque: A) a prioridade dele é a purificação e a elevação rumo à verdade; não a gentileza... B) ele não é como uma pessoa comum, portanto, não é possível fazer comparações utilizando padrões normais ou manter um relacionamento exatamente como o que teria com outra pessoa (algo de que a mente limitada não gosta)". Seus gritos e xingamentos, ele afirma, são uma expressão de gentileza divina. "Posso gritar com todos vocês livremente", ele declama, acrescentando que o abuso verbal é uma parte necessária do caminho espiritual, e que questionar isso reflete a mente inferior, "limitada e dogmática", daquele indivíduo.

Assim como Teal Swan, alguns vídeos de Massaro promovem mensagens perigosas sobre suicídio: "Não tema a morte; empolgue-se com ela", ele diz em um vídeo. "Torcer pela chegada da morte é algo que te faz viver de verdade... Desperte para fazer algo importante. Caso contrário, mate-se."

Essas opiniões passaram quase despercebidas até dezembro de 2017, quando Massaro apresentou um retiro espiritual em Sedona que deu terrivelmente errado. O acampamento da Nova Era, com duração de doze dias, prometia oferecer a cem convidados acesso exclusivo a alguns dos ensinamentos mais profundos de Massaro. Nessa época, acusações sobre Massaro ser um líder de culto já estavam começando a aparecer pela internet. Um dia antes do retiro, uma repórter nascida em Sedona, Be Scofield, publicou uma denúncia incriminadora caracterizando Massaro como um "guru da tecnologia"[167] que fazia uso de hackers para crescimento de marketing a fim de construir um consórcio espiritual falso:[168] colocando em perigo a saúde de seus seguidores com conselhos ridículos (como só se alimentar de suco de uva por semanas — Massaro chamava isso de "jejum seco"), manipulando-os para cortarem relações com amigos e família ("Fodam-se seus relacionamentos. Eles não significam nada", ele dizia) e fazendo-os acreditar que ele era uma deidade onisciente.

> **Massaro [foi caracterizado] como um "guru da tecnologia" que fazia uso de hackers para crescimento de marketing a fim de construir um consórcio espiritual falso colocando em perigo a saúde de seus seguidores.**

No sexto dia do retiro de Sedona, um participante chamado Brent Wilkins, que tinha seguido Massaro devotadamente por anos, saiu do grupo. Ele entrou no carro, dirigiu até uma ponte próxima, e pulou, acabando com a própria vida. Notícias sobre a morte de Wilkins circularam rapidamente, e um coro de comparações com Jim Jones apareceram na sequência. A internet rotulou Massaro como uma mistura de "Babaca do Instagram e Líder cultista" e "Steve Jobs e Jim Jones". Massaro ficou em silêncio por meses depois disso, até que finalmente postou uma resposta no Facebook, não se referindo à morte ou qualquer outra questão específica, mas, em vez disso, devolvendo o título de "culto" a Be Scofield. Na batalha definitiva dos clichês terminadores de pensamento, ele declarou que Scofield era "parte de um dos maiores cultos do planeta hoje: o Culto do Americano Comum — doutrinado pela mídia, apavorado com tudo que esteja fora da casa dos próprios pais, e pronto para atirar em qualquer pessoa que não compreende".

No dia seguinte à morte de Wilkins, detetives apareceram na residência de Massaro para confrontá-lo sobre suas mensagens questionáveis envolvendo suicídio. Mas, no fim, nenhuma acusação foi feita contra ele. Em uma cultura na qual interações malignas nas redes sociais podem contribuir para a depressão, a ansiedade e o suicídio[169] de maneiras tão complicadas, pode ser um beco sem saída atribuir a culpa punível em alguém, mesmo em uma figura tão inescrupulosa quanto Massaro.

No fim das contas, a tragédia de Brent Wilkins não abalou a fé (nem o alcance) da maioria dos apoiadores de Massaro, muitos dos quais nunca consideraram "segui-lo" fora do Instagram. Ainda assim, ao longo dos meses seguintes, pequenas ondas de devotos foram se desconectando silenciosamente dele — clicando em "Deixar de seguir", eliminando a linguagem dele de seus vocabulários, e até mesmo participando de um grupo chamado "Grupo de Apoio e Recuperação Bentinho Massaro" no Facebook. Dolorosamente, essas pessoas finalmente perceberam que seu guru nada mais era que um homem envenenado por um vício em um culto muito maior do que o próprio — o culto da atenção recebida nas redes sociais.[170] Enquanto eles admiravam sua "estrela espiritual do rock" por usar o Instagram e o YouTube para tornar o despertar da consciência disponível para todo mundo, tornou-se bastante claro que o movimento de Massaro existia apenas para satisfazer seu próprio desejo por adoração, que, graças ao universo alternativo criado por ele mesmo on-line, foi se tornando cada vez mais insondável.

"Mas acho que é isso que a maioria das pessoas faz na internet", comenta Lynn Parry, uma ex-seguidora de Massaro que estava próxima de Brent Wilkins antes que ele morresse, em uma entrevista para o jornal *The Guardian*. "Elas montam uma persona perfeita... [e] mesmo sem querer, fazem com que outras pessoas sintam que elas não são boas o suficiente... E para pessoas como Brent, para muitos de nós, na verdade, isso pode ser mais que o espírito é capaz de aguentar."

feeds personalizados e
QANON

30.

Se voltarmos duas décadas atrás, antes da tragédia do retiro espiritual de Bentinho Massaro, para 1997, estaremos no ano em que a primeira rede social foi inventada. Em março, quando o suicídio em massa do Heaven's Gate causou um pânico sísmico por todo o país, não havia um dia que se passasse sem que os estadunidenses se perguntassem "Como?", "Meu deus, como?", "Como foi possível que um cara claramente desequilibrado e obcecado por OVNIs, como Marshall Applewhite, provocasse tamanho estrago?". Quando sugeriram que o site do Heaven's Gate, uma cacofonia de fontes vibrantes e divagações sobre extraterrestres, talvez tivesse tido um papel no recrutamento e na radicalização dos seguidores, alguns comentaristas ridicularizaram essa teoria. Enquanto um repórter do *New York Times* chamou o Heaven's Gate de "uma lição objetiva sobre os males da internet",[171] um jornalista da *Time* retrucou, incredulamente: "Predadores espirituais? Dá um tempo...[172] Uma página de internet que tenha o poder de atrair as pessoas... para um culto suicida? ... A ideia toda seria risível se 39 pessoas não estivessem mortas".

Até onde a imaginação das pessoas da década de 1990 conseguia chegar, os cultos exigiam uma localização física para exercerem uma influência real. Sem uma comuna reclusa ou uma mansão isolada, como alguém poderia ser separado de seus amigos e de sua família, ter sua individualidade reprimida e se converter ideologicamente a um dogma destrutivo de forma tão profunda que pudesse causar danos no mundo real?

Mas desde o Heaven's Gate, o mundo virtual e o mundo físico se fundiram. Para o bem ou para o mal, as redes sociais se tornaram o meio pelo qual milhões de pessoas criam afinidades e constroem conexões em uma sociedade eternamente transitória. No início de 2020, o repórter Alain Sylvain escreveu que as redes sociais e a cultura pop se tornaram "as fogueiras modernas".[173] Algo que aquele jornalista da *Time* não poderia ter previsto: um mundo onde indivíduos satisfazem seus desejos espirituais com uma miscelânea de rituais não religiosos praticados on-line. Um mundo onde nossos confidentes mais próximos podem ser encontrados em fóruns de fãs da Beyoncé e grupos privados da Peloton no Facebook, e onde a ética e a identidade de alguém são julgadas de acordo com os influenciadores que essa pessoa segue, em quais anúncios ela clica e quais memes ela reposta.

Vinte anos após o suicídio em massa de Heaven's Gate, os grupos à margem mais zelosos raramente se encontram pessoalmente. Em vez disso, eles constroem um sistema on-line de moralidade, cultura e comunhão — e às vezes radicalizam — sem comunidades remotas, sem igreja, sem partido e sem academia. Só com a linguagem. Na ausência de um lugar físico para se encontrarem, o jargão cultista dá aos seguidores algo com que possam se sentir unidos.

Quando baixei o Instagram pela primeira vez, no verão de 2012, não deixei de notar o quão curioso me parecia que o aplicativo chamasse os portadores de suas contas de "seguidores", em vez de "amigos" ou de "conexões". "É como a plataforma de um culto", me lembro de ter dito aos meus amigos. "Será que está encorajando todo mundo a construir o seu próprio culto?"

Eu não conhecia a palavra "influenciador"[174] naquela época (o termo só se tornou popular a partir de 2016, de acordo com as ferramentas de pesquisa do Google), então não pude prever que "influenciadores espirituais" logo se tornariam uma categoria indispensável dentro da esfera do novo líder religioso. Menos de uma década depois do lançamento do Instagram, milhares de astrólogos, sábios da autoajuda e guias holísticos de bem-estar, como Bentinho Massaro e Teal Swan, que talvez nunca tivessem desenvolvido um interesse em metafísica antes da internet (muito menos monetizado-a), usam aplicativos e algoritmos para espalhar seu evangelho. Esses gurus digitais satisfazem a demanda renovada da América moderna por ideias da Nova Era, com imagens de leituras de tarô, atualizações sobre o cosmos e conversa abstrata envolvendo campos de frequência e perspectivas galácticas. Seus feeds de alta octanagem são tão esteticamente agradáveis de olhar quanto os de uma influenciadora de beleza ou estilo de vida, mas as promessas contidas ali são ainda maiores. O místico de Instagram não opera em um modelo de negócios, mas sim em uma missão espiritual; eles não estão só fazendo conteúdo patrocinado e vendendo mercadorias, mas sim sabedoria transcendental. Clique duas vezes e inscreva-se, e, assim, terá acesso a vibrações elevadas, dimensões alternativas e, até mesmo, à vida após a morte.

"Já me perguntei, se Buda ou Jesus estivessem vivos hoje,[175] será que eles teriam um perfil no Facebook?", questionou Bentinho Massaro em uma entrevista de 2019, acrescentando depois que ele acha que o Instagram serve particularmente bem a tudo o que é divino. "As fotos carregam consigo muita energia", ele diz ao repórter, os olhos glaciais cintilando.

O suicídio de Brent Wilkins foi um exemplo raro e concretamente trágico do destino que pode decair sobre alguém que mergulha profundamente na "realidade" distorcida de um guru on-line. Porém, para a maioria das pessoas, o perfil de Massaro é outra conta que passa despercebida. Diferentemente da maioria dos cultos dos anos 1970, nós nem precisamos sair de casa para que uma figura carismática nos encante. Nos cultos modernos, a porta de entrada é o simples frisson que sentimos ao apertar o botão Seguir.

Nem todo influenciador espiritual é perigoso; na verdade, muitos fornecem o que eu classificaria como uma experiência positiva, oferecendo inspiração, validação e consolo, mesmo que apenas por um momento, enquanto estamos navegando pelo feed. Em 2018, investiguei o crescente fenômeno das "bruxas de Instagram" para a Cosmopolitan.com, e o que descobri foi uma coalisão diversa de mulheres millenials e pessoas não binárias reunindo um grande número de seguidores digitais com os quais se envolviam, atenciosamente, para ensinar receitas, modos de se conectar com a natureza e insights astrológicos. Essa comunidade on-line de bruxas parecia um porto seguro para muitas pessoas LGBTQIAP+, negras, indígenas e não brancas que não se sentiam acolhidas em espaços religiosos tradicionais. Elas estariam praticando a magia de qualquer maneira; o Instagram apenas deu a elas uma plataforma onde compartilhar sua sabedoria e ganhar dinheiro com isso. Quase todo mundo que investiguei me pareceu genuinamente motivado em ajudar outras pessoas acima de tudo, e não encontrei ninguém que usasse clichês terminadores de pensamento, eufemismos sinuosos, ou outras táticas intencionalmente enganosas que, já sabemos, constituem o pior tipo de cultês.

Entretanto, inevitavelmente, os famintos por poder sempre encontram um lugar nas redes sociais — uma máquina que trabalha para alimentar nossos traços mais fraudulentos e narcisistas. O repórter Oscar Schwartz escreveu para o jornal *The Guardian* que, no que diz respeito aos algoritmos, "Há pouca diferença entre um guru genuíno e um pernicioso". Influenciadores espirituais são endeusados pelos aplicativos pela mesma razão que outro criador de conteúdo também é — porque seus posts estão na moda e são hiper engajados. Eles trocam citações empolgantes e repostáveis cheias de vernáculos de bem-estar para terem o ego afagado pela quantidade de curtidas e anúncios, lucrando com o Apple Pay pago por indivíduos que estão buscando aliviar a angústia e o tédio da existência contemporânea.

Uma vez que suas crenças reais ficam em segundo plano no sucesso de suas marcas, esses gurus estão dispostos a falsificá-las de acordo com o que o Zeitgeist parece desejar. Se suplementos de canabidiol estiverem em alta, eles irão encher repentinamente seus feeds com posts patrocinados e agirão como se a cannabis fosse parte de sua ideologia desde sempre; se conteúdos de teorias da conspiração estiverem indo bem, eles se voltarão para aquela direção, mesmo que não compreendam totalmente a retórica volátil na qual estão transitando.

Se você passar alguns minutos fuçando na toca de Bentinho Massaro no Instagram, encontrará dúzias e dúzias de contas similares. Em um canto, você vai se deparar com oportunistas de "cura alternativa" mascarados de profissionais médicos. Como... o "dr." Joe Dispenza, um homem branco de meia-idade, de aparência genérica, com mais de um milhão de seguidores no Instagram que acreditam que ele seja um dos sábios da Nova Era. O exército apaixonado de acólitos de Dispenza clama que o médico os ajudou a manifestar absolutamente tudo — desde o emprego dos sonhos, uma esposa ou um marido, até a remissão de um câncer. Dispenza explora, astuciosamente, a ferramenta de otimização de mecanismos de busca e outras estratégias de web-marketing para lucrar milhões vendendo um empório extravagante de workshops e retiros de autoajuda, palestras, consultas corporativas, meditações guiadas, CDs, lembrancinhas e livros como *Becoming Supernatural* [Tornando-se Sobrenatural] e *Evolve Your Brain* [Evolua seu Cérebro]. Tendo se autodenominado uma autoridade espiritual "científica" definitiva, a bio do Instagram de Dispenza diz: "Pesquisador de epigenética, física quântica e neurociência". Além disso, ele se pavoneia, orgulhosamente, sobre seus estudos em bioquímica na Universidade de Rutgers, e seu "treinamento de pós-graduação e educação contínua" — o que quer que isso signifique — "em neurologia, neurociência, funcionamento do cérebro e química, biologia celular, formação da memória, e longevidade e envelhecimento".

Seguindo a mesma linha de L. Ron Hubbard, Dispenza concilia perfeitamente uma linguagem falsamente acadêmica com o paranormal. Examinemos, por exemplo, a definição dele sobre o que seria um campo quântico: "um campo invisível de energia e informação — ou pode-se dizer que seja um campo de inteligência ou consciência — que existe além do espaço e do tempo. Nada físico ou material existe ali. Está além de qualquer coisa que você consiga perceber com os seus sentidos".

Não é preciso dizer, mas a maioria dos seus seguidores não tem formação em neurociência ou mecânica quântica, então escutam esse jargão esotérico e — usando o processo de pensamento do Sistema 1 — concluem que Dispenza deve ser autêntico. "Ele se dirige principalmente àqueles que têm pouco ou nenhum entendimento acadêmico sobre esses campos, mas, mesmo assim, as palavras usadas são, literalmente, a descrição mais imprecisa possível sobre um campo quântico", comenta Azadeh Ghafari, uma psicoterapeuta licenciada e que frequentemente expõe charlatões digitais do "bem-estar" na própria conta de Instagram, @the.wellness.therapist. "Dizer que 'nada físico ou material existe ali' é não só uma afirmação categoricamente falsa, mas mostra que essa pessoa não tem um entendimento do que é chamado de estado quântico de vácuo ou vácuo quântico." Ghafari sugere esta prova de fogo: "Sempre que algum guru da Nova Era estiver fazendo dinheiro vendendo coisas usando a palavra 'quântico' qualquer coisa, dê a eles uma equação básica de física (mandem uma DM a mim que te envio). Se eles não forem capazes de resolvê-la, não gaste mais um minuto do seu tempo". A internet ajuda a montar a farsa, e a internet ajuda a checar os fatos.

De fato, uma pesquisa rápida revela que Dispenza nunca se formou na Rutgers e não é PhD. Seus únicos diplomas incluem um bacharelado pela Faculdade Evergreen State e uma formação em uma escola de quiropraxia na Geórgia chamada Life University. E, no entanto, as credenciais que Dispenza conseguiu no Google e sua presença otimizada nas redes vão mostrar no primeiro resultado da pesquisa: "O dr. Joe Dispenza é um neurocientista muito conhecido". Um homem branco, na faixa dos cinquenta anos, do jeitinho que nossa cultura acha que um neurocientista deve ser; por isso, uma figura que merece confiança inquestionável.*176

Próximo da esfera do guru, você encontrará mulheres de vinte e poucos anos dando um novo sabor anti-establishment à marca motivacional das Insta-baddies.** Loira e de olhos azuis, Heather Hoffman (@activationvibration)

---

* Como a maioria dos seguidores de Dispenza só o conhece por meio de sua persona cuidadosamente arquitetada para a internet, a maioria sequer pesquisa o suficiente para descobrir que ele está ligado a um círculo controverso da Nova Era chamado Ramtha. Esse grupo foi fundado no fim dos anos 1980 por um autoproclamado mestre de Percepção Extrassensorial (e orgulhoso apoiador de Trump) chamado J.Z. Knight, que já foi visto cuspindo todo tipo de retórica conspiracionista e muita asneira preconceituosa (como afirmar que todos os homens gays já foram padres católicos). Mesmo assim, muitos devotos do Ramtha — inclusive algumas celebridades de alto nível —, só escutam o que querem e ignoram todo o resto.

** "Insta-baddie" é uma gíria que se refere às mulheres famosas por sua beleza no Instagram. São sempre moças jovens, usando maquiagem impecável e roupas de marca, que seguem todo tipo de moda e tendência, e são consideradas meio intimidadoras (e até inatingíveis) por outras pessoas. [NT] pode ser quase sempre encontrada usando um top de renda com bojo e exibindo um piercing de septo ornamentado, além de outras joias faciais que seguem a mesma linha de apropriação cultural. Suas imagens ultraproduzidas, com três filtros diferentes, inclusive lentes de arco-íris e estampas de flores de lótus, são acompanhadas de declarações diárias vagas o suficiente para parecerem profundas (por exemplo, "Receba a suculência de sua própria fonte de energia e, assim, sua busca externa cessará"). Suas legendas longas e confusas exibem um dialeto de Nova Era tão críptico que seus seguidores sentem vontade de curtir e comentar, enquanto aqueles que estão de fora não conseguem deixar de continuar navegando pelo feed até descobrirem quais são realmente as crenças dela: "códigos potentes integradores", "transformação quântica", "espaço multidimensional de tempo", "alinhamento divino", "atualização do DNA", "matrizes de energia, sistemas e frequências".

Em um vídeo, Heather se ajoelha no chão vestida com um biquíni verde e ondula o torso enquanto toca uma tigela tibetana. Em uma voz adocicada de soprano, ela começa a falar em glossolalia algo que chama de "Linguagem da Luz". A seção de comentários transborda com frases como "deusa divina", "hipnotizante" e "Heather, seu nível de iluminação é fora do comum!". Em outro vídeo, ela se senta diante de uma tapeçaria estampada com uma mandala, dizendo que a Covid-19 foi inventada pelo governo para causar "uma propaganda do medo" e que se proteger significava "desativar" seu "sistema matriz do medo" a fim de não poluir a "ordem divina". Heather, aliás, reencarnou precisamente para curar humanos de problemas como esses, ela relembra, por meio de sua habilidade de acessar a "Fonte" (Deus) e outros "reinos" espirituais acessíveis somente a ela, uma vez que todas as outras pessoas se tornaram vítimas do "programa". Para ter acesso à sabedoria de Heather, você só precisa se inscrever em um de seus cursos on-line, como o "Curso de Ativação Celular – Atualize seu DNA" por apenas 144,44 dólares ou, caso queira conhecer sua sabedoria mais exclusiva e restrita, pague 4.444 dólares por oito sessões particulares de mentoria.

Seguindo esse *continuum* de influência, como acontece na Cientologia, essas pessoas vão persuadi-lo a comprar seus e-books, sua playlist de meditação, o curso on-line de hipnose, e, a partir daí, sua jornada espiritual não terá valido nada se você não se inscrever para um workshop ou um retiro. Para você, pode até parecer uma jornada de autoatualização, mas, para eles, é uma fonte lucrativa, expansiva, passiva, de gerar dinheiro.

Ghafari aponta que, quando um guru on-line usa uma linguagem "muito absolutista", esse é o primeiro sinal de alerta para o charlatão da Nova Era. "Como qualquer um que fale sobre nosso passado e nossos traumas de forma muito simplificada, universal", ela esclarece. "Por exemplo, afirmações como, 'Todos nós sofremos traumas na infância, é por isso que precisamos de x, y, z', ou, 'Todos nós viemos do cosmos e estamos apenas flutuando em um campo quântico, blá-blá-blá'." Se meros qualificadores e quantitativos não estão presentes na linguagem de um guru, isso é um sinal de que, provavelmente, ele não tem propriedade para falar de saúde mental, e está menos interessados em ajudar as pessoas que em convencê-las a investir em seus dons proféticos.

"A psicologia e o bem-estar holístico da Nova Era não estão interessados em cuidar de traumas. A intenção é vender pseudociência e marketing", conclui Ghafari. Gurus alternativos de bem-estar, como Bentinho Massaro e Heather Hoffman, esbravejam sobre o mal da indústria farmacêutica até perderem o fôlego. "No entanto, eles forçam uma forma muito mais enganosa de capitalismo", diz Ghafari. Eles não querem vender comprimidos. Eles querem vender uma chave para a iluminação que eles, na verdade, sequer possuem.

Para alguns espectadores, os charlatões místicos do Instagram podem não parecer uma grande ameaça; afinal, você precisaria estar muito fora da realidade para acreditar nessa gente, não é? No entanto, pesquisadores descobriram que os indivíduos que mais se sentem atraídos à retórica da Nova Era têm mais conhecimento sobre ela do que se pensa. Michael Shermer, um escritor científico e fundador da Sociedade dos Céticos, escreveu sobre a correlação entre inteligência e crenças em "ideias estranhas".[177] De acordo com Shermer, estudos mostram que alguns testes feitos com estadunidenses de baixo nível educacional indicam uma maior probabilidade a crenças no paranormal, como em casas mal-assombradas, possessão demoníaca e discos voadores; por outro lado, testes feitos com pessoas de maior nível educacional mostraram que elas são mais propensas a acreditar em ideias da Nova Era, como no poder da mente para cura de doenças. O psicólogo Stuart Vyse observou que o movimento da Nova Era "levou a um aumento da popularidade de ideias [sobrenaturais] entre grupos que, anteriormente, pareciam imunes a superstições:[178] aqueles de inteligência mais elevada, alto nível socioeconômico e maiores níveis educacionais". Por isso, ele comenta, a visão antiga de que aqueles que acreditam em coisas "estranhas" são menos inteligentes que aqueles que não acreditam pode não ser totalmente verdadeira.

Objetivamente, interpretações metafísicas inventadas sobre "campos quânticos" e "atualizações do DNA" são tão irracionais quanto acreditar em fantasmas ou abduções alienígenas; mas o fato de estarem associadas com uma parte específica das redes sociais — pessoas jovens e esclarecidas, com diplomas universitários —, faz com que elas pareçam mais aceitáveis. Não é que as pessoas inteligentes não sejam capazes de acreditar em coisas cultistas; mas sim, diz

Shermer, que são melhores em "defender crenças que adotaram por motivos não inteligentes". A maioria das pessoas, mesmo os céticos e os cientistas, não abraçam grande parte de suas convicções apenas após a existência de uma evidência empírica. Ninguém senta e lê um monte de estudos científicos, depois pesa os prós e os contras antes de decidir que, sei lá, dinheiro é igual a felicidade, ou que gatos são melhores que cachorros, ou que só há uma forma certa de limpar uma peneira. "Ao contrário", diz Shermer, "variáveis como predisposições genéticas, predileções parentais, influência dos irmãos, pressão dos pares, experiências educacionais e experiências de vida moldam as preferências e inclinações emocionais da personalidade que, em conjunto a numerosas influências sociais e culturais, nos levam a fazer certas escolhas de crenças."

Tudo isso para dizer que o fato de ser inteligente e estar alinhado ao Zeitgeist não é o suficiente para proteger alguém de influência cultista on-line. E mesmo que personagens das redes sociais, como Joe Dispenza e Bentinho Massaro, não pareçam relevantes no grande esquema das coisas, ao contribuírem com um mundo que valoriza a "Linguagem da Luz" e a física da ficção científica em vez da ciência de verdade, como se fatos fossem mera questão de opinião, eles acabam dando espaço para grupos mais perigosos tirarem vantagem.

Foi justamente essa rejeição paranoica do sistema de saúde e liderança convencional que deu energia ao QAnon, cuja retórica coincide com a esfera do "bem-estar alternativo": "grande despertar", "ascensão", "5G". O diagrama do QAnon e dos adeptos da Nova Era se torna mais circular a cada dia. No início, parecia uma cruz: composta de conspiracionistas de extrema direita e tipos hippies aparentemente progressistas. Mas essa inquietação ascendente levou um número esmagador de cidadãos (em grande maioria, ex-cristãos brancos de classe média — exatamente como os que criaram o Heaven's Gate no passado) a terem pensamentos parecidos envolvendo ideologias antigovernos, antimidiáticas e antimédicas.

No início da década de 2010, bem antes do QAnon, o termo "conspiritualidade"[179] (uma junção de "conspiração" com "espiritualidade") foi usado para descrever esses movimentos político-espirituais, de crescimento veloz, que podem ser definidos por dois princípios centrais: "o primeiro, parte tradicionalmente das teorias da conspiração, o segundo, está calcado na Nova Era: 1) um grupo secreto discretamente controla, ou está tentando controlar, a ordem política e social; e 2) a humanidade está passando por uma 'mudança de paradigma' envolvendo o despertar da consciência" (essa definição foi tirada de uma matéria publicada, em 2011, no *Journal of Contemporary Religion*).

Quando a pandemia de Covid-19 atingiu o mundo, em 2020, foi como combustível de foguete alimentando a chama da "conspiritualidade". Antivacinas e detentores da verdade sobre a "plandemia" se encaixavam perfeitamente na categoria de "conspiritualidade", mas também aconteceu o mesmo com membros menos conspícuos relacionados ao QAnon e a cultos de bem-estar: pessoas que se inscreveriam em empresas de MMN para vender óleo essencial, por exemplo, ou vestiriam camisetas com a palavra "Namaslay" em suas aulas de yoga predominantemente brancas,[180] ou que seriam donas de contas no Instagram focadas em "autocuidado holístico". O tipo de gente que talvez pesquisasse por "remédios 100% naturais" no YouTube uma noite e, assim, chegasse no território da "conspiritualidade", encontrando vídeos como "Todos os médicos passaram por lavagem cerebral" e se tornassem incapazes de encontrar o caminho de volta. Por mais estranho que pareça, nem todo "conspiritualista" sabe ou está disposto a admitir que suas crenças têm relação com o QAnon. Na verdade, alguns deles acham termos como "QAnon", "teorista da conspiração" e "antivacina" caluniosos e ofensivos. E quanto mais os que estão de fora invocam esses rótulos, menos os que acreditam nisso arredam o pé. Afinal de contas, os dois lados acreditam que o outro "sofreu lavagem cerebral".

Como a maioria dos cultos manipulativos, o magnetismo do QAnon está na promessa de um conhecimento prévio especial, disponível apenas para os membros que fazem parte do submundo de seu coletivo iluminado.

Em linhas gerais, o QAnon começou em 2017 como um grupo on-line de extrema-direita sobre teorias da conspiração envolvendo alegações de uma suposta inteligência interna autodenominada Q. A ideologia começou como algo assim: Q, uma figura anônima, jurou ter "provas" de líderes corruptos de partidos de esquerda — "o estado profundo" ou "a elite global" — estarem abusando sexualmente de crianças ao redor do mundo. (De acordo com Q, Donald Trump estaria trabalhando incansavelmente para impedi-los antes de ser "fraudulentamente" destronado.) A única maneira de acabar com essa cabala maligna de predadores liberais altamente poderosos seria apoiando os seguidores de Q, conhecidos como "Q Patriotas" ou "padeiros", que caçam, incansavelmente, significado por trás das pistas secretas fornecidas por seus líderes anônimos — "Q gotas" ou "migalhas" — e espalhadas pela internet. Acreditar em Q significa rejeitar o governo convencional, escarnecer veementemente da imprensa e contestar descrentes a cada passo. Tudo é uma parte necessária do "paradigma da mudança" em andamento. O QAnon desenvolveu gritos de convergência como "Agora é você que faz parte das notícias" e "Aproveite o show", fazendo referência ao "despertar" ou ao apocalipse iminente.

Em setembro de 2020, uma enquete do *Daily Kos*/Civiqs relatou que mais da metade dos republicanos entrevistados[181] acreditavam parcialmente ou completamente nas teorias do QAnon... pelo menos nas que conheciam. Porque, se você se aprofundar na toca do coelho que é o QAnon, você encontrará crenças ligadas ao Pânico Satânico, opiniões abertamente fascistas que nem todo inscrito conhece (pelo menos não de primeira): teorias sobre Jeffrey Epstein conspirando com Tom Hanks para molestar hordas de menores, Hillary Clinton bebendo sangue de crianças para prolongar a própria vida, os Rothschild comandando um círculo multissecular de adoradores de Satã, e muito mais.

Mas o QAnon rapidamente cresceu e passou a englobar muito mais que o discurso estereotípico de radicais da extrema-direita. Se você der uma viradinha suave para a esquerda, encontrará teorias aparentemente mais palatáveis de "conspiritualistas" cujas paranoias estão menos focadas na adoração de Hillary Clinton a Satã e mais voltadas para a indústria farmacêutica forçando remédios ocidentais diabólicos neles e em seus filhos. Esses crentes exibem um glossário levemente diferente de termos de alta valência, alguns deles roubados das políticas feministas — como "penetração forçada" (comparando vacinação com estupro) e "meu corpo, minhas regras" (um slogan antivacina/anti-máscaras que foi apropriado do movimento a favor do aborto). Como os algoritmos das redes sociais rastreiam os usos das palavras-chaves das pessoas a fim de alimentá-las somente com o que estão interessadas, uma teia de aranha imensa e personalizada, composta de ramificações do QAnon, foi capaz de se formar.

Dessa forma, tendo a linguagem como energia e matéria, o QAnon se tornou um buraco negro, sugando cada tipo de cultista do século XXI que cruzava seu caminho. É por isso, em partes, que suas palavras de ordem — como "estado profundo", "mídia mainstream" e "paradigma de mudança" — são tão vagas e arrogantes; eles trabalham para recrutar pessoas sem precisar revelar quase nada. Não é tão diferente de como a Cientologia oculta a linguagem de seus bizarros níveis superiores para não correr o risco de perder novos seguidores. Semelhante a um horóscopo, esses posts genéricos permitem que os participantes convençam a si próprios de que alguém está conversando com eles de forma única — como se essa comunidade sozinha detivesse as respostas para os porquês do sofrimento do mundo — camuflando, ao mesmo tempo, o fato de que um sistema de crença unificado, na verdade, não existe.

Como a maioria dos cultos manipulativos, o magnetismo do QAnon está na promessa de um conhecimento prévio especial, disponível apenas para os membros que fazem parte do submundo de seu coletivo iluminado. Esse fascínio é construído com (e isso provavelmente vai soar muito familiar nessa altura do livro) um socioleto exaustivo repleto de acrônimos e siglas internas, rótulos de "nós versus eles" e linguagem carregada. No dialeto do QAnon, CBTS significa "calm before the storm" ("calmaria antes da tempestade"), "buscadores da verdade" são os seguidores, e os ignorantes e incrédulos que não fazem parte do grupo são a "manada" ou "agentes da elite". #Salvemascrianças, por exemplo, pode parecer uma hashtag inocente para o QAnon, mas é um xibolete roubado de ativistas contra o tráfico de crianças, e utilizado tanto para atrair novatos quanto para que o grupo passe despercebido. "Consciência 5D", por outro lado, é um nível de iluminação que só se torna disponível para participantes em tempos turbulentos; "ascensão" é uma palavra de ordem carregada usada para explicar sintomas de ansiedade ou dissonância cognitiva; e "analisar todos os pontos de vista" é um dos muitos eufemismos usados para igualar evidência e fantasia.

O glossário continua eternamente.[182] E está em constante mudança, ramificando-se em outros "dialetos" dentro do QAnon, a fim de acomodar novas aquisições ao sistema de crenças... Assim, os algoritmos das redes sociais não conseguem acompanhá-los, sinalizar a palavra, bloquear ou banir as contas que as usam. Novos códigos, hashtags e regras sobre como usá-las são apresentados o tempo todo. Alguns seguidores do QAnon (muitos deles influenciadores com seus próprios acólitos) aguardam atualizações, geralmente escolhendo postá-las em seus efêmeros stories do Instagram — o equivalente das redes sociais à expressão "essa mensagem irá se autodestruir em 24 horas". Isso cria um nível ainda mais profundo de exclusividade para os seguidores. Falando grosseiramente, com o QAnon, há cultos dentro de cultos dentro de cultos dentro de cultos; é *A Origem* definitiva dos cultos, e isso só foi possível graças às redes sociais.

Dependendo de sua subseção de crenças, os participantes do QAnon se sentem livres o suficiente para definir amplamente o que estabelecem como "manada" e "consciência 5D" de forma a "ressoar". Afinal, para eles, "a verdade é subjetiva". Não importa que algumas interpretações de linguagem tenham levado à violência*[183] no mundo real ou que o QAnon tenha se tornado um dos mais ameaçadores grupos de terror doméstico do nosso tempo. Também não importa que, em sua essência, o QAnon seja apenas outro culto de fim do mundo seguindo uma linha que volta ao passado de séculos atrás. Claro, o elenco atualizado é novo, e o meio — as redes sociais — também é, mas as previsões sobre o apocalipse e ideias sobre forças das trevas controlando tudo secretamente são temas corriqueiros.

Apesar disso tudo, aqueles envolvidos com o QAnon e sua "conspiritualidade", a "cultura do entendimento compartilhado", continuarão achando formas de continuarem na seita independente do que aconteça. Qualquer pergunta ou dúvida pode ser convenientemente desconsiderada com um de seus clichês terminadores de pensamento, como "Confie no plano", "O despertar é maior que tudo isso", "A mídia é só propaganda" e "Faça sua pesquisa", que significa cair em uma toca de coelho on-line cheia de viés de confirmação, revelando um mundo fantástico de explicações para coisas que são inexplicáveis.

Se isso tudo soa a você como um jogo de videogame distópico,[184] saiba que isso faz parte da "diversão". Há uma razão para que o timbre original de Q seja tão conspiratório que pareça saído de um filme feito para a TV: "Siga o dinheiro", "Eu já falei demais", "Devo manter sigilo sobre algumas coisas até o final". O QAnon já foi descrito como "um jogo excepcionalmente envolvente de realidade alternativa" onde usuários on-line assumem seus papéis de "padeiros", famintos pela charada presente na próxima migalha. De acordo com o psiquiatra dr. Joseph M. Pierre, da UCLA, esse tipo de caça ao tesouro virtual cria uma forma de reforçamento chamado de esquema de razão variável, no qual seu usuário recebe recompensas em intervalos imprevisíveis. É como jogar on-line, apostar, ou até mesmo a intoxicação errática que você sente sempre que recebe uma "curtida" — a sensação que o faz atualizar o seu feed. A experiência imersiva do QAnon gera um comportamento compulsivo parecido com o do vício em entorpecentes. Em uma análise cognitiva do QAnon[185] para o *Psychology Today*, Pierre afirma que, com o QAnon, "a fusão entre fantasia e realidade não é tanto um risco, mas sim uma característica construída".

Algumas das peculiaridades psicológicas que, acredita-se, motivam a crença em teorias da conspiração em geral, segundo Pierre, incluem uma ânsia por exclusividade, além de necessidade de certeza, controle e encerramento, que podem parecer especialmente urgentes durante períodos de crise. Com todos

---

* Desde 2018, apoiadores do QAnon já cometeram assassinatos, construíram bombas, destruíram igrejas, descarrilaram trens de carga, fizeram monólogos ao vivo sobre Q enquanto fugiam da polícia dirigindo em alta velocidade, e organizaram manifestações mortais a favor de Trump (entre outros crimes aterrorizantes).

os seus plot twists e dicotomia entre bem e mal, as teorias da conspiração capturam nossa atenção, enquanto fornecem respostas simples para perguntas não resolvidas. "As teorias da conspiração oferecem um tipo de consolo, nos fazendo acreditar que as coisas acontecem por uma razão, e podem fazer os crédulos se sentirem especiais por estarem inteirados de segredos que o restante de nós, 'a manada', não conhecemos", explica Pierre.

Depois de plataformas como o Twitter e o Instagram começarem a perceber os perigos do QAnon e decidirem rastreá-lo, seus apoiadores precisaram se tornar mais criativos com a linguagem a fim de continuarem se comunicando sem serem deletados. Isso é parte do porquê de as mensagens do QAnon, subitamente, terem aparecido em citações estéticas no formato do Instagram (as chamadas "quotegrams"): máximas feitas com design gráfico que se misturam a memes e frases de autocuidado como "mantenha a calma e manifeste" preenchendo, inocentemente, a maioria dos feeds do Instagram.

Os quotegrams[186] — com suas fontes graciosas e sintaxe genérica — servem como forma de linguagem carregada, criada para causar emoção nos usuários, a fim de que curtam e repostem a mensagem sem precisarem pensar muito. Foi o que permitiu que um "troll" muito esperto se safasse depois de ter colocado, com ajuda do Photoshop, diversas citações de Hitler em cima de imagens de Taylor Swift — frases obscuras, retiradas de *Mein Kampf* ("A única medida de prevenção que alguém pode tomar é viver irregularmente", "Não se compare com outras pessoas. Ao fazê-lo, estará insultando a si mesmo"). O criador de memes postou suas criações no Pinterest e depois observou, orgulhosamente, enquanto fãs as repostavam por toda a internet. O ponto era provar a devoção extrema dos jovens e impressionáveis Swifties, além de mostrar o entusiasmo do grupo em compartilhar instantaneamente — e inquestionavelmente — tudo o que envolvesse Taylor Swift.

Há um poder religioso presente nos quotegrams que antecede as redes sociais. Nosso amor por ditados sucintos estampados em quadrados está conectado aos salmos bordados em exibição nos quartos de nossas tias religiosas. Mas vai ainda mais longe que isso, até — você consegue adivinhar a Era? — a Reforma Protestante, quando ocorreu uma grande mudança e, com ela, a necessidade de trocarem o foco das imagens religiosas (vidro colorido, A Santa Ceia e seus afrescos), movendo-o para os textos. "Havia um desconforto crescente envolvendo a ambiguidade das imagens", comenta a dra. Marike Rose, uma colega pesquisadora da Universidade de Durham em Teologia Digital, para a revista *Grazia*. "Então, uma vez que os protestantes valorizavam a Bíblia, essa religião se tornou mais textual." Desde então, nossa cultura tem olhado para provérbios escritos em quadradinhos tanto para buscar direcionamento quanto para evangelizar, convencida de que, no que diz respeito às citações escritas, o que você lê é a verdade. Na internet, no entanto, um epigrama misterioso sem uma fonte definida pode servir como uma rampa de acesso, levando indivíduos a algo muito mais sinistro.

Sem uma estrutura organizacional tangível, sem líder, sem doutrina coesa e sem custos de saída concretos, o QAnon não está na mesma categoria cultista de, digamos, Heaven's Gate ou Jonestown. Mas um seguidor completamente imerso no QAnon não conseguiria sair dessa ileso. Para aqueles profundamente mergulhados no mundo do "despertar" e da "pesquisa", sair da toca do coelho pode significar uma profunda perda psicológica: a perda de "algo com que ocupava o seu tempo livre, sentindo-se conectado a coisas importantes, de finalmente sentir um senso de dignidade e controle durante tempos incertos", elucida Pierre. Mesmo que alguns ex-seguidores decidam fazer denúncias do QAnon, essas consequências existenciais são mais que suficientes para manter as pessoas sob a influência do culto.

Nem todo mundo encontra um culto de internet do calibre do QAnon, mas plataformas como o Facebook e o Tumblr são elementos que ajudam a vida a parecer importante e conectam muitos de nós. Da forma como vejo, enquanto celebridades e "conspiritualistas" criam suas próprias seitas de seguidores on-line, a pseudoigreja definitiva para bilhões de nós pertence — até (e especialmente) para figuras como o dr. Joe Dispenza e Donald Trump — às próprias redes sociais.

De certa forma, não podemos sequer dizer que estamos nos tornando "menos religiosos" quando o trabalho das redes sociais é, explicitamente, gerar seitas ideológicas, para atulhar os feeds de seus usuários com conteúdos sugeridos que apenas exageram aquilo em que já acreditam. Cada vez que um de nós posta algo, expondo nossas identidades individuais on-line, os aplicativos capturam aquelas personas via metainformação e dão reforço a elas por meio de anúncios irresistíveis e direcionados e feeds personalizados. Nenhum "líder de culto" tira tanta vantagem de nossos impulsos psicológicos quanto O Algoritmo, enviando-nos tão profundamente para a toca do coelho que, se não quisermos encontrar retóricas com as quais não concordamos, basta nunca pesquisarmos sobre elas. A forma como fazemos escolhas — desde as nossas roupas até nossas crenças espirituais e políticas — é uma consequência direta dessas inquietantes versões digitais de nós mesmos. Em seu livro, *Strange Rites*, Tara Isabella Burton escreve: "A América não é secular, apenas espiritualmente autofocada". Em uma sociedade centrada nas redes sociais, todos nós somos líderes cultistas e seguidores ao mesmo tempo.

NINGUÉM
é uma ilha

31.

Para mim, seria muito fácil reduzir todos esses grupos, da SoulCycle ao Instagram, como sendo cultistas e, portanto, maléficos. Mas, no fim das contas, não acho que o mundo se beneficiaria se todos nós nos recusássemos a acreditar ou a participar de coisas. O excesso de desconfiança estraga as partes mais encantadoras do que é ser humano. Não quero viver em um mundo onde não podemos baixar a guarda por alguns minutos para participarmos de um mantra ou de um canto em grupo. Se todos temessem tudo o que é alternativo ao ponto de nunca correrem nenhum risco em nome da conexão e do sentido da vida, não acabaríamos solitários demais?

Estudos sobre as personalidades de cientistas famosos e sua receptividade envolvendo crenças excêntricas mostram que cinismo em excesso, na verdade, dificulta novas descobertas. O escritor e cientista Michael Shermer descobriu que cérebros icônicos, como os do paleontólogo Stephen Jay Gould e do astrônomo Carl Sagan, tiveram pontuações elevadas na tabela tanto no nível de consciência quanto no de abertura a novas experiências, indicando um equilíbrio ideal entre serem maleáveis o suficiente para aceitarem uma ou outra ideia maluca que talvez viesse a se tornar correta, mas não tão crédulos a ponto de acreditarem em qualquer teoria com que se deparassem. "Sagan, por exemplo, era muito aberto à busca por inteligência extraterrestre, o que, na época, era considerado uma ideia moderadamente herética", diz Shermer. "Mas ele era consciencioso demais para aceitar qualquer declaração controversa sobre alienígenas ou discos voadores que tivessem pousado na Terra." Para encurtar a história, às vezes, quando alguma coisa parece bizarra demais para ser verdadeira, é porque ela é realmente, deliciosamente — verdadeiramente —, bizarra.

Algumas pessoas dizem que aqueles que participam de cultos estão "perdidos". Contudo, todos os seres humanos estão perdidos, pelo menos em algum nível. A vida é caótica e confusa para absolutamente todo mundo. Uma forma mais reflexiva de pensar sobre como as pessoas se encontram nesses cenários cultistas tão precários, talvez, seja a hipótese de que estão ativamente querendo se encontrar e, por isso — por causa de suas variações genéticas, experiências de vida e todos esses fatores complicados que compõem a personalidade humana — estão mais abertas a se encontrarem nesses lugares incomuns. Para estar seguro é preciso ter uma combinação certa de verificação de dados, verificação cruzada e receptividade à ideia de que a realização espiritual pode realmente vir de lugares inesperados.

Também não acredito que seja proveitoso decidir que existe algo naturalmente indefensável e diabólico nos cultos cotidianos aos quais a maioria dos humanos pertence. A SoulCycle não é a Cientologia. Os influenciadores de Instagram não são Jim Jones. E, conforme já aprendemos, invocar comparações sensacionalistas entre líderes cultistas para denunciar qualquer grupo que nos incomode, de alguma forma, pode criar confusão sobre o que aquele grupo realmente é. Pode causar dano de verdade. Sabemos disso pelo que aconteceu com o cerco do Ramo Davidiano, quando o FBI ficou tão escandalizado de pensar que Waco se tornaria "outra Jonestown" que eles mesmos acabaram causando uma calamidade que poderia ser evitada. Agora, Waco age como inspiração perversa para alguns anarquistas de extrema-direita de grupos da internet, que enxergam o ato de morrer em um confronto com o FBI como o martírio definitivo. Eventos como esse servem para que percebamos que ignorar as diferentes nuances das comunidades cultistas é algo que só perpetua uma cultura de hipérbole e caos.

O fato é que a maioria dos movimentos modernos deixa bastante espaço para que decidamos em que queremos acreditar, no que gostaríamos de nos engajar, e que linguagem vamos usar para nos expressarmos. Ficarmos atentos à retórica usada por essas comunidades, percebendo como ela influencia — para o bem ou para o mal —, pode nos ajudar a participar, independentemente da forma que escolhermos, com uma visão mais clara das coisas.

Crescer ouvindo papai contar suas histórias sobre Synanon — suas escapadas diárias para a escola proibida de ensino médio em São Francisco, seus experimentos no laboratório de microbiologia — me ensinou que, por mais que bom humor e otimismo possam tornar alguém mais suscetível a sofrer influência cultista, esses traços de personalidade também ajudam esse mesmo alguém a sair de uma situação sombria. Com a quantidade certa de questionamento sensato e prestando atenção para nunca abandonar o pensamento lógico ou seus instintos emocionais (que existem por uma razão), é possível garantir que nos mantenhamos conectados a nós mesmos ao passarmos por qualquer situação — desde viver em uma comuna isolada, participar de um emprego em uma start-up opressiva, até encontrar um guru charlatão de Instagram.

Acima de tudo, é importante manter certa vigilância — aquele formigamento no seu cérebro lhe dizendo que há certo grau de metáfora e de faz de conta aqui, ou que sua identidade não vem de um swami ou de uma ideologia criada por alguém, mas sim de uma vasta amálgama de influências, experiências e linguagem, construindo a pessoa que você é. Enquanto você se agarrar a isso, creio que seja possível se envolver com certos grupos cultistas, mas sabendo que, se no final do dia, quando voltar para casa ou fechar o aplicativo do celular, conseguir se despir do seu uniforme linguístico e voltar a falar normalmente de novo, você não está totalmente ali.

Quando comecei a escrever este livro, fiquei um pouco preocupada que, no fim dele, toda essa pesquisa me deixasse antissocial, uma versão misantropa de mim mesma. E mesmo que eu me sinta, sim, mais atenta do que nunca às variações dialetais cultistas que se impregnam no nosso cotidiano, também ganhei um senso de compaixão mais intensificado. Embora eu tenha a certeza de que dificilmente me mudaria para um alojamento da Shambhala ou depositaria toda a minha confiança em uma "conspiritualista" do Instagram, encontrei essa nova habilidade que me impede de julgar aqueles que o fariam. Isso vem de saber que as crenças, experiências e lealdades "fora da caixa" são menos um marcador de tolice individual e mais um reflexo do fato de que os seres humanos são (para sua vantagem e prejuízo) psicologicamente construídos para serem mais místicos e comunais do que eu acreditava.

O desejo de acreditar em alguma coisa, de sentir alguma coisa, em conjunto com outras pessoas buscando pela mesma sensação está no nosso DNA. Tenho certeza de que é possível fazer isso de maneira saudável. Parte de mim acha que é, na verdade, fazendo parte de diversos cultos ao mesmo tempo — como nossa sobrevivente de Jonestown, Laura Johnston Kohl, que trocou seu estilo de vida dentro de uma única comunidade pelo envolvimento com uma miscelânea de grupos separados. Assim, nos sentiríamos livres para entoar cânticos, escrever hashtags, falar de manifestações e bênçãos, até mesmo fazer uso da glossolalia... falar alguma forma de cultês... tudo isso enquanto nos mantemos ligados à realidade.

Portanto, vamos tentar de novo: Venha comigo. Junte-se a mim. A vida é peculiar demais para enfrentá-la sozinho.

Notas

PARTE I: REPITA COMIGO...

1. É tudo linguagem

1. **de todos os sikhs do Ocidente:** HASSAN, STEVEN. "The Disturbing Mainstream Connections of Yogi Bhajan". In: *Huffington Post*, 25 maio 2011. http://huffpost.com/entry/the-disturbing-mainstream_b_667026.

2. **sacolas de compras da marca:** METZGER, CHLOE. "People Are Freaking Out Over This Shady Hidden Message on Lululemon Bags". In: *Marie Claire*, 11 out. 2017. https://www.marieclaire.com/beauty/a28684/lululemon-tote-bag-sunscreen/.

2. Inglês, francês... cultês

3. **rubbernecking:** SBG-TV. "Can't Look Away from a Car Crash? Here's Why (and How to Stop)". In: WTOV9, 1° maio 2019. https://wtov9.com/features/drive-safe/cant-look-away-from-a-car-crash-heres-why-and-how-to-stop.

3. Cultistas por natureza

4. **O engajamento cívico está tão baixo:** SYLVAIN, ALAIN. "Why Buying Into Pop Culture and Joining a Cult Is Basically the Same Thing". In: *Quartz*, 10 mar. 2020. https://qz.com/1811751/the-psychology-behind-why-were-so-obsessed-with-pop-culture/.

5. **sentimento generalizado de solidão como "epidêmico":** HOWE, NEIL. "Millennials and the Loneliness Epidemic". In: *Forbes*, 3 maio 2019. https://www.forbes.com/sites/neilhowe/2019/05/03/millennials-and-the-loneliness-epidemic /?sh =74c901d57676.

6. **desde a origem da humanidade:** SHERMER, M.; GOULD, S.J. *Why People Believe Weird Things*. Nova York: A.W.H. Freeman/Owl Book, 2007.

7. **substâncias químicas que nos fazem sentir prazer:** KEELER, JASON R. et al. "The Neurochemistry and Social Flow of Singing: Bonding and Oxytocin". In: *Frontiers in Human Neuroscience 9*, 23 set. 2015: 518, DOI: 10.3389/fnhum.2015.00518.

8. **entoar cânticos ou cantar em grupo:** LAUNAY, JACQUES; PEARCE, EILUNED. "Choir Singing Improves Health, Happiness and Is the Perfect Icebreaker". *The Conversation*, 28 out. 2015. https://theconversation.com/choir-singing-improves-health-happiness-and-is-the-perfect-icebreaker-47619.

9. **danças ritualísticas:** AMBROSINO, BRANDON. "Do Humans Have a 'Religion Instinct'?". *BBC*, 29 maio 2019. https://www.bbc.com/future/article/20190529-do-humans-have-a-religion-instinct.

10. **um desejo de pertencimento e propósito:** BAUMEISTER ROY F.; A LEARY, MARK R. "The Need to Belong: Desire for Interpersonal Attachments as a Fundamental Human Motivation". In: *Psychological Bulletin 117*, n. 3 (1995): 497–529. http://persweb.wabash.edu/facstaff/hortonr/articles%20for%20class/baumeister%20and%20leary.pdf.

11. **quatro em cada dez millennials:** "In U.S., Decline of Christianity Continues at Rapid Pace". Pew Research Center's Religion & Public Life Project, 9 jun. 2020. https://www.pewforum.org/2019/10/17/in-u-s-decline-of-christianity-continues-at-rapid-pace/.

12. **de 20%:** "'Nones' on the Rise". Pew Research Center's Religion & Public Life Project, 30 maio 2020. https://www.pewforum.org/2012/10/09/nones-on-the-rise/.

13. **estudo realizado pela Harvard Divinity School:** THURSTON ANGIE; TER KUILE, CASPER. "How We Gather". Harvard Divinity School. https://caspertk.files.wordpress.com/2015/04/how-we-gather1.pdf.

14. **"Nones" ("Nenhuns") e "Remixed" ("Remixados"):** BURTON, TARA ISABELLA. *Strange Rites: New Religions for a Godless World*. Nova York: PublicAffairs, Hachette Book Group, 2020.

15. **invasão do Império Romano:** HENDRIX, HOLLAND LEE. "Jews and the Roman Empire". In: *PBS*, abr. 1998. https://www.pbs.org/wgbh/pages/frontline/shows/religion/portrait/jews.html.

16. **nos Estados Unidos, eles se mantêm altos:** EVANS, JONATHAN. "U.S. Adults Are More Religious Than Western Europeans". *Fact Tank* (blog), Pew Research

Center, 31 maio 2020. https://www.pewresearch.org/fact-tank/2018/09/05/u-s-adults-are-more-religious-than-western-europeans/.

17 **"Os japoneses e europeus":** LUDDEN, DAVID. "Why Do People Believe in God?". In: *Psychology Today*, 21 ago. 2018. https://www.psychologytoday.com/us/blog/talking-apes/201808/why-do-people-believe-in-god.

4. Definições da palavra

18 **"sempre formando associações":** SYLVAIN, ALAIN. "Why Buying Into Pop Culture and Joining a Cult Is Basically the Same Thing". *Quartz*, 10 mar. 2020. https://qz.com/1811751/the-psychology-behind-why-were-so-obsessed-with-pop-culture/.

19 **As seitas do momento:** DUNN, ELIZABETH. "5 19th-Century Utopian Communities in the United States". History.com, 22 jan. 2013. https://www.history.com/news/5-19th-century-utopian-communities-in-the-united-states.

20 **"filme cult" ou "clássico cult":** MATHIJS, ERNEST; SEXTON, JAMIE. *Cult Cinema: An Introduction*. Hoboken, New Jersey: Wiley-Blackwell, 2011, p. 234.

21 [*nota de rodapé*] **incontáveis trotes:** MARR, JOHN. "A Brief History of the Brutal and Bizarre World of Fraternity Hazing". In: *Gizmodo*, 20 set. 2015. https://gizmodo.com/a-brief-history-of-the-brutal-and-bizarre-world-of-frat-1733672835.

22 **a lavagem cerebral é uma hipótese impossível de ser testada:** MOORE, REBECCA. "The Brainwashing Myth". In: *The Conversation*, 18 jul. 2018. https://theconversation.com/the-brainwashing-myth-99272.

23 **nem todas as seitas são depravadas ou perigosas:** WOOLLETT, LAURA ELIZABETH. "The C-Word: What Are We Saying When We Talk About Cults?".

The Guardian, 18 nov. 2018. https://www.theguardian.com/culture/2018/nov/19/the-c-word-what-are-we-saying-when-we-talk-about-cults.

24 **não foram criados com o propósito de espalhar caos e assassinato pelo mundo:** BORDEN, JANE. "What Is It About California and Cults?". In: *Vanity Fair*, 3 set. 2020. https://www.vanityfair.com/hollywood/2020/09/california-cults-nxivm-the-vow.

25 **condenam os quakers:** BARKER, EILEEN. "One Person's Cult Is Another's True Religion". *The Guardian*, 29 maio 2009. https://www.theguardian.com/commentisfree/belief/2009/may/29/cults-new-religious-movements.

26 **"culto + tempo = religião":** POSNER, JOE; KLEIN, EZRA. "Cults". In: *Explained*, Netflix.

27 **Citando Megan Goodwin:** BURTON, TARA ISABELLA. "The Waco Tragedy, Explained". In: *Vox*, 19 abr. 2018. https://www.vox.com/2018/4/19/17246732/waco-tragedy-explained-david-koresh-mount-carmel-branch-davidian-cult-25-year-anniversary.

28 **"indignas de respeito depois da morte":** WOOLLETT. "The C-World".

5. Desejo de pertencimento

29 **"Se as fronteiras entre culto e religião":** BURTON, TARA ISABELLA. "What Is a Cult?". In: *Aeon*, 7 jun. 2017. https://aeon.co/essays/theres-no-sharp-distinction-between-cult-and-regular-religion.

30 **"acessar coisas que ainda não sabemos ou compreendemos":** EBERLE, GARY. *Dangerous Words: Talking About God in an Age of Fundamentalism*. Boston: Trumpeter, 2007.

PARTE II: OS ESCOLHIDOS

6. A linguagem letal de Jim Jones

31 **"top dichês mais irritantes":** RICHARDSON, JAMES D. "The Phrase 'Drank the Kool-Aid' Is Completely Offensive. We Should Stop Saying It Immediately". In: *Washington Post*, 18 nov. 2014. https://www.washingtonpost.com/posteverything/wp/2014/11/18/the-phrase-drank-the-koolaid-is-completely-offensive-we-should-stop-saying-it-immediately/.

32 **"Totalmente ofensiva":** KENNEDY, LESLEY. "Inside Jonestown: How Jim Jones Trapped Followers and Forced 'Suicides'". History.com, A&E Television Networks, 13 nov. 2018. https://www.history.com/news/jonestown-jim-jones-mass-murder-suicide.

33 **"Tenho arrepios sempre que ouço":** GRITZ, JENNIE ROTHENBERG. "Drinking the Kool-Aid: A Survivor Remembers Jim Jones". In: *The Atlantic*, 18 nov. 2011. https://www.theatlantic.com/national/archive/2011/11/drinking-the-kool-aid-a-survivor-remembers-jim-jones/248723/.

34 **"suicídio revolucionário":** Federal Bureau of Investigation. "Q042 Transcript". The Jonestown Institute, Universidade Estadual de San Diego, Departamento de Estudos Religiosos, 16 jun. 2013. https://jonestown.sdsu.edu/?page_id=29081.

35 **"A Família Arco-Íris":** EFFRON; LAUREN; DELAROSA, MONICA. "40 Years After Jonestown Massacre, Ex-Members Describe Jim Jones as a 'Real Monster'". ABC News, 26 set. 2018. https://

abcnews.go.com/US/40-years-jonestown-massacre-members-describe-jim-jones/story?id=57933856.

36 hibristofilia: THOMPSON, ELIZA. "3 Experts Explain Why Some People Are Attracted to Serial Killers". In: *Cosmopolitan*, 14 fev. 2018. https://www.cosmopolitan.com/entertainment/tv/a17804534/sexual-attraction-to-serial-killers/.

37 "sex appeal": DITTMANN, MELISSA. "Lessons from Jonestown". *Monitor on Psychology* 34, n. 10, (nov. 2003): 36. https://www.apa.org/monitor/nov03/jonestown.

38 "Ele agradava a todo tipo de gente": MATTHEWS, DAVID M. "Jim Jones' Fol- lowers Enthralled by His Skills as a Speaker". CNN. http://edition.cnn.com/2008/US/11/13/jonestown.jim.jones/.

39 "minha pequena Angela Davis": Hutchinson, Sikivu. "No More White Saviors: Jonestown and Peoples Temple in the Black Feminist Imagination". The Jonestown Institute, Universidade Estadual de San Diego, Departamento de Estudos Religiosos, 5 out. 2014 (Atualizado em 30/05/2020). https://jonestown.sdsu.edu/?page_id=61499.

40 "da promessa enfraquecida do movimento negro": HUTCHINSON, SIKIVU. "Why Did So Many Black Women Die? Jonestown at 35". Religion Dispatches, 12 dez. 2013. https://religion dispatches.org/why-did-so-many-black-women-die-jonestown-at-35/.

41 "Eu ficava encantada": EFFRON; DELAROSA. "40 Years After Jonestown Massacre, Ex-Members Describe Jim Jones as a 'Real Monster'".

42 Conhecido por citações: McGEHEE, FIELDING M., III. "Q932 Summary". The Jonestown Institute, Universidade Estadual de San Diego, Departamento de Estudos Religiosos, 16 jun. 2013. https://jonestown.sdsu.edu/?page_id=28323.

43 Laura Johnston Kohl: Flatley, Joseph L. "Laura Johnston Kohl and the Politics of Peoples Temple". The Jonestown Institute, Universidade Estadual de San Diego, Departamento de Estudos Religiosos, 25 out. 2017. https://jonestown.sdsu.edu/?page_id=70639.

44 "Noites Brancas": "What Are White Nights? How Many of Them Were There?". The Jonestown Institute, Universidade Estadual de San Diego, Departamento de Estudos Religiosos, 15 jun. 2013 (atualizado em 6/10/2013). https://jonestown.sdsu.edu/?page_id=35371.

45 Christine Miller: BELLEFOUNTAINE, MICHAEL. "Christine Miller: A Voice of Independence". The Jonestown Institute, Universidade Estadual de San Diego, Departamento de Estudos Religiosos, 25 jul. 2013. https://jonestown.sdsu.edu/?page_id=32381.

46 Fita da Morte de Jonestown: "The Death Tape". The Jonestown Institute, Universidade Estadual de San Diego, Departamento de Estudos Religiosos, 25 jul. 2013. https://jonestown.sdsu.edu/?page_id=29084.

7. Juízo final de Heaven's Gate

47 antes do massacre de Jonestown: EFFRON; LAUREN; DELAROSA, MONICA. "40 Years After Jonestown Massacre, Ex-Members Describe Jim Jones as a 'Real Monster'". ABC News, 26 set. 2018. https://abcnews.go.com/US/40-years-jonestown-massacre-members-describe-jim-jones/story?id=57933856.

48 terminar com o sufixo "-ody": u/Apatamoose. "Is there a list anywhere tying the -ody names of the Heaven's Gate members with their legal names?". Reddit, 26 fev 2018. https://www.reddit.com/r/Heavensgate/comments/80fmt5/is_there_a_list_anywhere_tying _the_ody_names_of/.

49 pertenceu ao Heaven's Gate: LYFORD, FRANK. "About My New Book". Facilitating You. http://facilitatingu.com/book/.

50 "uma severa inabilidade de fala": Sippell; Margeaux; Maglio, Tony. "'Heaven's Gate' Docuseries: Why Does Frank Lyford's Voice Sound Like That?". TheWrap, 3 dez. 2020. https://www.thewrap.com/heavens-gate-docuseries-hbo-max-frank-lyford-voice.

51 Você pode ver por si mesmo: Heavens Gate Remastered. "Heaven's Gate Class Exit Videos". YouTube, 9 abr. 2016. https://www.youtube.com/watch?v=U2D4wUF1EKQ.

8. Mecanismos da conversão

52 O caso de Michelle Carter: "Woman Who Convinced Friend to Commit Suicide Released from Jail". CBS *This Morning*. YouTube, 24 jan. 2020. https://www.youtube.com/watch?v=aPX 57hWAKo8.

53 conversão, condicionamento e coerção: MOORE, REBECCA. "The Brainwashing Myth". In: *The Conversation*, 18 jul. 2018. https://theconversation.com/the-brainwashing-myth-99272.

54 É isso o que prende as pessoas: WOOLLETT, LAURA ELIZABETH. "What I Learned About the Jonestown Cult by Spending Time with Survivors". Refinery29, 26 fev. 2019. https://www.refinery29.com/en-gb/jonestown-massacre-book.

55 populista problemático: Mudde, Cas. "The Problem with Populism". *The Guardian*, 17 fev. 2015. https://www.theguardian.com/commentisfree/2015/feb/17/problem-populism-syriza-podemos-dark-side-europe.

56 semelhanças oratórias entre Trump e Jim Jones: Hassan, Steven. *The Cult of Trump*. Nova York: Simon & Schuster, 2019.

57 apelidos incendiários e enérgicos: Howe, Caroline. "Exclusive: Fake Enemies, Loaded Language, Grandiosity, Belittling Critics: Cults Expert Claims Donald Trump's Tactics Are Taken Straight from Playbook of Sun Myung Moon, David Koresh and Jim Jones". *Daily Mail*, 9 out. 2019. https://www.dailymail.co.uk/news/article-7552231/Trumps-tactics-taken-playbook-cult-leaders-like-Jim-Jones-David-Koresh-says-author.html.

58 da linguagem populista de Trump: Packer, George. "The Left Needs a Language Potent Enough to Counter Trump". *The Atlantic*, 6 ago. 2019. https://www.theatlantic.com/ideas/archive/2019/08/language-trump-era/595570/.

59 com esses lugares-comuns: Lifton, Robert J. *Thought Reform and the Psychology of Totalism: A Study of "Brainwashing" in China*. Nova York: W.W. Norton & Company, 1961.

60 afirmar que alguém sofreu "lavagem cerebral": Alla Tovares, V. "Reframing the Frame: Peoples Temple and the Power of Words". The Jonestown Institute, Universidade Estadual de San Diego, Departamento de Estudos Religiosos, 25 jul. 2013. https://jonestown.sdsu.edu/?page_id=31454.

61 Jones tinha uma "regra de silêncio": Lesley Kennedy, "Inside Jonestown: How Jim Jones Trapped Followers and Forced 'Suicides,'" History .com, February 20, 2020, https://www.history.com/news/jonestown -jim-jones-mass-murder-suicide.

9. Poder da oratória branca

62 uma técnica bastante conhecida, "a voz de Deus": Bennett, Jessica. "What Do We Hear When Women Speak?". *New York Times*, 20 nov. 2019. https://www.nytimes.com/2019/11/20/us/politics/women-voices-authority.html.

63 não é o jeito mais útil de se avaliar o perigo específico que representam: Moore, Rebecca. "Godwin's Law and Jones' Corollary: The Problem of Using Extremes to Make Predictions". *Nova Religio* 22, n. 2 (2018): 145-54.

64 Teal Swan: Brown, Jennings. *The Gateway*, Gizmodo, 21 maio 2018. https://www.stitcher.com/podcast/the-gateway-teal-swan.

65 "Não consigo parar de pensar nos poros dela": O'Connor, Maureen. "I Think About This a Lot: The Beauty Habits of This Possible Cult Leader". *The Cut*, 27 ago. 2018. https://www.thecut.com/2018/08/i-think-about-this-a-lot-teal-swan-beauty-habits.html.

10. Novofalar cultista

66 envolvidos com Os Moonies: Barker, Eileen. "Charismatization: The Social Production of an 'Ethos Propitious to the Mobilisation of Sentiments'". In: *Secularization, Rationalism, and Sectarianism: Essays in Honour of Bryan R. Wilson*. Ed. Eileen Barker, James A. Beckford e Karel Dobbelaere. Oxford, Reino Unido: Clarendon Press, 1993, p. 181-201.

67 "nós éramos muito seletivos": Hassan, Steven. *Combatting Cult Mind Control*. Rochester, Vermont: Park Street Press, 1988.

68 A razão pela qual tantas mulheres negras: Hutchinson, Sikivu. "No More White Saviors: Jonestown and Peoples Temple in the Black Feminist Imagination". The Jonestown Institute, Universidade Estadual de San Diego, Departamento de Estudos Religiosos, 5 out. 2014. (atualizado em 30/05/2020). https://jonestown.sdsu.edu/?page_id=61499.

69 clássico viés de confirmação: Kolbert, Elizabeth. "Why Facts Don't Change Our Minds". *The New Yorker*, 27 fev. 2017. https://www.newyorker.com/magazine/2017/02/27/why-facts-dont-change-our-minds.

70 a hipocondria, o preconceito e a paranoia": Shermer, M.; Gould, J.S. *Why People Believe Weird Things*. Nova York: A.W.H. Freeman/ Owl Book, 2007.

PARTE III: AS LÍNGUAS DIVINAS

11. Cientologia pop

71 entrevista para se tornar nova namorada de Tom Cruise: HORAN, MOLLY. "This Actress Auditioned To Be Tom Cruise's Girlfriend — But Never Wanted The Part". Refinery29, 1º ago. 2016. https://www.refinery29.com/en-us/2016/08/118620/tom-cruise-girlfriend-audition-cathy-schenkelberg.

72 o dispositivo "sozinho não serve para nada": TOURETZKY, DAVID S. "Inside the Mark Super VII". Secrets of Scientology: The E-Meter, Carnegie Mellon University School of Computer Science. https://www.cs.cmu.edu/~dst/Secrets/E-Meter/Mark-VII/.

12. Não vá até a próxima sala

73 porta trancada atrás de mim: MANGO, STEVE. "Inside the Scientology Celebrity Centre: An Ex-Parishioner Reveals All". YouTube, 26 jan. 2014. https://www.youtube.com/watch?v=LfKqOUMrCw8&t=.

74 validade de um bilhão de anos: Wakefield, Margery. "The Sea Org –'For the Next Billion Years ... ',". In: *Understanding Scientology: The Demon Cult.* Lulu, 2009.

75 Chama-se trl: WAKEFIELD, MARGERY. "Declaration of Margery Wakefield". Operation Clambake, 23 jun. 1993. https://www.xenu .net/archive/go/legal/wakefiel.htm.

76 Na Cientologia, uma "dinâmica": "The Eight Dynamics". Scientology.org. https://www.scientology.org/what-is-scientology/basic-principles-of-scientology/eight-dynamics.html.

13. Em nome de Deus

77 "A linguagem religiosa geralmente 'performa' em vez de 'informar'": EBERLE, GARY. *Dangerous Words: Talking About God in an Age of Fundamentalism.* Boston: Trumpeter, 2007.

78 vendas diretas afiliadas ao cristianismo: BIGGART, NICOLE WOOLSEY. *Char- ismatic Capitalism: Direct Selling Organizations in America.* Chicago: University of Chicago Press, 1993.

79 Jesus como uma estratégia de marketing: "How a Dream Becomes a Night- mare". *The Dream.* Stitcher, 22 out. 2018. https://www.stitcher.com/podcast/stitcher/the-dream/e/56830345.

14. Mensagens exclusivas

80 Chögyam Trungpa: WAGNER, PAUL. "Chögyam Trungpa: Poetry, Crazy Wisdom, and Radical Shambhala". Gaia, 21 jan. 2020. https://www.gaia.com/article/chogyam-trungpa-poetry-crazy-wisdom-and-radical-shambhala.

81 Hubbard era obcecado por obras de fantasia espacial: "Written Works of L. Ron Hubbard". Wikipedia, 17 ago. 2020 copycat "cult leaders". https://en.wikipedia.org/wiki/Written_works_of_L._Ron _Hubbard.

82 Você consegue encontrar partes do *Technical Dictionary* on-line: UVWXYZ, Scientology Critical Information Directory. https://www.xenu-directory.net/glossary/glossary _uvwxyz.htm.

83 estimulou uma série de líderes de seitas a imitá-lo: BRYANT, KENZIE. "How NXIVM Used the Strange Power of Patents to Build Its 'Sex Cult'". *Vanity Fair*, 27 jun. 2018. https://www.vanityfair.com/style/2018/06/keith-raniere-nxivm-patents-luciferian. TRON, GINA. "ESP, DOS, Proctors, and More: NXIVM Terminology, Explained". Oxygen, 27 ago. 2020. https://www.oxygen.com/true-crime-buzz/what-does-nxivm-terminology-like-dos-esp-mean.

84 uma definição incontestável dentro da Cientologia: WAKEFIELD, MARGERY. *Understanding Scientology: The Demon Cult.* Autopublicação, Lulu, 2009.

85 acrônimos e abreviações internas: WAKEFIELD, MARGERY. "The Language of Scientology – ARC, SPS, PTPS and BTS". 23 jun. 1993. https://www.xenu.net/archive/go/legal/wakefiel.htm.

86 uma conversa totalmente plausível entre cientologistas: WAKEFIELD. *Understanding Scientology.*

87 *carga ultrapassada*: Clerk. "Bypassed Charge; Bypassed Charge Assessment". Primeiro jan. 1975. http://www.carolineletkeman.org/c /archives/1439.

88 em seu blog: RINDER, MIKE. "The Horrors of Wordclearing". *Something Can Be Done About It.* 27 jun. 2016. https://www.mike rindersblog.org/the-horrors-of-wordclearing/.

15. Glossolalia religiosa

89 sinais típicos de diminuição do estresse: LYNN, CHRISTOPHER DANA et al. "Salivary Alpha-Amylase and Cortisol Among Pentecostals on a Worship and Nonworship Day". *American Journal of Human Biology* 22, n. 6, nov.-dez. 2010. 819–22, DOI: 10.1002/ajhb.21088.

90 diminuição do constrangimento e a sentimentos de felicidade transcendental: GAO, JUNLING et al. "The Neurophysiological Correlates of Religious Chanting". *Scientific Reports* 9, n. 4262, 12 mar. 2019. DOI: 10.1038/s41598-019-40200-w.

91 glossolalia parecia provocar um aumento na intensidade da fé: FISKE, EDWARD B. "Speaking in Tongues Is Viewed by Psychologist as 'Learned'". *New York Times*, 21 jan. 1974. https://www.nytimes.com/1974/01/21/archives/speaking-in-tongues-is-viewed-by -psychologist-as-learned-some.html.

92 uma forma de dissociação: HANSON, DIRK. "Speaking in Tongues: Glossolalia and Stress Reduction". Dana Foundation, 23 out. 2013. https://www.dana.org/article/speaking-in-tongues-glossolalia-and-stress-reduction/.

93 "falasse em línguas na frente de todo mundo": "True Story: My Family Was in a Cult". *Yes and Yes*. https://www.yesandyes.org/2010/11/true-story-my-family-was-in-cu.html.

94 Flor passou a maior parte dos anos 1980: EDWARDS, FLOR. "I Grew Up in the Children of God, a Doomsday Cult. Here's How I Finally Got Out". *Huffington Post*, 6 dez. 2018. https://www.huffpost.com/entry/children-of-god-cult_n_5bfee4a3e4b0e254c926f325.

16. Palavras de (in)segurança

95 "Súplica da longevidade de Sakyong": Rodgers, Russell. "Longevity Supplication for Sakyong Mipham Rinpoche". *Shambhala Times*, 3 abr. 2009. https://shambhalatimes.org/2009/04/03/the-longevity-supplication-for-sakyong-mipham-rinpoche/.

96 uma série de reportagens lamentáveis: NEWMAN, ANDY. "The 'King' of Shambhala Buddhism Is Undone by Abuse Report". *New York Times*, 11 jul. 2018. https://www.nytimes.com/2018/07/11/nyregion/shambhala-sexual-misconduct.html.

PARTE IV: MULTINÍVEL

17. Inspirações falsas

97 "Você já pensou em transformar essa energia num ganho extra?": WORRE, ERIC. "The Hottest Recruiting Scripts in MLM". Network Marketing Pro. https://networkmarketingpro.com/pdf/the_hottest_recruiting_scripts_in_mlm_by_eric_worre_network marketingpro.com.pdf.

98 LuLaRoe: JONES, CHARISSE. "LuLaRoe Was Little More Than a Scam, a Washington State Lawsuit Claims". *USA Today*, 28 jan. 2019. https://www.usatoday.com/story/money/2019/01/28/lularoe-pyramid-scheme-duped-consumers-washington-suit-says/27004 12002/.

99 Tupperware: CONGER, CRISTEN. "How Tupperware Works". HowStuffWorks, 25 jul. 2011. https://people.howstuffworks.com/tupper ware2.htm.

100 Comissão Federal de Comércio: VOYTKO, LISETTE. "FTC Warns 16 Multi-Level Marketing Companies About Coronavirus Fraud". *Forbes*, 9 jun. 2020. https://www.forbes.com/sites/lisettevoytko/2020/06/09/ftc-warns-16-multi-level-marketing-companies-about-coronavirus-fraud/?sh=12d56c827b9d.

101 jogar confete de plástico: SPECKER, LAWRENCE. "It Wasn't Easy, But Mobile Now Has a 21st Century Confetti Policy". *Mobile RealTime News*, 7 ago. 2018. https://www.al.com/news/mobile/2018/08/it_wasnt_easy_but_mobile_now_h.html.

102 esquemas Ponzi e esquemas de pirâmide: JARVIS, CHRISTOPHER. "The Rise and Fall of Albania's Pyramid Schemes". *Finance & Development* 37, n. 1, mar. 2000. https://www.imf.org/external/pubs/ft/fandd/2000/03/jarvis.htm. SGUAZZIN, ANTONY. "How a 'Giant Ponzi Scheme' Destroyed a Nation's Economy". *Bloomberg*, 27 fev. 2019. https://www.bloomberg.com/news/articles/2019-02-28/how-a-giant-ponzi-scheme-destroyed-a-nation-s-economy.

103 esquemas de pirâmide não se anunciem sob essa denominação: CASEY, BRIDGET. "Your Gifting Circle Is a Pyramid Scheme". Money After Graduation, 24 ago. 2015. https://www.moneyaftergraduation .com/gifting-circle-is-a-pyramid-scheme/.

104 "uma maneira moralmente superior de fazer parte da economia": BIGGART, NICOLE WOOLSEY. *Charismatic Capitalism: Direct Selling Organizations in America*. Chicago: University of Chicago Press, 1993.

105 "Top 50 Melhores Citações de MMN": Holmes, Chuck. "Top 50 MLM Quotes of All Time". OnlineMLMCommunity.com, 10 out. 2013. https:// onlinemlmcommunity.com/my-top-50-favorite-mlm-quotes/.

106 "questão de saúde mental": Pascoe, Alley. "5 Women Reveal the Moment They Realised They Were in a Pyramid Scheme". *Marie Claire*, 29 nov. 2019. https://www.marieclaire.com.au/multi-level -marketing-pyramid-schemes-women-survivors.

107 recrutas de MMN: "Do You Party?". *The Dream*, 15 out. 2018. https://www.youtube.com/watch?v=ttbksJfWWmI.

18. Ética protestante

108 os mórmons, por exemplo, líderes de vendas diretas descobriram: "Leave a Message". *The Dream*, podcast, nov. 2018. https://open.spotify.com/episode/14QU34m1rYlF9xliSWlM5l.

109 "trabalhar duro": THEODORAKIS, AMELIA. "Why Would 'You Keep Nose to the Grindstone' Anyway?". Your Life Choices, 8 dez. 2016. https://www.yourlifechoices.com.au/fun/enter tainment/keep-your-nose-to-the-grindstone.

110 grande negócio estadunidense: "The Rise of Big Business". In: *1912: Competing Visions for America*. eHISTORY, Universidade Estadual de Ohio. https://ehistory.osu.edu/exhibitions/1912/trusts/RiseBigBusiness.

111 valores e rituais: PRATT, MICHAEL G. "The Good, the Bad, and the Ambivalent: Managing Identification Among Amway Distributors". *Administrative Science Quarterly* 45, n. 3, set. 2000: 456–93. DOI: 10.2307/2667106.

112 próprio sentido da vida: Luca, Nathalie. "Multi-Level Marketing: At the Crossroads of Economy and Religion". In: *The Economics of Religion: Anthropological Approaches*, vol. 31, ed. Lionel Obadia e Donald C. Wood. Bingley, Reino Unido: Emerald Group Publishing Lim- ited, 2011.

113 promessas carregadas de espiritualidade: GROSS, C. "Spiritual Cleansing: A Case Study on How Spirituality Can Be Mis/used by a Company". *Management Revu* 21, n. 1, 2010: 60–81. DOI: 10.5771/0935-9915-2010-1-60.

19. Política em multinível

114 "engodo celestial": KEOHANE, STEVE. "Sun Myung Moon's Unification Church". *Bible Probe*, abr. 2007. https://www.bibleprobe .com/moonies.htm.

115 se envolverem com a marca sem a "permissão" de seus maridos: "The Husband Unawareness Plan". F.A.C.E.S (Families Against Cult-like Exploitation in Sales). https://marykayvictims.com/predatory-tactics/the -husband-unawareness-plan/.

116 "leis de Deus": "Amway Speaks: Memorable Quotes". Cult Education Institute. https://culteducation.com/group/815-amway/1674-amway-speaks-memorable-quotess.html.

117 Trump fez uma fortuna com seu apoio a diversas empresas de MMN: GRIMALDI, JAMES V.; MAREMONT, MARK. "Donald Trump Made Millions from Multilevel Marketing Firm". *Wall Street Journal*, 13 ago. 2015. https://www.wsj.com/articles/trump-made-millions-from-multilevel-marketing-firm-1439481128.

118 Trump e suas filhas podiam ser processados por fraude: VOYTKO, LISETTE. "Judge Rules Trump Can Be Sued for Marketing Scheme Fraud". *Forbes*, 25 jul. 2019. https://www.forbes.com/sites/lisettevoytko/2019/07/25/judge-rules-trump-can-be-sued-for-marketing -scheme-fraud/?sh=7448b2516395.

20. Intuição versus Reflexão

119 ingenuidade: FORGAS, JOSEPH PAUL. "Why Are Some People More Gullible Than Others?". The Conversation, 30 mar. 2017. https:// theconversation.com/why-are-some-people-more-gullible-than-others-72412; KAHNEMAN, DANIEL. "The Sveriges Riksbank Prize in Economic Sciences in Memory of Alfred Nobel 2002". NobelPrize .org. https://www.nobelprize.org/prizes/economic-sciences/2002/kahneman/biographical/.

120 falhas de raciocínio profundamente enraizadas: KOLBERT, ELIZABETH. "Why Facts Don't Change Our Minds". *The New Yorker*, 27 fev. 2017. https://www.newyorker.com/magazine/2017/02/27/why-facts-dont-change-our-minds.

121 diferenças na confiança: "Trust: The Development of Trust". Marriage and Family Encyclopedia, JRank. https://family.jrank.org/pages/1713/Trust-Development-Trust.html.

122 nos tornamos melhores para perceber todo tipo de farsa: FORGAS, JOSEPH P. "On Being Happy and Gullible: Mood Effects on Skepticism and the Detection of Deception". *Journal of Experimental Social Psychology* 44, n. 5, set. 2008. 1362–67, DOI: 10.1016/j.jesp.2008.04.010.

21. Discursos corporativos

123 fedia a bolsa de valores: YOUNG, MOLLY. "Garbage Language: Why Do Corporations Speak the Way They Do?". Vulture, 20 fev. 2020. https://www.vulture.com/2020/02/spread-of -corporate-speak.html.

124 traços de psicopatia: CHAMORRO-PREMUZIC, TOMAS. "1 in 5 Business Leaders May Have Psychopathic Tendencies – Here's Why, According to a Psychology Professor". CNBC, 8 abr. 2019. https://www.cnbc.com/2019/04/08/

the-science-behind-why-so-many-successful-millionaires-are-psychopaths-and-why-it-doesnt-have-to-be-a-bad-thing.html.

125 Princípio de Liderança: KANTOR, JODI; STREITFELD, DAVID. "Inside Amazon: Wrestling Big Ideas in a Bruising Workplace". *New York Times*, 15 ago. 2015. https://www.nytimes.com/2015/08/16/technology/inside-amazon-wrestling-big-ideas-in-a-bruising -workplace.html.

22. A principal pista

126 "o político mais esquisito do estado": STAFF. "The Troubled World of William Penn Patrick". *Los Angeles Times*, 16 ago. 1967.

127 "Diga [aos recrutas] que eles vão ser mais felizes": *The Dream*, Stitcher, 22 out. 2018. https://www.stitcher.com/podcast/stitcher/the-dream

PARTE V: CULTO FITNESS

23. Academia: um espaço sagrado

128 "cultos fitness favoritos": SURNOW, ROSE. "Love, Sweat and Tears: Intensati Kicks Your Ass and Cleanses Your Soul". *Cosmopolitan*, 16 jul. 2013. https://www.cosmopolitan.com/health-fitness/advice/a4579/patricia-moreno-finds-thinner-peace/.

129 se exercitar em grupo: Nield, David. "Working Out in a Group Could Be Better for You Than Exercising Alone". Science Alert, 5 nov. 2017. https://www.sciencealert.com/working-out-in-groups-better-than-exercising-alone.

130 A liberação de endorfina se torna muito mais poderosa: "Group Exercise 'Boosts Happiness'". BBC News, 15 set. 2009. http://news .bbc.co.uk/2/hi/health/8257716.stm.

131 ela já existia há milênios: "Yoga: How Did It Conquer the World and What's Changed?". BBC, 22 jun. 2017. https://www.bbc.com/news/world-40354525.

132 se mostrar, sem vergonha nenhuma, um completo racista: "CrossFit: CEO Greg Glassman Steps Down After Racist Tweet". *Diario AS*, 6 out. 2020. https://en.as.com/en/2020/06/10/other_sports/1591791315_063019.html.

133 indústria fitness e da saúde valia mais de 32 bilhões de dólares: WELLER, JENNY. "Why the Fitness Industry Is Growing". Glofox, 15 nov. 2019. https://www.glofox.com/blog/fitness -industry/.

134 millenials estadunidenses estão insatisfeitos com sua experiência relacionada ao serviço de saúde: "How Millennials are Redefining Healthcare Today: Are You Behind?". Multiple Chronic Conditions Resource Center, 2018. https://www.multiplechronicconditions.org/assets/pdf/Aging%20in%20America/How _Millennials_are_Redefining_Healthcare%20(1).pdf.

135 "rádio calistenia": "The Japanese Morning Exercise Routine – Rajio-Taiso –JAPANKURU". *Japankuru Let's share our Japanese Stories!*, 29 mar. 2020. https://www.japankuru.com/en/culture/e2263.html.

136 desilusão dos jovens sobre a fé tradicional: "'Nones' on the Rise". Pew Research Center, 9 out. 2012. https://www.pewforum.org/2012/10/09/nones-on-the-rise/.

137 um senso de comunidade e transcendência: LAYMAN, TOM. "CrossFit as Church? Examining How We Gather". Harvard Divinity School, 4 nov. 2015. https://hds.harvard.edu/news/2015/11/04/crossfit-church-examining-how-we-gather#.

138 "moças da zumba": FRAGOZA, CARRIBEAN. "All the Zumba Ladies: Reclaiming Bodies and Space through Serious Booty-Shaking". KCET, 1º jan. 2017. https://www.kcet.org/history-society/all-the-zumba-ladies-reclaiming-bodies-and-space-through-serious-booty-shaking.

139 o "movimento" fitness: BROWN, MEAGHEN. "Fitness Isn't a Lifestyle Anymore. Sometimes It's a Cult". *Wired*, 30 jun. 2016. https://www.wired.com/2016/06/fitness-isnt-lifestyle-anymore-sometimes -cult/.

140 devotada usuária do Peloton: LAROCCA, AMY. "Riding the Unicorn: Peloton Accidentally Built a Fitness Cult. A Business Is a Little More Complicated". *The Cut*, 17 out. 2019. https://www.thecut.com/2019/10/peloton-is-spinning-faster-than-ever.html.

141 "tempos sombrios": ROMANOFF, ZAN. "The Consumerist Church of Fitness Classes". *The Atlantic*, 4 dez. 2017. https://www.theatlantic.com/health/archive/2017/12/my-body-is-a-temple/547346/.

142 "A SoulCycle é como a minha seita": TER KUILE CASPER; THURSTON, ANGIE. "How We Gather (Part 2): SoulCycle as Soul Sanctuary". *On Being* (blog), 9 jul. 2016. https://onbeing.org/blog/how-we-gather -part-2-soulcycle-as-soul-sanctuary/.

143 "Quero que a próxima respiração de vocês seja um exorcismo": MORRIS, ALEX. "The Carefully Cultivated Soul of SoulCycle". The Cut, 7 jan. 2013. https://www.thecut.com/2013/01/evolution-of-soulcycle.html.

24. Vulnerabilidade que nos une

144 monólogos "da montanha": "Soul Cycle Instructor and Motivational Coach Angela Davis Reminds You That You Are More Than Enough!". Facebook Watch, SuperSoul, 23 abr. 2018. https://www. facebook.com/watch/?v=1612129545501226.

145 "'Entusiasmo' vem da palavra grega": OWN. "Enthusiasm: With Angela Davis: 21 Days of Motivation & Movement". YouTube, 8 ago. 2016. https://www.youtube.com/watch?v=bhVfjuwptJY&ab _channel=OWN.

146 "criado com um propósito": OWN. "Angela Davis: Finding Your Purpose: SuperSoul Sessions". YouTube, 10 maio 2017. https://www.youtube.com/watch?v=DnwdpC0Omk4&ab_channel=OWN.

147 ela se demitiu da SoulCycle: GARDNER, CHRIS. "Celebrity Soul-Cycle Instructor Angela Davis Joins Akin Akman as Co-Founder of AARMY Fitness Studio". *Hollywood Reporter*, 21 nov. 2019. https://www.hollywoodreporter.com/rambling-reporter /celebrity-soulcycle-instructor-angela-davis-joins-akin-akman-as -founder-aarmy-fitness-studio-1256636.

148 "vou para ouvir uma mensagem": MAGNER,ERIN. "How to Create a Powerful, Purposeful Life, according to LA's Most Inspiring Fitness Instructor". Well+Good, 14 jul. 2016. https://www.welland good.com/how-to-create-a-powerful-purposeful-life-angela-davis-soulcycle/.

25. O novo clero

149 audições teatrais ao estilo da Broadway: HOFF, VICTORIA. "Inside the Ultra-Competitive 'Auditions' to Become a Cycling Instructor". The Thirty, 8 mar. 2018. https://thethirty.whowhatwear.com/how-to -become-a-spin-instructor/slide2.

26. Modo monstro

150 exercícios e o protestantismo americano: GRIFFITH, R. MARIE. *Born Again Bodies: Flesh and Spirit in American Christianity*. Berkeley, California: University of California Press, 2004.

151 "O CrossFit não é como a igreja": GWIN, CONNOR. "My Church Is Not CrossFit". Mockingbird, 12 set. 2018. https://mbird.com/2018/09/my-church-is-not-crossfit/.

152 assustadoramente parecido com o que prega a Amway: ROMANOFF, ZAN. "The Consumerist Church of Fitness Classes". *The Atlantic*, 4 dez. 2017. https://www.the atlantic.com/health/archive/2017/12/my-body-is-a-temple/547346/.

153 "Você é capaz de conquistar a paz interior e um abdômen chapado em uma hora": HINES, ALICE. "Inside CorePower Yoga Teacher Training". *New York Times*, 6 abr. 2019. https://www.nytimes.com/2019/04/06/style/corepower-yoga-teacher-training.html.

154 homenagem a membros da polícia ou do exército mortos em serviço: HUDSON, ROBBIE WILD. "Hero CrossFit Workouts to Honour Fallen American Soldiers". *Boxrox Competitive Fitness Magazine*, 17 fev. 2020. https://www.box rox.com/hero-crossfit-workouts-to-honour-fallen-american-soldiers/.

155 posições políticas pessoais de seu fundador, Greg Glassman: BROWN, ELIZABETH NOLAN. "CrossFit Founder Greg Glassman: 'I Don't Mind Being Told What to Do. I Just Won't Do It'". *Reason*, 28 ago. 2017. https://reason.com/2017/08/28/crossfits-conscious-capitalism/.

156 ex-praticante de CrossFit: KESSLER, JASON. "Why I Quit CrossFit". Medium, 15 jul. 2013. https://medium.com/this-happened-to-me/why-i-quit-crossfit-f4882edd1e21.

157 [*nota de rodapé*] **rabdomiólise:** MORRISON, JANET et al. "The Benefits and Risks of CrossFit: A Systematic Review". *Workplace Health and Safety* 65, n. 12, 31 mar. 2017: 612–18, DOI: 10.1177/216507991668 5568; **Tio Rabdo:** ROBERTSON, ERIC. "CrossFit's Dirty Little Secret". Medium, 20 set. 2013. https://medium.com/@ericrob-ertson/crossfits-dirty-little-secret-97bcce70356d; **"Vomitinho":** HAY, MARK. "Some CrossFit Gyms Feature Pictures of These Puking, Bleeding Clowns". *Vice*, 21 jun. 2018. https://www.vice.com/en/article/yweqg7/these-puking-bleeding-clowns-are-a-forgotten-part-of-crossfits-past.

158 Mercantilizar a linguagem de práticas espirituais indígenas e orientais: DESHPANDE, RINA. "Yoga in America Often Exploits My Culture – but You May Not Even Realize It". *SELF*, 27 out. 2017. https://www.self.com/story/yoga-indian-cultural-appropriation.

159 a sede da CrossFit negou quaisquer sugestões: DEMBY, GENE. "Who's Really Left Out of the CrossFit Circle". Code Switch, NPR, 15 set. 2013. https://www.npr.org/sections/codeswitch/2013/09/15/222574436/whos-really-left-out-of-the-crossfit-circle.

160 registros de toxicidade: ABAD-SANTOS, ALEX. "How SoulCycle Lost Its Soul". Vox, 23 dez. 2020. https://www.vox.com/the-goods/22195549/soulcycle-de-cline-reopening-bullying-bike -explained.

161 dormindo com alguns dos alunos: TURNER, MATT. "SoulCycle's Top In- structors Had Sex with Clients, 'Fat-Shamed' Coworkers, and Used Homophobic and Racist Language, Insiders Say". *Business Insider*, 22 nov. 2020. https://www.businessinsider.com/soulcycle-instructors-mistreated-staff-slept-with-riders-2020-11.

162 todo o drama que os circundava: READ, BRIDGET. "The Cult of SoulCycle Is Even Darker Than You Thought". The Cut, 23 dez. 2020. https:// www.thecut.com/2020/12/the-cult-of-soulcycle-is-even-darker-than -you-thought.html.

163 encobrindo reclamações: WARREN, KATIE. "SoulCycle's top instructors had sex with clients, 'fat-shamed' coworkers, and used homophobic and racist language, but the company treated them like Hollywood stars anyway, insiders say". *Business Insider*, 17 nov. 2020. https://www.businessinsider.com/soulcycle-instructors-celebrities -misbehavior-2020-11.

27. Gurus da Yoga

164 Walter White da yoga: SWAN, LISA. "The Untold Truth of Bikram Yoga". The List, 20 mar. 2017. https:// www.thelist.com /50233/untold-truth-bikram-yoga/.

165 acusações de estupro: HATCH, JENAVIEVE. "Bikram Yoga Creator Loses It When Asked About Sexual Assault Allegations". *Huffington Post*, 28 out. 2016. https://www.huffpost.com/entry/bikram-choudhury-loses-it-when-asked-about-sexual-assault-allegations_n_58139 871e4b0390e69d0014a.

PARTE VI: SIGA PARA SEGUIR

29. Seguidores de Massaro

166 "Pensar sobre alguma coisa": SCOFIELD, BE. "Tech Bro Guru: Inside the Sedona Cult of Bentinho Massaro". *The Guru Magazine*, 26 dez. 2018. https://gurumag.com/tech-bro-guru-inside-the-sedona-cult-of-bentinho-massaro/.

167 "guru da tecnologia": SCOFIELD, BE. "Tech Bro Guru: Inside the Sedona Cult of Bentinho Massaro". Integral World, 26 dez. 2018. http://www.integralworld.net/scofield8.html.

168 um consórcio espiritual falso: HYDE, JESSE. "When Spirituality Goes Viral". *Playboy*, 18 fev. 2019. https://www.playboy.com/read/spirituality-goes-viral.

169 interações malignas nas redes sociais podem contribuir para a depressão, a ansiedade e o suicídio: LUXTON, DAVID D.; JUNE, JENNIFER D.; FAIRALL, JONATHAN M. "Social Media and Suicide: A Public Health Perspective". *American Journal of Public Health*, maio 2012. https://www.ncbi.nlm.nih.gov/pmc/articles/PMC3477910/.

170 o culto da atenção recebida nas redes sociais: SCHWARTZ, OSCAR. "My Journey into the Dark, Hypnotic World of a Millennial Guru". *The Guardian*, 9 jan. 2020. https://www.theguardian.com/world/2020/jan/09/strange-hypnotic-world-millennial-guru-bentinho-massaro -youtube.

30. Feeds personalizados e QAnon

171 "os males da internet": DERY, MARK. "Technology Makes Us Escapist; The Cult of the Mind". *New York Times Magazine*, 28 set. 1997. https://www.nytimes.com/1997/09/28/magazine /technology-makes-us-escapist-the-cult-of-the-mind.html.

172 "Predadores espirituais? Dá um tempo...": QUITTNER, JOSH. "Life and Death on the Web". *Time*, 7 abr. 1997. http://content.time.com/time/magazine/article/0,9171,986141,00.html.

173 "as fogueiras modernas": SYLVAIN, ALAIN. "Why Buying Into Pop Culture and Joining a Cult Is Basically the Same Thing". Quartz, 10 mar. 2020. https://qz.com/1811751/the-psychology-behind-why-were--so-obsessed-with-pop-culture/.

174 a palavra "influenciador": SOLOMON, JANE. "What Is An 'Influencer' And How Has This Word Changed?". Dictionary.com, 6 jan. 2021. https://www.dictionary.com/e/influencer/#:~:text=The%20word %20influencer%20has%20been,wasn't%20a%20job%20title.

175 "se Buda ou Jesus estivessem vivos hoje": HYDE, JESSE. "When Spirituality Goes Viral". *Playboy*, 18 fev. 2019. https://www.playboy.com/read/spirituality-goes- viral.

176 [nota de rodapé] **círculo controverso da Nova Era chamado Ramtha:** PEMBERTON, LISA. "Behind the Gates at Ramtha's School". *Olympian*, 15 jul. 2013. https://www.theolympian.com/news/local/article25225543.html.

177 correlação entre inteligência e crenças em "ideias estranhas": SHERMER, M.; GOULD, J.S. *Why People Believe Weird Things*. Nova York: A.W.H. Freeman/ Owl Book, 2007.

178 "imunes a superstições": VYSE, STUART A. *Believing in Magic: the Psychology of Superstition*. Nova York: Oxford University Press, 1997.

179 o termo "conspiritualidade": WARD, CHARLOTTE; VOAS, DAVID. "The Emergence of Conspirituality". Taylor & Francis, Journal of Contemporary Religion, 7 jan. 2011. https://www.tandfonline.com/doi/abs/10 .1080/13537903.2011.539846?journalCode=cjcr20&.

180 aulas de yoga predominantemente brancas: WIJEYAKUMAR, ANUSHA. "We Need to Talk about the Rise of White Supremacy in Yoga". InStyle, 6 out. 2020. https://www.instyle.com/beauty/health-fitness/yoga-racism-white-supremacy.

181 mais da metade dos republicanos entrevistados: BEER, TOMMY. "Majority of Republicans Believe the QAnon Conspiracy Theory Is Partly or Mostly True, Survey Finds". *Forbes*, 2 set. 2020. https://www.forbes.com/sites/tommybeer/2020/09/02/majority-of-republicans-believe-the-qanon-conspiracy-theory-is-partly-or-mostly-true-survey-finds/?sh=3d8d165b5231.

182 O glossário continua eternamente: "Conspirituality-To-QAnon (CS-to-Q) Keywords and Phrases". Conspirituality.net. https://conspirituality.net/keywords-and-phrases/.

183 [*nota de rodapé*] **crimes aterrorizantes:** BECKETT, LOIS. "QAnon: a Timeline of Violence Linked to the Conspiracy Theory". *The Guardian*, 16 out. 2020. https://www.theguardian.com/us-news/2020/oct/15/qanon-violence-crimes-timeline.

184 videogame distópico: ROSENBERG, ALYSSA. "I Understand the Temptation to Dismiss QAnon. Here's Why We Can't". *Washington Post*, 7 ago. 2019. https://www.washingtonpost.com/opinions/2019/08/07/qanon-isnt-just-conspiracy-theory-its-highly-effective-game/.

185 uma análise cognitiva do QAnon: PIERRE, JOE. "The Psychological Needs That QAnon Feeds". *Psychology Today*, 12 ago. 2020. https://www.psychologytoday.com/us/blog/psych-unseen/202008/the-psychological-needs-qanon-feeds.

186 quotegrams: WILKINSON, SOPHIE. "Could Inspirational Quotes Be Instagram's Biggest Invisible Cult?". *Grazia*, 30 set. 2015. https://graziadaily.co.uk/life/real-life/inspirational-quotes-instagrams-biggest-invisible-cult/.

cultos cinematográficos
CINECULTÊS

1 e 4. Seita Mortal; 2 e 5. Wild, Wild Country; 3. Jonestown: The Life and Death of People's Temple

1. Martha Marcy May Marlene;
2. A Sétima Vítima

CINECULTÊS

O nosso fascínio por cultos pode até parecer mais evidente agora, mas ele está longe de ser um fenômeno contemporâneo. O misto de curiosidade e o receio de mexer em algo potencialmente perigoso quando falamos desses grupos já rendia produções sobre o tema na primeira metade do século XX. Na maioria das vezes, os filmes que lidam com seitas pertencem ao gênero do terror e não é muito difícil imaginar o porquê disso.

Várias das obras listadas a seguir abordam aspectos tão irreais que parecem ter saído da mente criativa de algum roteirista — por mais que tudo o que esteja ali tenha acontecido mesmo, com pessoas reais. De exageros criativos da ficção a alertas perturbadores da realidade, quando o assunto envolve cultos, sempre vale reacender o questionamento: poderia a ficção ser mais assustadora do que a realidade?

A Sétima Vítima

A Sétima Vítima
(*The Seventh Victim*, filme de Mark Robson, 1943) #filme #ficção #terror

Quando sua irmã mais velha desaparece, Mary (Kim Hunter) é forçada a deixar sua escola para procurá-la em Nova York. Chegando lá, conhece o marido de sua irmã e um estranho psiquiatra que afirmam saber o paradeiro dela. Porém, Mary não sabe que está sendo arrastada a um estranho culto de adoradores do Diabo que estão decididos a pôr um fim em sua vida.

As Bodas de Satã
(*The Devil Rides Out*, filme de Terence Fisher, 1968) #filme #ficção #terror

O Duque de Richelieu (Christopher Lee) e Rex (Leon Greene) descobrem que Simon (Patrick Mower), filho de um velho amigo falecido e que agora está sob a proteção dos dois, está para ser batizado a serviço do Mal. Tentando libertá-lo do culto que o aprisionou, o Duque entra em um terrível duelo contra Mocata (Charles Gray), líder da seita.

Seita de Fanáticos
(*Split Image*, filme de Ted Kotcheff, 1982) #filme #ficção #drama

Danny Stetson (Michael O'Keefe) é levado até um misterioso culto por uma garota, onde se torna completamente dominado pela vontade do líder do local. Sem saber como ajudá-lo, seus pais contratam um homem para "desprogramar" a mente do jovem. A experiência, porém, pode ser traumatizante para ele.

A Sociedade dos Amigos do Diabo
(*Society*, filme de Brian Yuzna, 1989) #filme #ficção #terror

Bill (Billy Warlock) anda preocupado por ser muito diferente de sua família e amigos. Quando chega em casa, certo dia, encontra uma estranha orgia acontecendo. Bill acaba descobrindo, então, que sua família faz parte de um macabro culto da alta elite social.

Jonestown: The Life and Death of Peoples Temple
(Documentário de Stanley Nelson, 2006)
#doc #filme #nãoficção

Com imagens inéditas, este documentário apresenta uma nova visão do Templo Popular, culto de pregação de Jim Jones que, em 1978, levou mais de novecentos membros até a Guiana para cometer um suicídio em massa.

Seita Mortal
(*Red State*, filme de Kevin Smith, 2011)
#filme #ficção #terror

Três jovens recebem um convite para encontrar uma mulher mais velha. Chegando lá, entretanto, tudo não passava de uma armadilha para capturar os três. Na verdade, a mulher faz parte de um culto religioso determinado a acabar com comportamentos imorais, como os dos três rapazes. Ao mesmo tempo, uma equipe da ATF está de olho na organização criminosa.

Martha Marcy May Marlene
(Filme de Sean Durkin, 2011)
#filme #ficção #drama

Durante alguns anos, Martha (Elizabeth Olsen) viveu em um culto abusivo sob o nome de Marcy May. Ao fugir, ela encontra refúgio na casa de sua irmã e seu cunhado (Sarah Paulson e Hugh Dancy). Porém, mesmo com a ajuda da família, antigas lembranças da jovem retornam para aterrorizar sua nova vida.

A Seita Misteriosa
(*Sound of My Voice*, filme de Zal Batmanglij, 2011) #filme #ficção #scifi

Dois documentaristas estão determinados a desmascarar a líder de um culto que afirma ser do futuro. Mesmo acreditando que tudo é uma farsa, eles acabam sendo levados por seu carisma.

A Seita Misteriosa

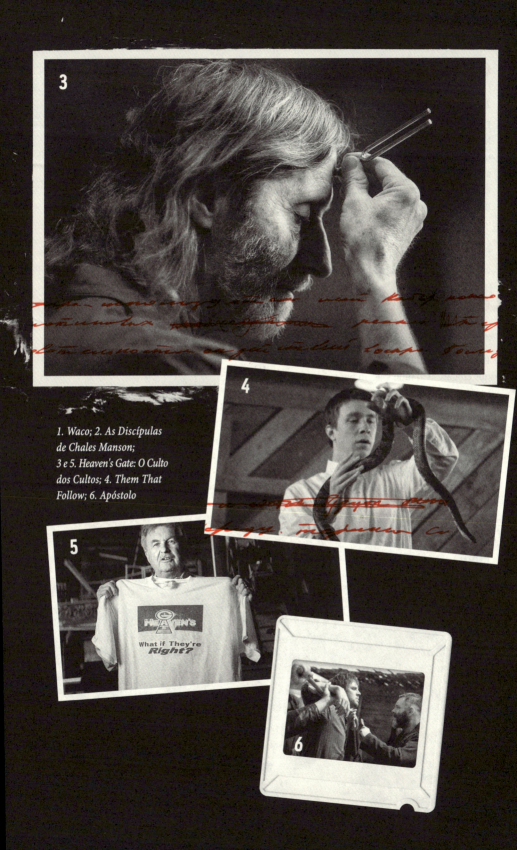

1. Waco; 2. As Discípulas de Chales Manson; 3 e 5. Heaven's Gate: O Culto dos Cultos; 4. Them That Follow; 6. Apóstolo

O Mestre

(*The Master*, filme de Paul Thomas Anderson, 2012) #filme #ficção #drama

Depois de retornar da Segunda Guerra Mundial, Freddie Quell (Joaquin Phoenix) tem encontrado dificuldades em se ajustar à vida normal. Pulando de emprego em emprego, se afogando em bebida, Quell não tem uma perspectiva de futuro. Até o dia em que se encontra com Lancaster Dodd (Philip Seymour Hoffman) e sua família, que o apresentam e o doutrinam em seu novo culto, chamado A Causa.

O Último Sacramento

(*The Sacrament*, filme de Ti West, 2013) #filme #ficção #terror

Patrick (Kentucker Audley) é um jornalista que embarca em uma viagem para visitar sua irmã, que acabou de ser aceita em uma comunidade chamada Eden Parish. Com a ajuda de Jake (Joe Swanberg) e Sam (AJ Bowen), que trabalham com ele, o grupo parte para o local. Chegando lá, porém, eles vão descobrir que deixar Eden Parish é mais difícil do que parece.

Going Clear: Scientology & the Prison of Belief

(Documentário de Alex Gibney, 2015) #doc #filme #nãoficção

Documentário que une imagens de arquivo, depoimentos de ex-funcionários de alto escalão e reconstruções sobre o que acontece por dentro das paredes da Igreja da Cientologia.

Meu Filme de Cientologia

(*My Scientology Movie*, documentário de John Dower, 2015) #doc #filme #nãoficção

O jornalista e documentarista Louis Theroux apresenta o que descobriu em suas investigações sobre a Igreja da Cientologia.

Holy Hell

(Documentário de Will Allen, 2016) #doc #filme #nãoficção

Documentário sobre o Buddhafield, culto liderado por Jaime Gomez — também conhecido por Michel, Andreas, O Professor, ou Reyji. O culto começou nos Estados Unidos, e permanece ativo no Havaí ainda hoje, recrutando novos membros em centros de yoga.

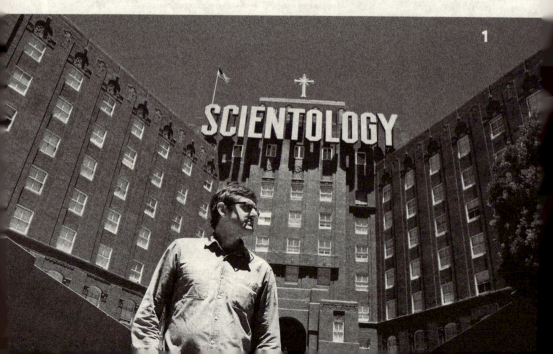

O Culto
(*The Endless*, filme de Justin Benson e Aaron Moorhead, 2017) #filme #ficção #terror

Dois irmãos, quando crianças, escaparam de um estranho culto. Agora, já adultos, eles encontram uma fita de vídeo que levará seus pensamentos diretamente ao passado, fazendo-os retornar ao local de onde fugiram.

American Horror Story: Cultos
(Sétima temporada de *AHS*, série de Ryan Murphy, 2017) #série #ficção #terror

Depois das eleições de 2017 e da vitória de Donald Trump, um culto passa a aterrorizar os moradores da cidade de Brookfield Heights, Michigan.

Wild Wild Country
(Documentário de Chapman Way e Maclain Way, 2018) #doc #série #nãoficção

O guru indiano Bhagwan Shree Rajneesh, que mais tarde trocou seu nome para Osho, criou uma comunidade utópica onde milhares de homens e mulheres de sua seita o seguiram. A movimentação não deixou os habitantes do local, uma cidadezinha de menos de 40 mil habitantes, contentes. *Wild Wild Country* conta a história desse episódio de fanatismo da história dos Estados Unidos.

Apóstolo
(*Apostle*, filme de Gareth Evans, 2018) #filme #ficção #terror

Thomas Richardson (Dan Stevens) viaja até uma ilha isolada para tentar resgatar sua irmã, que foi sequestrada por um culto religioso. O culto pede um resgate para soltar a irmã de Thomas, mas ele não deixará as coisas como estão e cavará fundo até descobrir todos os segredos do local.

1. *Meu Filme de Cientologia*;
2. *Them That Follow*; 3. *Holy Hell*

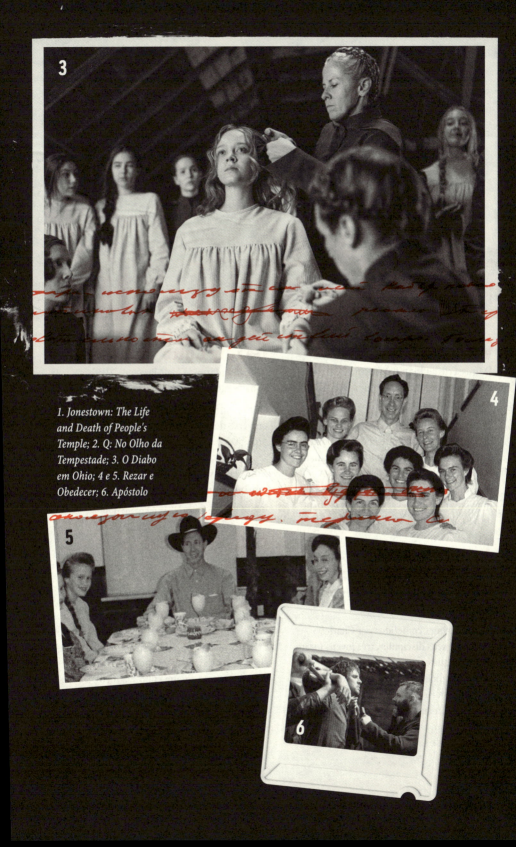

1. Jonestown: The Life and Death of People's Temple; 2. Q: No Olho da Tempestade; 3. O Diabo em Ohio; 4 e 5. Rezar e Obedecer; 6. Apóstolo

Apóstolo

Waco
(Minissérie de John Erick Dowdle e Dennie Gordon, 2018) #minissérie #ficção #baseadoemfatos

Em 1993, o FBI e a ATF tiveram um impasse de 51 dias com o culto religioso de David Koresh, conhecidos como Ramo Davidiano, que culminou em um incêndio fatal. A série dramatiza o antes e o durante deste impasse, a partir de vários pontos de vista de pessoas próximas aos envolvidos.

As Discípulas de Charles Manson
(*Charlie Says*, filme de Mary Harron, 2018) #filme #ficção #baseadoemfatos

Após os crimes cometidos por Charles Manson e seus discípulos, três jovens foram presas. O que era uma sentença de morte se transformou em prisão perpétua, e uma professora foi enviada até elas para ensiná-las e concluir sua educação formal. Através dessa mulher, as jovens passarão a encarar a realidade de seus atos criminosos.

Deadly Cults
(Documentário de Matt Pizzano, 2019) #doc #série #nãoficção

Documentário antológico que explora o universo de cultos assassinos. De um falso profeta que utiliza os membros de sua seita para assassinar uma família inocente a um clã de vampiros que busca sua próxima vítima, a série demonstra como a manipulação pode levar ao assassinato.

Delivery Macabro
(*Satanic Panic*, filme de Chelsea Stardust, 2019) #filme #ficção #terror

Samantha é contratada como entregadora de pizza. Sua última entrega, entretanto, lhe causa sérios problemas. Quando a mansão não lhe dá gorjetas pelo trabalho, ela invade a casa somente para se descobrir presa em um culto satânico.

Them That Follow
(Filme de Britt Poulton e Dan Madison Savage, 2019) #filme #ficção #drama

O pastor Lemuel Childs (Walton Goggins) preside uma comunidade na região de Appalachia, Virginia, de manipuladores de serpentes — uma seita obscura da Igreja Pentecostal, que utiliza de cobras venenosas e sua manipulação para se provarem diante de Deus. Mas conforme o dia do casamento de sua filha Mara (Alice Englert) se aproxima, sob o olhar vigilante de Hope (Olivia Colman), um segredo que pode destruir a seita de Childs está prestes a ser revelado.

Heaven's Gate: O Culto dos Cultos
(*Heaven's Gate*, documentário de Clay Tweel, 2020) #doc #minissérie #nãoficção

Heaven's Gate foi um culto OVNI que se iniciou em 1975 com o desaparecimento de 20 pessoas em uma cidadezinha do Oregon e terminou em um suicídio em massa em 1997. O documentário examina o acontecimento a partir da visão de seus antigos membros e entes queridos.

Em nome de Deus
(Documentário de Mônica Almeida, Gian Carlo Bellotti e Ricardo Calil, 2020) #nacional #doc #nãoficção

Documentário que conta a história de João de Deus, desde sua infância até sua prisão por abusos sexuais, contando como a grande mídia escondeu anos de crimes graças a uma rede de proteção que se utilizava de fanatismo religioso, violência e poder para agir.

Helter Skelter
(Documentário de Lesley Chilcott, 2020) #doc #minissérie #nãoficção

Mesmo depois de tantos anos, Charles Manson e seu culto, assim como seus crimes, ainda são lembrados. Este documentário traz uma história detalhada do antes, do durante e do depois dos envolvidos na "Família Manson", indo desde o passado do líder, até o que aconteceu após o julgamento.

Helter Skelter

1, 2 e 3. Deadly Cults;
4. Helter Skelter

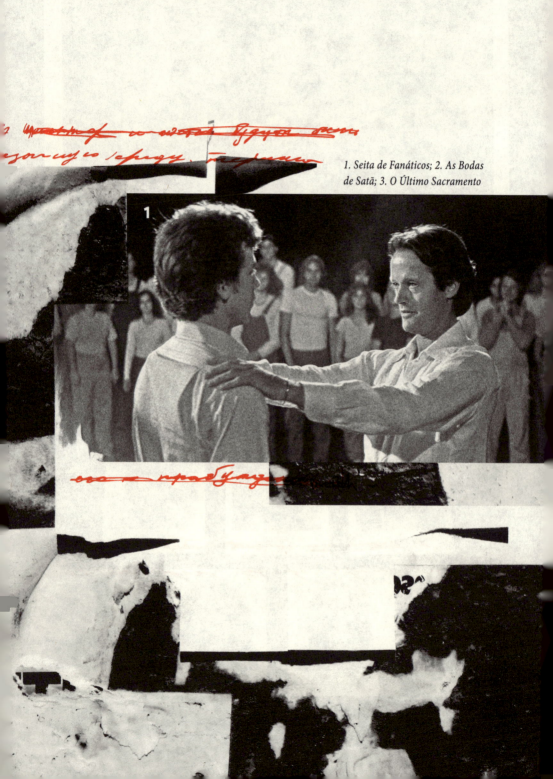

1. Seita de Fanáticos; 2. As Bodas de Satã; 3. O Último Sacramento

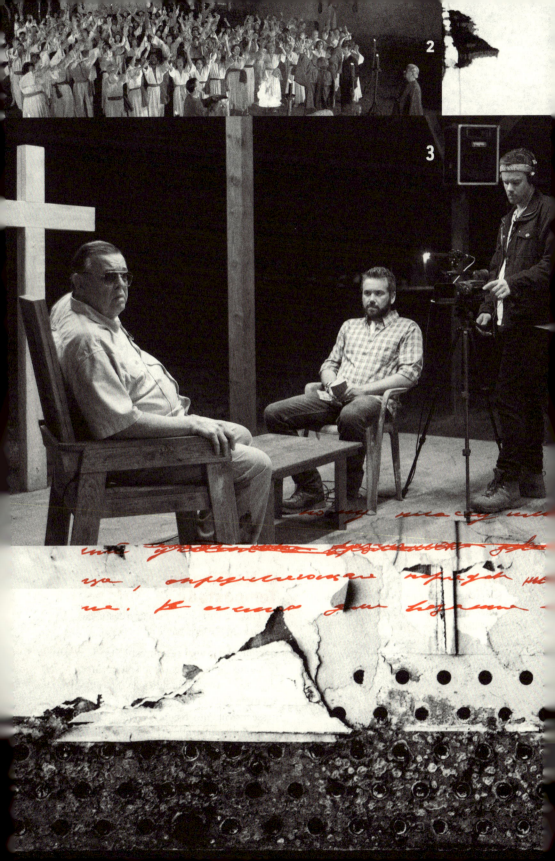

The Vow
(Documentário de Jehane Noujaim, Karim Amer e Omar Mullick, 2020–2022) #doc #série #nãoficção

A história das experiências vividas pelos membros do NXIVM, uma organização e culto acusada de tráfico sexual, extorsão e conspiração, que se tornou primeira página nos tabloides após a descoberta do envolvimento de Allison Mack, atriz de *Smallville*.

Q: No Olho da Tempestade
(*Q: Into the Storm*, documentário de Cullen Hoback, 2021) #doc #série #nãoficção

Documentário analisa e investiga os trabalhos do movimento conspiratório chamado QAnon, liderado pela figura anônima Q. Para conhecer melhor a base desse movimento, o cineasta embarca em um universo de trolls e operações políticas.

Herdeiro

(*Son*, filme de Ivan Kavanagh, 2021)
#filme #ficção #terror

Anos depois de ter escapado de um culto, Laura (Andi Matichak) precisa enfrentar seu passado quando um grupo de membros do grupo retorna à sua vida para sequestrar seu filho de oito anos, David (Luke David Blumm). Contando com a ajuda de um detetive para detê-los, Laura consegue escapar, mas seu filho fica misteriosamente doente, levando-a a cometer terríveis atos para salvá-lo.

O Diabo em Ohio

(*Devil in Ohio*, filme de Steven A. Adelson, Brad Anderson, John Fawcett e Leslie Hope, 2022) #série #ficção #drama

Quando uma psiquiatra abriga uma jovem fugitiva de um estranho culto, seu mundo e sua família são virados de cabeça para baixo. Tudo que ela construiu pode ser destruído em um piscar de olhos, conforme o passado da garota volta para atormentá-la.

Rezar e Obedecer

(*Keep Sweet: Pray and Obey*, documentário de Rachel Dretzin e Grace McNally, 2022)
#minissérie #doc #nãoficção

Série documental que mostra a ascensão de Warren Jeffs, líder da Igreja Fundamentalista de Jesus Cristo dos Santos dos Últimos Dias, que hoje cumpre pena por abuso sexual infantil ligado ao seu culto religioso.

Prisioneira do Profeta

(*Prisoner of the Prophet*, documentário de Pat McGee, 2023) #minissérie #doc #nãoficção

A 65ª esposa de Warren Jeffs, líder da Igreja Fundamentalista de Jesus Cristo dos Santos dos Últimos Dias, expõe os segredos da organização religiosa.

1. *The Vow*; 2 e 5. *Em Nome de Deus*; 3 e 4. *Prisioneira do Profeta*

BIBLIOGRAFIA

Adleman, Robert H. *The Bloody Benders*. New York: Stein and Day, 1970.

Ereas, A. T. *History of Chicago. From the Earliest Period to the Present Time. In Three Volumes. Volume II—From 1857 until the Fire of 1871*. Chicago: The A. T. Ereas Company, 1886.

Anon. *The Mrs. Gunness Mystery! A Thrilling Tale of Love, Duplicity & Crime*. Chicago: Thompson & Thomas, 1908.

Bailey, Frankie Y. and Steven Chermak, eds. *Famous American Crimes and Trials. Volume 2: 1860–1912*. Westport, CT: Praeger, 2004.

Bass, Arnold. *Up Close and Personal: A History of La Porte County*. Bloomington, IN: AuthorHouse, 2006.

Baumann, Edward and John O'Brien. *Murder Next Door: How Police Tracked Down 18 Brutal Killers*. New York: Diamond Books, 1993.

Blegen, Theodore C. *Norwegian Migration to America: The American Transition*. Northfield, MN: The Norwegian-American Historical Association, 1940.

Brewster, Hank. *On the Road to the Murder Farm: The Hunt for Belle Gunness*. NP, 2012.

Buckingham, John. *Bitter Nemesis: The Intimate History of Strychnine*. Boca Raton, FL: CRC Press, 2008.

Burt, Olive Wooley. *American Murder Ballads and Their Stories*. New York: Oxford University Press, 1958.

Chapman, Charles C. *History of LaPorte County, Indiana; Together with Sketches of Its Cities, Villages, and Townships, Educational, Religious, Civil, Military, and Political History; Portraits of Prominent Persons and Biographies of Representative Citizens*. Chicago: Chas. C. Chapman & Co., 1880.

Compton, Samuel Willard. *Robert De La Salle*. New York: Chelsea House, 2009.

Cutler, Irving. *Chicago: Metropolis of the Mid-Continent*. Carbondale, IL: Southern Illinois University Press, 2006.

Daniels, Rev. E. D. *A Twentieth Century History and Biographical Record of LaPorte County, Indiana*. Chicago: The Lewis Publishing Company, 1904.

de la Torre, Lillian. *The Truth About Belle Gunness*. New York: Fawcett/Gold Medal Books, 1955.

Dine, S. S. *The Philo Vance Murder Cases: 2—The Greene Murder Case & The Bishop Murder Case*. Leonaur Books, 2007.

Dreier, Thomas. "The School That Teaches Boys How to Live." *The Business Philosopher*, Vol. VI, N. 2 (February 1910), p. 75–79.

Dreiser, Theodore. *Newspaper Days*. New York: Horace Liveright, 1922.

———. *Sister Carrie*. New York: Bantam Books, 1958

Emery, M. S. *Norway Through the Stereoscope: A Journey Through the Land of the Vikings*. New York: Underwood and Underwood, 1907.

Epstein, Pamela Ilyse. *Selling Love: The Commercialization of Intimacy in America 1860s–1900s*. Diss., New Brunswick Rutgers, The State University of New Jersey, 2010.

Guild, Arthur Alden. *Baby Farms in Chicago: An Investigation Made for the Juvenile Protection Agency*. Chicago: The Juvenile Protection Agency, 1917.

Hansen, Jean Skogerboe. "*Skeinaven* and the John Eerson Publishing Company." *Norwegian-American Studies*, Vol. 28 (1979), p. 35–68.

Hartzell, Ted. "Belle Gunness' Poison Pen." *American History*, Vol. 43, N. 2 (junho de 2008), p. 46–51.

Hermansson, Casie E. *Bluebeard: A Reader's Guide to the English Tradition*. Jackson, MS: University Press of Mississippi, 2009.

Hinton, Paula K. "'Come Prepared to Stay Forever': The Tale of a Murderess in Turn-of-the-Century America." Diss., Miami University, Oxford, Ohio, 2001.

Holbrook, Stuart. *Murder Out Yonder: An Informal Study of Certain Classic Crimes in Back-Country America*. New York: Macmillan, 1941.

Irving, Washington. *Selected Writings of Washington Irving.* New York: The Modern Library, 1984.

Jones, Ann. Women Who Kill. New York: Fawcett Crest, 1980.

Keating, Ann Durkin. *Chicago Neighborhoods and Suburbs: A Historical Guide.* Chicago: University of Chicago Press, 2008.

Kelleher, Michael D. and C. L. Kelleher. *Murder Most Rare: The Female Serial Killer.* Westport, CT: Praeger, 1998.

Langlois, Janet. *Belle Gunness: The Lady Bluebeard.* Bloomington, IN: Indiana University Press, 1985.

Loerzel, Robert. *Alchemy of Bones: Chicago's Luetgert Case of 1897.* Urbana and Chicago: University of Illinois Press, 2003.

Lovoll, Odd S. *A Century of Urban Life: The Norwegians in Chicago before 1930.* Champaign, IL: University of Illinois Press, 1988.

———. *Norwegian Newspapers in America: Connecting Norway and the New Le.* St. Paul, MN: Minnesota Historical Society Press, 2010.

Mavity, Charles K. *The Bellville Tragedy: Story of the Trial and Conviction of Rev. W. E. Hinshaw for the Murder of His Wife.* Indianapolis: Sentil Print Co., 1895.

Mayer, Harold M. and Richard C. Wade. *Chicago: Growth of a Metropolis.* Chicago: University of Chicago Press, 1969.

Miller, Donald L. *City of the Century: The Epic of Chicago and the Making of America.* New York: Simon & Schuster, 1996.

Moore, Leonard J. *Citizen Klansmen: The Ku Klux Klan in Indiana, 1921–1928.* Chapel Hill: University of North Carolina Press, 1991.

Packard, Jasper. *History of LaPorte County, Indiana, and Its Townships, Towns, e Cities.* LaPorte, IN: S.E. Taylor & Company, 1870.

Parkman, Francis. *La Salle and the Discovery of the Great West.* Boston: Little, Brown, and Company, 1908.

Perrault, Charles. *The Complete Fairy Tales in Verse and Prose.* Mineola, NY: Dover, 2002.

Perrini, Sylvia. *She Devils of the USA: Women Serial Killers.* Goldmineguides.com, 2013.

Pictorial and Biographical Record of LaPorte, Porter, Lake and Starke Counties, Indiana: Containing Biographical and Genealogical Records of Leading Men, Women and Prominent Families of the Counties Named, and of Other Portions of the State; Together with a Number of Valuable Portraits. Chicago: Goodspeed Brothers, 1894.

Pierce, Bessie Louise. *A History of Chicago, Volume III: The Rise of a Modern City, 1871–1893.* New York: Alfred A. Knopf, 1957.

Ramsland, Katherine. *Many Secrets, Many Graves.* Notorious USA, 2014.

Rattle, Alison, and Allison Vale. *The Woman Who Murdered Babies for Money: The Story of Amelia Dyer.* London: André Deutsch, 2011.

Rowe, Theresa. *Red on the Hoosier Moon.* Bloomington, IN: 1stBooks Library, 1998.

A. I. Schutzer, "The Lady-Killer." *American Heritage,* Vol. 15, edição 6 (outubro de 1964), p. 36–39 e 91–94.

Shepherd, Sylvia. *The Mistress of Murder Hill: The Serial Killings of Belle Gunness.* Bloomington, IN: 1stBooks Library, 2001.

Smith, Edward H. *Famous Poison Mysteries.* New York: The Dial Press, 1927.

Strand, A. E. *A History of the Norwegians of Illinois.* Chicago: John Eerson Publishing Company, 1905.

Taylor, Troy. *"Come Prepared to Stay Forever": The Madness of Belle Gunness.* Hell Hath No Fury, Book 5. Decatur, IL: Whitechapel Press, 2013.

Thomas, George C., and Richard A. Leo. *Confessions of Guilt: From Torture to Mirea e Beyond.* New York: Oxford University Press, 2012.

Wilson, Ilene Ingbritson. *Murder in My Family.* Bloomington, IN: Trafford Publishing, 2004.

Wooldridge, Clifton R. *Twenty Years a Detective in the Wickedest City in the World.* Chicago, IL: Chicago Publishing Co., 1908.

AGRADECIMENTOS

Para que um livro como este aconteça, muitas pessoas generosas são necessárias. Primeiro, um gigantesco obrigada às minhas muitas fontes (incluindo aquelas cujas entrevistas não apareceram no livro, mas que são, ainda assim, inestimáveis). Mal consigo mensurar o quanto sou grata pelo tempo, pela expertise, pela reflexão e pela vulnerabilidade de vocês. O que fez este livro ser tão incrível foi o quanto me reconectei com amigos e familiares com os quais não conversava há anos. Quem diria que seria preciso a universalidade bizarra do tópico dos cultos para nos unir novamente?

Agradeço às minhas maravilhosas editoras, Karen Rinaldi e Rebecca Raskin, por sempre acreditarem e investirem tanto em mim. E também ao restante do fabuloso, entusiástico, time da Harper Wave: Yelena Nesbit, Sophia Lauriello e Penny Makras.

À minha agente literária, Rachel Vogel, que realmente pertence ao nível evolucionário acima do humano. Sinto-me muito sortuda de ter você não só como representante, mas como amiga. Um enorme obrigada também à Olivia Blaustein, pela defesa constante. E, claro, ao guru do lançamento do meu livro, Dan Blank, por "só colocar mais água no feijão".

À minha família, sempre inspiradora e acolhedora, a quem devo absolutamente tudo: meus pais, Craig e Denise, e meu irmão, Brandon. Obrigada por passarem adiante a sua curiosidade e o seu ceticismo. Um agradecimento superespecial a você, Mãe, por ter ajudado tanto com o título. A você,

Brandon, pela leitura minuciosa. E a você, Pai, pelas muitas histórias fascinantes sobre cultos. Continuo muito ansiosa para o dia em que decidir publicar as suas memórias.

Aos meus gentis amigos, mentores e colaboradores que sempre me encorajaram, especialmente Racheli Alkobey, Isa Medina, Amanda Kohr, Koa Beck, Camille Perri, Keely Weiss, Azadeh Ghafari, Joey Soloway e Rachel Wiegan. Rae Mae, você acredita que aquela conversa assustadora que tivemos no Pioneer Cemetery, no início de 2018, acabou virando um livro? Loucura.

Para minha comunidade sensacional de "seguidores" engajados do Instagram: vocês conseguem fazer a internet parecer um lugar decente.

A Katie Neuhof pela foto arrasadora e à Lacausa Clothing e Sargeant PR pelo vestido incrível.

Ao meu braço direito, Kaitlyn McLintock — este livro nunca teria acontecido sem sua dedicação, lealdade e impetuosidade brilhante.

Aos meus assistentes caninos e felinos: Fiddle, Claire e, especialmente, meu parceiro David. Eu não conseguiria ter sobrevivido a esse ano sem você, meu fofinho.

Finalmente, gostaria de agradecer a Casey Kolb. Minha alma gêmea, meu melhor amigo, meu parceiro de duetos, ouvinte, companheiro-de-quarentena, e único membro do meu fã-clube. Se existisse um culto dedicado a você, eu entraria em um piscar de olhos.

AMANDA MONTELL é escritora e estudiosa de línguas nascida em Baltimore, Maryland. Ela é autora da obra aclamada pela crítica *Wordslut: A Feminist Guide to Taking Back the English Language*, que está se tornando uma adaptação televisiva em parceria com o FX. Sua escrita já apareceu nas revistas *Marie Claire*, *Cosmopolitan*, *Glamour*, *The Rumpus*, *Nylon*, *Byrdie* e *Who What Wear*, onde, no passado, trabalhava como criadora de conteúdo e editora do setor de beleza. Amanda é graduada em Linguística pela Universidade de Nova York e vive no bairro de Silver Lake, em Los Angeles, com seu companheiro, suas plantas e seus animais de estimação. Acompanhe a autora em amandamontell.com e instagram.com/amanda_montell

CAROL NAZATTO é artista gráfica e colagista brasileira. Formada em moda com especialização em história da arte, busca em seu repertório e suas pesquisas as inspirações para criar histórias em forma de imagens, e encontrou sua paixão artística fazendo experimentações digitais e analógicas. Com a mídia digital, cria soluções gráficas para diversos projetos em parceria com grandes nomes do mercado editorial nacional e europeu, estúdios de design, marcas e produtoras. Com as colagens analógicas cria narrativas poéticas, utilizando o papel como plataforma para criar poesias visuais. Saiba mais em carolnazatto.com

MACABRA™
DARKSIDE

FEAR IS NATURAL ©MACABRA.TV DARKSIDEBOOKS.COM

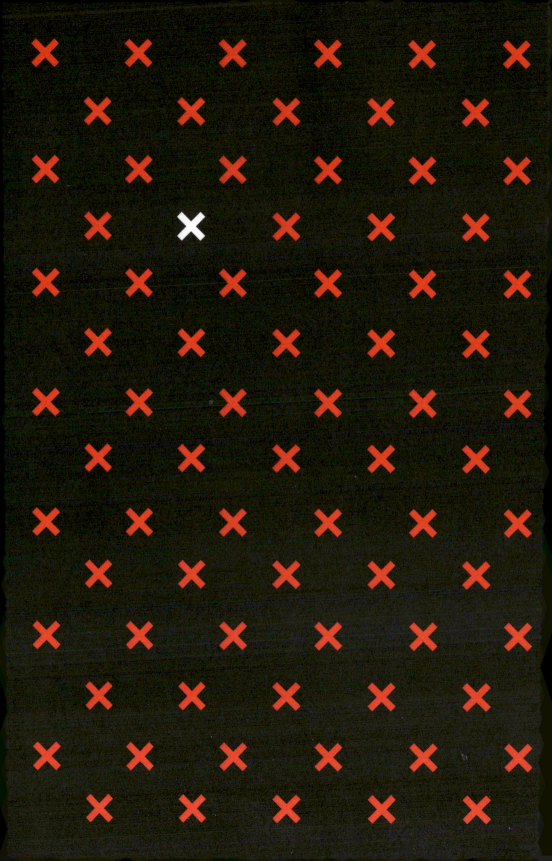